令和6年版教科書対応

板書で見る

全単元
の授業のすべて

国語

小学校 **2**年 上

中村和弘 監修
大村幸子・土屋晴裕 編著

東洋館
出版社

まえがき

　令和2年に全面実施となった小学校の学習指導要領では、これからの時代に求められる資質・能力や教育内容が示されました。

　この改訂を受け、これからの国語科では、

・言語活動を通して「言葉による見方・考え方」を働かせながら学習に取り組むことができるようにする。

・単元の目標／評価を、〔知識及び技能〕と〔思考力、判断力、表現力等〕のそれぞれの指導事項を結び付けて設定し、それらの資質・能力が確実に身に付くよう学習過程を工夫する。

・「主体的・対話的で深い学び」の視点から、単元の構成や教材の扱い、言語活動の設定などを工夫する授業改善を行う。

などのことが求められています。

　一方で、こうした授業が全国の教室で実現するには、いくつかの難しさを抱えているように思います。例えば、言語活動が重視されるあまり、「国語科の授業で肝心なのは、言葉や言葉の使い方などを学ぶことである」という共通認識が薄れているように感じています。

　あるいは、活動には取り組めているけれども、「今日の学習で、どのような言葉の力が付いたのか」が、子供たちだけでなく教師においても、ややもすると自覚的でない授業を見ることもあります。

　国語科の授業を通して「どんな力が付けばよいのか」「何を教えればよいのか」という肝心な部分で、困っている先生方が多いのではないかと思います。

　　　　　　　　　　＊　　　　　　　　　　　　　　　　　＊

　さて、『板書で見る全単元の授業のすべて　小学校国語』（本シリーズ）は、平成29年の学習指導要領の改訂を受け、令和2年の全面実施に合わせて初版が刊行されました。このたび、令和6年版の教科書改訂に合わせて、本シリーズも改訂することになりました。

　GIGA スクール構想に加え、新型コロナウイルス感染症の猛威などにより、教室での ICT 活用が急速に進み、この4年間で授業の在り方、学び方も大きく変わりました。改訂に当たっては、単元配列や教材の入れ替えなど新教科書に対応するだけでなく、ICT の効果的な活用方法や、個別最適な学びと協働的な学びを充実させるための手立てなど、今求められる授業づくりを発問と子供の反応例、板書案などを通して具体的に提案しています。

　　　　　　　　　　＊　　　　　　　　　　　　　　　　　＊

　日々教室で子供たちと向き合う先生に、「この単元はこんなふうに授業を進めていけばよいのか」「国語の授業はこんなところがポイントなのか」と、国語科の授業づくりの楽しさを感じながらご活用いただければ幸いです。

令和6年4月

中村　和弘

本書活用のポイント ―単元構想ページ―

　本書は、各学年の全単元について、単元全体の構想と各時間の板書のイメージを中心とした本時案を紹介しています。各単元の冒頭にある単元構想ページの活用のポイントは次のとおりです。

教材名と指導事項、関連する言語活動例

　本書の編集に当たっては、令和6年発行の光村図書出版の国語教科書を参考にしています。まずは、各単元で扱う教材とその時数、さらにその下段に示した学習指導要領に即した指導事項や関連する言語活動例を確かめましょう。

単元の目標

　単元の目標を示しています。各単元で身に付けさせたい資質・能力の全体像を押さえておきましょう。

評価規準

　ここでは、指導要録などの記録に残すための評価を取り上げています。本書では、記録に残すための評価は❶❷のように色付きの丸数字で統一して示しています。本時案の評価で色付きの丸数字が登場したときには、本ページの評価規準と併せて確認することで、より単元全体を意識した授業づくりができるようになります。

同じ読み方の漢字 ［2時間扱い］

単元の目標

知識及び技能	・第5学年までに配当されている漢字を読むことができる。第4学年までに配当されている漢字を書き、文や文章の中で使うとともに、第5学年に配当されている漢字を漸次書き、文や文章の中で使うことができる。（(1)エ）
学びに向かう力、人間性等	・言葉がもつよさを認識するとともに、進んで読書をし、国語の大切さを自覚して思いや考えを伝え合おうとする。

評価規準

知識・技能	❶第5学年までに配当されている漢字を読んでいる。第4学年までに配当されている漢字を書き、文や文章の中で使うとともに、第5学年に配当されている漢字を漸次書き、文や文章の中で使っている。（（知識及び技能）(1)エ）
主体的に学習に取り組む態度	❷同じ読み方の漢字の使い分けに関心をもち、同訓異字や同音異義語について進んで調べたり使ったりして、学習課題に沿って、それらを理解しようとしている。

単元の流れ

時	主な学習活動	評価
1	学習の見通しをもつ　同訓異字を扱ったメールのやり取りを見て、気付いたことを発表する。同訓異字と同音異義語について調べるという見通しをもち、学習課題を設定する。同じ読み方の漢字について調べ、使い分けられるようになろう。教科書の問題を解き、同訓異字や同音異義語を集める。〈課外〉・同訓異字や同音異義語を集める。・集めた言葉を教室に掲示し、共有する。	❶
2	集めた同訓異字や同音異義語から調べる言葉を選び、意味や使い方を調べ、ワークシートにまとめる。調べたことを生かして、例文やクイズを作って紹介し合い、同訓異字や同音異義語の意味や使い方について理解する。学習を振り返る　学んだことを振り返り、今後に生かしていきたいことを発表する。	❷

授業づくりのポイント

〈単元で育てたい資質・能力〉

　本単元のねらいは、同じ読み方の漢字の理解を深め、正しく使うことができるようにすることである。

同じ読み方の漢字
156

単元の流れ

　単元の目標や評価規準を押さえた上で、授業をどのように展開していくのかの大枠をここで押さえます。各展開例は学習活動ごとに構成し、それぞれに対応する評価をその右側の欄に示しています。

　ここでは、「評価規準」で挙げた記録に残すための評価のみを取り上げていますが、本時案では必ずしも記録には残さない、指導に生かす評価も示しています。本時案での詳細かつ具体的な評価の記述と併せて確認することで、指導と評価の一体化を意識することが大切です。

　また、学習の見通しをもつ　学習を振り返る　という見出しが含まれる単元があります。見通しをもたせる場面と振り返りを行う場面を示すことで、教師が子供の学びに向かう姿を見取ったり、子供自身が自己評価を行う機会を保障したりすることに活用できるようにしています。

そのためには、どのような同訓異字や同音異義語があるか、国語辞典や漢字辞典などを使って進んで集めたり意味を調べたりすることに加えて、実際に使われている場面を想像する力が必要となる。

選んだ言葉の意味や使い方を調べ、例文やクイズを作ることで、漢字の意味を捉えたり、場面に応じて使い分けたりする力を育む。

[具体例]
○教科書に取り上げられている「熱い」「暑い」「厚い」を国語辞典で調べると、その言葉の意味とともに、熟語や対義語、例文が掲載されている。それらを使って、どう説明したら意味が似通っているときでも正しく使い分けることができるかを考え、理解を深めることができる。

〈教材・題材の特徴〉
教科書で扱われている同訓異字や同音異義語は、子どもに身に付けさせたい漢字や言葉ばかりであるが、ともすれば練習問題的な扱いになりがちである。子ども一人一人に応じた配慮をしながら、主体的に考えて取り組める活動にすることが大切である。

本教材での学習を通して、同訓異字や同音異義語が多いという日本語の特色とともに、一文字で意味をもち、使い分けることができる漢字の豊かさに気付かせたい。そのことが、漢字に対する興味・関心や学習への意欲を高めることになる。

[具体例]
○導入では、同訓異字によってすれ違いが起こる事例を提示する。生活の中で起こりそうな場面を設定することで、これから学習することへの興味・関心を高めるとともに、その事例の内容から課題を見つけ、学習の見通しをもたせることができる。

〈言語活動の工夫〉
数多くある同訓異字や同音異義語を区別して正しく使えるようになることを目標に、集めた言葉を付箋紙またはホワイトボードアプリにまとめる。言葉を集める際は、「自分たちが使い分けられるようになりたい漢字」という視点で集めることで、主体的に学習に取り組めるようにする。

さらに、例文やクイズを作成する過程では、使い分けができるような内容になっているかどうか、友達と互いにアドバイスし合いながら対話的に学習を進められるようにする。自分が理解するだけでなく、友達に自分が調べたことを分かりやすく伝えたいという相手意識を大切にしたい。

〈ICT の効果的な活用〉
調査：言葉集めの際は、国語辞典や漢字辞典を用いたい。しかし、辞典の扱いが厳しい児童にはインターネットでの検索を用いてもよいこととし、意味や例文の確認のために辞典を活用するよう声を掛ける。

記録：集めた言葉をホワイトボードアプリに記録していくことで、どんな言葉が集まったのかをクラスで共有することができる。

共有：端末のプレゼンテーションソフトなどを用いて例文を作り、同訓異字や同音異義語の部分を空欄にしたり、選択問題にしたりすることで、もっとクイズを作りたい、友達と解き合いたいという意欲につなげたい。

授業づくりのポイント

ここでは、各単元の授業づくりのポイントを取り上げています。

全ての単元において〈単元で育てたい資質・能力〉を解説しています。単元で育てたい資質・能力を確実に身に付けさせるために、気を付けたいポイントや留意点に触れています。授業づくりに欠かせないポイントを押さえておきましょう。

他にも、単元や教材文の特性に合わせて〈教材・題材の特徴〉〈言語活動の工夫〉〈他教材や他教科との関連〉〈子供の作品やノート例〉〈並行読書リスト〉などの内容を適宜解説しています。これらの解説を参考にして、学級の実態に応じた工夫を図ることが大切です。各項目では解説に加え、具体例も挙げていますので、併せてご確認ください。

ICT の効果的な活用

1人1台端末の導入・活用状況を踏まえ、本単元における ICT 端末の効果的な活用について、「調査」「共有」「記録」「分類」「整理」「表現」などの機能ごとに解説しています。活用に当たっては、学年の発達段階や、学級の子供の実態に応じて取捨選択し、アレンジすることが大切です。

本ページ、また本時案ページを通して、具体的なソフト名は使用せず、原則、下記のとおり用語を統一しています。ただし、アプリ固有の機能などについて説明したい場合はアプリ名を記載することとしています。

〈ICT ソフト：統一用語〉
Safari、Chrome、Edge →ウェブブラウザ ／ Pages、ドキュメント、Word →文書作成ソフト
Numbers、スプレッドシート、Excel →表計算ソフト ／ Keynote、スライド、PowerPoint →プレゼンテーションソフト ／ クラスルーム、Google Classroom、Teams →学習支援ソフト

本書活用のポイント

本書活用のポイント―本時案ページ―

　単元の各時間の授業案は、板書のイメージを中心に、目標や評価、学習の進め方などを合わせて見開きで構成しています。各単元の本時案ページの活用のポイントは次のとおりです。

本時の目標

　本時の目標を示しています。単元構想ページとは異なり、各時間の内容により即した目標を示していますので、「授業の流れ」などと併せてご確認ください。

本時の主な評価

　ここでは、各時間における評価について2種類に分類して示しています。それぞれの意味は次のとおりです。

○❶❷などの色付き丸数字が付いている評価

　指導要録などの記録に残すための評価を表しています。単元構想ページにある「単元の流れ」の表に示された評価と対応しています。各時間の内容に即した形で示していますので、具体的な評価のポイントを確認することができます。

○「・」の付いている評価

　必ずしも記録に残さない、指導に生かす評価を表しています。以降の指導に反映するための教師の見取りとして大切な視点です。指導との関連性を高めるためにご活用ください。

本時案

同じ読み方の漢字

本時の目標
・同訓異字と同音異義語について知り、言葉や漢字への興味を高めることができる。

本時の主な評価
❶同訓異字や同音異義語を集めて、それぞれの意味を調べている。【知・技】
・漢字や言葉の読みと意味の関係に興味をもち、進んで調べたり考えたりしている。

資料等の準備
・メールのやりとりを表す掲示物
・国語辞典
・漢字辞典
・関連図書（『ことばの使い分け辞典』学研プラス、『同音異義語・同訓異字①②』童心社、『のびーる国語 使い分け漢字』KADOKAWA）

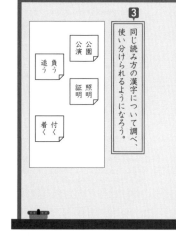

授業の流れ ▷▷▷

1 同訓異字を扱ったやり取りを見て、気付いたことを発表する 〈10分〉

T　今から、あるやり取りを見せます。どんな学習をするのか、考えながら見てください。
○「移す」と「写す」を使ったやり取りを見せることで、同訓異字の存在に気付いてその特徴を知り、興味・関心を高められるようにする。
・「移す」と「写す」で意味の行き違いが生まれてしまいました。
・同じ読み方でも、意味が違う漢字の学習をするのだと思います。
・自分も、どの漢字を使えばよいのか迷った経験があります。

ICT端末の活用ポイント
メールのやり取りは、掲示物ではなく、プレゼンテーションソフトで作成し、アニメーションで示すと、より生活経験に近づく。

2 学習のめあてを確認し、同訓異字と同音異義語について知る 〈10分〉

T　教科書 p.84の「あつい」について、合う言葉を線で結びましょう。
・「熱い」と「暑い」は意味が似ているから、間違えやすいな。
T　このように、同じ訓の漢字や同じ音の熟語が日本語にはたくさんあります。それらの言葉を集めて、どんな使い方をするのか調べてみましょう。
○「同じ訓の漢字（同訓異字）」と「同じ音の熟語（同音異義語）」を押さえ、訓読みと音読みの違いを理解できるようにする。

同じ読み方の漢字
158

資料等の準備

　ここでは、板書をつくる際に準備するとよいと思われる絵やカード等について、箇条書きで示しています。なお、⬇の付いている付録資料については、巻末にダウンロード方法を示しています。

ICT端末の活用ポイント／ICT等活用アイデア

　必要に応じて、活動の流れの中でのICT端末の活用の具体例や、本時におけるICT活用の効果などを解説しています。
　学級の子供の実態に応じて取り入れ、それぞれの考えや意見を瞬時に共有したり、分類することで思考を整理したり、記録に残して見返すことで振り返りに活用したりなど、学びを深めるための手立てとして活用しましょう。

本時の板書例

子供たちの学びを活性化させ、授業の成果を視覚的に確認するための板書例を示しています。学習活動に関する項立てだけでなく、子供の発言例なども示すことで、板書全体の構成をつかみやすくなっています。

板書に示されている **1** **2** などの色付きの数字は、「授業の流れ」の各展開と対応しています。どのタイミングで何を提示していくのかを確認し、板書を効果的に活用することを心掛けましょう。

色付きの吹き出しは、板書をする際の留意点です。実際の板書では、テンポよくまとめる必要がある部分があったり、反対に子供の発言を丁寧に記していく必要がある部分があったりします。留意点を参考にすることで、メリハリをつけて板書を作ることができるようになります。

その他、色付きの文字で示された部分は実際の板書には反映されない部分です。黒板に貼る掲示物などが当たります。

これらの要素をしっかりと把握することで、授業展開と一体となった板書を作り上げることができます。

板書例（縦書き）

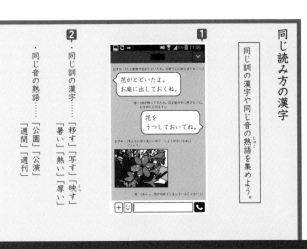

同じ読み方の漢字

同じ訓の漢字や同じ音の熟語を集めよう。

1

（スマートフォン画面）
花がとどいたよ。
お庭に出しておくね。
花をうつしておいてね。

2
・同じ訓の漢字……「移す」「写す」「映す」
　　　　　　　　　　「暑い」「熱い」「厚い」
・同じ音の熟語……「公園」「公演」
　　　　　　　　　　「週間」「週刊」

ICT 等活用アイデア

調査活動を広げる工夫

第1時と第2時の間の課外で、同訓異字・同音異義語を集める活動を行う。辞典だけでなく、経験やインタビュー、さらにインターネットなどを活用するとよい。

また、集めた言葉を「同じ訓の字」と「同じ音の熟語」に分けてホワイトボードアプリに記録していくことで、友達がどんな言葉を見つけたのか、どのくらい集まったのかをクラスで共有することができる。

---

3 教科書の問題を解き、同訓異字や同音異義語を集める 〈25分〉

T　同じ訓の漢字や同じ音の熟語は、意味を考えて、どの漢字を使うのが適切かを考えなければなりません。教科書の問題を解いて、練習してみましょう。

○初めから辞典で調べるのではなく、まずは子ども自身で意味を考えさせたい。難しい子どもには、ヒントとなるような助言をする。

T　これまで習った漢字の中から、自分たちが使い分けられるようになりたい同じ訓の漢字や、同じ音の熟語を集めてみましょう。

○漢字辞典や国語辞典だけでなく、関連図書を準備しておくとよい。

T　次時は、理解を深めたい字の使い分け方について調べて、友達に伝えましょう。

第1時
159

よりよい授業へのステップ

ここでは、本時の指導についてポイントを絞って解説しています。授業を行うに当たって、子供がつまずきやすいポイントやさらに深めたい内容について、各時間の内容に即して実践的に示しています。よりよい授業づくりのために必要な視点を押さえましょう。

授業の流れ

1時間の授業をどのように展開していくのかについて示しています。

各展開例について、主な学習活動とともに目安となる時間を示しています。導入に時間を割きすぎたり、主となる学習活動に時間を取れなかったりすることを避けるために、時間配分もしっかりと確認しておきましょう。

各展開は、T：教師の発問や指示等、・：予想される子供の反応例、○：留意点等の3つの内容で構成されています。この展開例を参考に、各学級の実態に合わせてアレンジを加え、より効果的な授業展開を図ることが大切です。

本書活用のポイント

国語 小学校 2 年上 　―令和 6 年版教科書対応―
もくじ

1 第 2 学年における授業づくりのポイント

2 第 2 学年の授業展開

1

第2学年における
授業づくりのポイント

「主体的・対話的で深い学び」を目指す授業づくりのポイント

1 国語科における「主体的・対話的で深い学び」の実現

　平成29年告示の学習指導要領では、国語科の内容は育成を目指す資質・能力の３つの柱の整理を踏まえ、〔知識及び技能〕と〔思考力、判断力、表現力等〕から編成されている。これらの資質・能力は、国語科の場合は言語活動を通して育成される。

　つまり、子供の取り組む言語活動が充実したものであれば、その活動を通して、教師の意図した資質・能力は効果的に身に付くということになる。逆に、子供にとって言語活動がつまらなかったり気が乗らなかったりすると、資質・能力も身に付きにくいということになる。

　ただ、どんなに言語活動が魅力的であったとしても、あるいは子供が熱中して取り組んだとしても、それらを通して肝心の国語科としての資質・能力が身に付かなければ、本末転倒ということになってしまう。

　このように、国語科における学習活動すなわち言語活動は、きわめて重要な役割を担っている。その言語活動の質を向上させていくための視点が、「主体的・対話的で深い学び」ということになる。学習指導要領の「指導計画の作成と内容の取扱い」では、次のように示されている。

> 　単元など内容や時間のまとまりを見通して、その中で育む資質・能力の育成に向けて、児童の主体的・対話的で深い学びの実現を図るようにすること。その際、言葉による見方・考え方を働かせ、言語活動を通して、言葉の特徴や使い方などを理解し自分の思いや考えを深める学習の充実を図ること。

　ここにあるように、「主体的・対話的で深い学び」の実現は、「資質・能力の育成に向けて」工夫されなければならない点を確認しておきたい。

2 主体的な学びを生み出す

　例えば、「読むこと」の学習では、子供の読む力は、何度も文章を読むことを通して高まる。ただし、「読みましょう」と教師に指示されて読むよりも、「どうしてだろう」と問いをもって読んだり、「こんな点を考えてみよう」と目的をもって読んだりした方が、ずっと効果的である。問いや目的は、子供の自発的な読みを促してくれる。

　教師からの「〇場面の人物の気持ちを考えましょう」という指示的な学習課題だけでは、こうした自発的な読みが生まれにくい。「〇場面の人物の気持ちは、前の場面と比べてどうか」「なぜ、変化したのか」「ＡとＢと、どちらの気持ちだと考えられるか」など、子供の問いや目的につながる課題や発問を工夫することが、主体的な学びの実現へとつながる。

　この点は、「話すこと・聞くこと」や「書くこと」の授業でも同じである。「まず、こう書きましょう」「書けましたか。次はこう書きましょう」という指示の繰り返しで書かせていくと、活動がいつの間にか作業になってしまう。それだけではなく、「どう書けばいいと思う？」「前にどんな書き方を習った？」「どう工夫して書けばいい文章になるだろう？」などのように、子供に問いかけ、考えさせながら書かせていくことで、主体的な学びも生まれやすくなる。

3 対話的な学びを生み出す

　対話的な学びとして、グループで話し合う活動を取り入れても、子供たちに話し合いたいことがなければ、形だけの活動になってしまう。活動そのものが大切なのではなく、何かを解決したり考えたりする際に、1人で取り組むだけではなく、近くの友達や教師などの様々な相手に、相談したり自分の考えを聞いてもらったりすることに意味がある。

　そのためには、例えば、「疑問（〇〇って、どうなのだろうね？）」「共感や共有（ねえ、聞いてほしいんだけど……）」「目的（いっしょに、〇〇しよう！）」「相談（〇〇をどうしたらいいのかな）」などをもたせることが有用である。その上で、何分で話し合うのか（時間）、誰と話し合うのか（相手）、どのように話し合うのか（方法や形態）といったことを工夫するのである。

　また、国語における対話的な学びでは、相手や対象に「耳を傾ける」ことが大切である。相手の言っていることにしっかり耳を傾け、「何を言おうとしているのか」という意図など考えながら聞くということである。

　大人でもそうだが、思っていることや考えていることなど、頭の中の全てを言葉で言い表すことはできない。だからこそ、聞き手は、相手の言葉を手がかりにしながら、その人がうまく言葉にできていない思いや考え、意図を汲み取って聞くことが大切になってくる。

　聞くとは、受け止めることであり、フォローすることである。聞き手がそのように受け止めてくれることで、話し手の方も、うまく言葉にできなくても口を開くことができる。対話的な学びとは、話し手と聞き手とが、互いの思いや考えをフォローし合いながら言語化する共同作業である。対話することを通して、思いや考えが言葉になり、そのことが思考を深めることにつながる。

　国語における対話的な学びの場面では、こうした言葉の役割や対話をすることの意味などに気付いていくことも、言葉を学ぶ教科だからこそ、大切にしていきたい。

4 深い学びを生み出す

　深い学びを実現するには、言葉による見方・考え方を働かせ、言語活動を通して国語科としての資質・能力を身に付けることが欠かせない（「言葉による見方・考え方」については、次ページを参照）。授業を通して、子供の中に、言葉や言葉の使い方についての発見や更新が生まれるということである。

　国語の授業は、言語活動を通して行われるため、どうしても活動することが目的化しがちである。だからこそ、読むことでも書くことでも、「どのような言葉や言葉の使い方を学習するために、この活動を行っているのか」を、常に意識して授業を考えていくことが最も大切である。

　そのためには、例えば、学習指導案の本時の目標と評価を、できる限り明確に書くようにすることが考えられる。「〇場面を読んで、人物の気持ちを想像する」という目標では、どのような語句や表現に着目し、どのように想像させるのかがはっきりしない。教材研究などを通して、この場面で深く考えさせたい叙述や表現はどこなのかを明確にすると、学習する内容も焦点化される。つまり、本時の場面の中で、どの語句や表現に時間をかけて学習すればよいかが見えてくる。全部は教えられないので、扱う内容の焦点化を図るのである。焦点化した内容について、課題の設定や言語活動を工夫して、子供の学びを深めていく。言葉や言葉の使い方についての、発見や更新を促していく。評価についても同様で、何がどのように読めればよいのかを、子供の姿で考えることでより具体的になる。

　このように、授業のねらいが明確になり、扱う内容が焦点化されると、その部分の学習が難しい子供への手立ても、具体的に用意することができる。どのように助言したり、考え方を示したりすればその子供の学習が深まるのかを、個別に具体的に考えていくのである。

1 「言葉を学ぶ」教科としての国語科の授業

国語科は「言葉を学ぶ」教科である。

物語を読んで登場人物の気持ちについて話し合っても、説明文を読んで分かったことを新聞にまとめても、その言語活動のさなかに、「言葉を学ぶ」ことが子供の中に起きていなければ、国語科の学習に取り組んだとは言いがたい。

「言葉を学ぶ」とは、普段は意識することのない「言葉」を学習の対象とすることであり、これもまたあまり意識することのない「言葉の使い方」（話したり聞いたり書いたり読んだりすること）について、意識的によりよい使い方を考えたり向上させたりしていくことである。

例えば、国語科で「ありの行列」という説明的文章を読むのは、アリの生態や体の仕組みについて詳しくなるためではない。その文章が、どのように書かれているかを学ぶために読む。だから、文章の構成を考えたり、説明の順序を表す接続語に着目したりする。あるいは、「問い」の部分と「答え」の部分を、文章全体から見つけたりする。

つまり、国語科の授業では、例えば、文章の内容を読み取るだけでなく、文章中の「言葉」の意味や使い方、効果などに着目しながら、筆者の書き方の工夫を考えることなどが必要である。また、文章を書く際にも、構成や表現などを工夫し、試行錯誤しながら相手や目的に応じた文章を書き進めていくことなどが必要となってくる。

2 言葉による見方・考え方を働かせるとは

平成29年告示の学習指導要領では、小学校国語科の教科の目標として「言葉による見方・考え方を働かせ、言語活動を通して、国語で正確に理解し適切に表現する資質・能力を次のとおり育成することを目指す」とある。その「言葉による見方・考え方を働かせる」ということついて、『小学校学習指導要領解説　国語編』では、次のように説明されている。

> 言葉による見方・考え方を働かせるとは、児童が学習の中で、対象と言葉、言葉と言葉との関係を、言葉の意味、働き、使い方等に着目して捉えたり問い直したりして、言葉への自覚を高めることであると考えられる。様々な事象の内容を自然科学や社会科学等の視点から理解することを直接の学習目的としない国語科においては、言葉を通じた理解や表現及びそこで用いられる言葉そのものを学習対象としている。このため、「言葉による見方・考え方」を働かせることが、国語科において育成を目指す資質・能力をよりよく身に付けることにつながることとなる。

一言でいえば、言葉による見方・考え方を働かせるとは、「言葉」に着目し、読んだり書いたりする活動の中で、「言葉」の意味や働き、その使い方に目を向け、意識化していくことである。

前に述べたように、「ありの行列」という教材を読む場合、文章の内容の理解のみを授業のねらいとすると、理科の授業に近くなってしまう。もちろん、言葉を通して内容を正しく読み取ることは、国語科の学習として必要なことである。しかし、接続語に着目したり段落と段落の関係を考えたりと、文章中に様々に使われている「言葉」を捉え、その意味や働き、使い方などを検討していくことが、言葉による見方・考え方を働かせることにつながる。子供たちに、文章の内容への興味をもたせるとともに、書かれている「言葉」を意識させ、「言葉そのもの」に関心をもたせることが、国語科

の授業では大切となる。

③ 〔知識及び技能〕と〔思考力、判断力、表現力等〕

　言葉による見方・考え方を働かせながら、文章を読んだり書いたりさせるためには、〔知識及び技能〕の事項と〔思考力、判断力、表現力等〕の事項とを組み合わせて、授業を構成していくことが必要となる。文章の内容ではなく、接続語の使い方や文末表現への着目、文章構成の工夫や比喩表現の効果など、文章の書き方に目を向けて考えていくためには、そもそもそういった種類の「言葉の知識」が必要である。それらは主に〔知識及び技能〕の事項として編成されている。

　一方で、そうした知識は、ただ知っているだけでは、読んだり書いたりするときに生かされてこない。例えば、文章構成に関する知識を使って、今読んでいる文章について、構成に着目してその特徴や筆者の工夫を考えてみる。あるいは、これから書こうとしている文章について、様々な構成の仕方を検討し、相手や目的に合った書き方を工夫してみる。これらの「読むこと」や「書くこと」などの領域は、〔思考力、判断力、表現力等〕の事項として示されているので、どう読むか、どう書くかを考えたり判断したりする言語活動を組み込むことが求められている。

　このように、言葉による見方・考え方を働かせながら読んだり書いたりするには、「言葉」に関する知識・技能と、それらをどう駆使して読んだり書いたりすればいいのかという思考力や判断力などの、両方の資質・能力が必要となる。単元においても、〔知識及び技能〕の事項と〔思考力、判断力、表現力等〕の事項とを両輪のように組み合わせて、目標／評価を考えていくことになる。先に引用した『解説』の最後に、「『言葉による見方・考え方』を働かせることが、国語科において育成を目指す資質・能力をよりよく身に付けることにつながる」としているのも、こうした理由からである。

④ 他教科等の学習を深めるために

　もう1つ大切なことは、言葉による見方・考え方を働かせることが、各教科等の学習にもつながってくる点である。一般的に、学習指導要領で使われている「見方・考え方」とは、その教科の学びの本質に当たるものであり、教科固有のものであるとして説明されている。ところが、言葉による見方・考え方は、他教科等の学習を深めることとも関係してくる。

　これまで述べてきたように、国語科で文章を読むときには、書かれている内容だけでなく、どう書いてあるかという「言葉」の面にも着目して読んだり考えたりしていくことが大切である。

　この「言葉」に着目し、意味を深く考えたり、使い方について検討したりすることは、社会科や理科の教科書や資料集を読んでいく際にも、当然つながっていくものである。例えば、言葉による見方・考え方が働くということは、社会の資料集や理科の教科書を読んでいるときにも、「この言葉の意味は何だろう、何を表しているのだろう」と、言葉と対象の関係を考えようとしたり、「この用語と前に出てきた用語とは似ているが何が違うのだろう」と言葉どうしを比較して検討しようとしたりするということである。

　教師が、「その言葉の意味を調べてみよう」「用語同士を比べてみよう」と言わなくても、子供自身が言葉による見方・考え方を働かせることで、そうした学びを自発的にスタートさせることができる。国語科で、言葉による見方・考え方を働かせながら学習を重ねてきた子供たちは、「言葉」を意識的に捉えられる「構え」が生まれている。それが他の教科の学習の際にも働くのである。

　言語活動に取り組ませる際に、どんな「言葉」に着目させて、読ませたり書かせたりするのかを、教材研究などを通してしっかり捉えておくことが大切である。

1 国語科における評価の観点

　各教科等における評価は、平成29年告示の学習指導要領に沿った授業づくりにおいても、観点別の目標準拠評価の方式である。学習指導要領に示される各教科等の目標や内容に照らして、子供の学習状況を評価するということであり、評価の在り方としてはこれまでと大きく変わることはない。

　ただし、その学習指導要領そのものが、「知識及び技能」「思考力、判断力、表現力等」「学びに向かう力、人間性等」の資質・能力の3つの柱で、目標や内容が構成されている。そのため、観点別学習状況の評価についても、この3つの柱に基づいた観点で行われることとなる。

　国語科の評価観点も、これまでの5観点から次の3観点へと変更される。

「(国語への) 関心・意欲・態度」 「話す・聞く能力」 「書く能力」 「読む能力」 「(言語についての) 知識・理解 (・技能)」	→　「知識・技能」 「思考・判断・表現」 「主体的に学習に取り組む態度」

2 「知識・技能」「思考・判断・表現」の評価規準

　国語科の評価観点のうち、「知識・技能」と「思考・判断・表現」については、それぞれ学習指導要領に示されている〔知識及び技能〕と〔思考力、判断力、表現力等〕と対応している。

　例えば、低学年の「話すこと・聞くこと」の領域で、夏休みにあったことを紹介する単元があり、次の2つの指導事項を身に付けることになっていたとする。

> ・音節と文字との関係、アクセントによる語の意味の違いなどに気付くとともに、姿勢や口形、発声や発音に注意して話すこと。　　　　　　　　　　　　　　　〔知識及び技能〕(1)イ
> ・相手に伝わるように、行動したことや経験したことに基づいて、話す事柄の順序を考えること。　　　　　　　　　　　　　　　　〔思考力、判断力、表現力等〕A 話すこと・聞くことイ

　この単元の学習評価を考えるには、これらの指導事項が身に付いた状態を示すことが必要である。したがって、評価規準は次のように設定される。

「知識・技能」	姿勢や口形、発声や発音に注意して話している。
「思考・判断・表現」	「話すこと・聞くこと」において、相手に伝わるように、行動したことや経験したことに基づいて、話す事柄の順序を考えている。

　このように、「知識・技能」と「思考・判断・表現」の評価については、単元で扱う指導事項の文末を「～こと」から「～している」として置き換えると、評価規準を作成することができる。その際、単元で育成したい資質・能力に照らして、指導事項の文言の一部を用いて評価規準を作成する場合もあることに気を付けたい。また、「思考・判断・表現」の評価を書くにあたっては、例のように、冒頭に「『話すこと・聞くこと』において」といった領域名を明記すること(「書くこと」「読む

こと」も同様）も必要である。

3 「主体的に学習に取り組む態度」の評価規準

　一方で、「主体的に学習に取り組む態度」の評価については、指導事項の文言をそのまま使うということができない。学習指導要領では、「学びに向かう力、人間性等」については教科の目標や学年の目標に示されてはいるが、指導事項としては記載されていないからである。そこで、「主体的に学習に取り組む態度」の評価規準は、それぞれの単元で、育成する資質・能力と言語活動に応じて、次のように作成する必要がある。

　「主体的に学習に取り組む態度」の評価規準は、次の①～④の内容で構成される（〈　〉内は当該内容の学習上の例示）。

①粘り強さ〈積極的に、進んで、粘り強く等〉
②自らの学習の調整〈学習の見通しをもって、学習課題に沿って、今までの学習を生かして等〉
③他の２観点において重点とする内容（特に、粘り強さを発揮してほしい内容）
④当該単元（や題材）の具体的な言語活動（自らの学習の調整が必要となる具体的な言語活動）

　先の低学年の「話すこと・聞くこと」の単元の場合でいえば、この①～④の要素に当てはめてみると、例えば、①は「進んで」、②は「今までの学習を生かして」、③は「相手に伝わるように話す事柄の順序を考え」、④は「夏休みの出来事を紹介している」とすることができる。

　この①～④の文言を、語順などを入れ替えて自然な文とすると、この単元での「主体的に学習に取り組む態度」の評価規準は、

「主体的に学習に取り組む態度」	進んで相手に伝わるように話す事柄の順序を考え、今までの学習を生かして、夏休みの出来事を紹介しようとしている。

と設定することができる。

4 評価の計画を工夫して

　学習指導案を作る際には、「単元の指導計画」などの欄に、単元のどの時間にどのような言語活動を行い、どのような資質・能力の育成をして、どう評価するのかといったことを位置付けていく必要がある。評価規準に示した子供の姿を、単元のどの時間でどのように把握し記録に残すかを、計画段階から考えておかなければならない。

　ただし、毎時間、全員の学習状況を把握して記録していくということは、現実的には難しい。そこで、ABCといった記録に残す評価活動をする場合と、記録には残さないが、子供の学習の様子を捉え指導に生かす評価活動をする場合との、２つの学習評価の在り方を考えるとよい。

　記録に残す評価は、評価規準に示した子供の学習状況を、原則として言語活動のまとまりごとに評価していく。そのため、単元のどのタイミングで、どのような方法で評価するかを、あらかじめ計画しておく必要がある。一方、指導に生かす評価は、毎時間の授業の目標などに照らして、子供の学習の様子をそのつど把握し、日々の指導の工夫につなげていくことがポイントである。

　こうした２つの学習評価の在り方をうまく使い分けながら、子供の学習の様子を捉えられるようにしたい。

1 縦書き板書の意義

　国語科の板書のポイントの１つは、「縦書き」ということである。教科書も縦書き、ノートも縦書き、板書も縦書きが基本となる。

　また、学習者が小学生であることから、板書が子供たちに与える影響が大きい点も見過ごすことができない。整わない板書、見にくい板書では子供たちもノートが取りにくい。また、子供の字は教師の字の書き方に似てくると言われることもある。

　教師の側では、ICT端末や電子黒板、デジタル教科書を活用し、いわば「書かないで済む板書」の工夫ができるが、子供たちのノートは基本的に手書きである。教師の書く縦書きの板書は、子供たちにとっては縦書きで字を書いたりノートを作ったりするときの、欠かすことのできない手がかりとなる。

　デジタル機器を上手に使いこなしながら、手書きで板書を構成することのよさを再確認したい。

2 板書の構成

　基本的には、黒板の右側から書き始め、授業の展開とともに左向きに書き進め、左端に最後のまとめなどがくるように構成していく。板書は45分の授業を終えたときに、今日はどのような学習に取り組んだのかが、子供たちが一目で分かるように書き進めていくことが原則である。

　黒板の右側　　授業の始めに、学習日、単元名や教材名、本時の学習課題などを書く。学習課題は、色チョークで目立つように書く。

　黒板の中央　　授業の展開や学習内容に合わせて、レイアウトを工夫しながら書く。上下二段に分けて書いたり、教材文の拡大コピーや写真や挿絵のコピーも貼ったりしながら、原則として左に向かって書き進める。チョークの色を決めておいたり（白色を基本として、課題や大切な用語は赤色で、目立たせたい言葉は黄色で囲むなど）、矢印や囲みなども工夫したりして、視覚的にメリハリのある板書を構成していく。

　黒板の左側　　授業も終わりに近付き、まとめを書いたり、今日の学習の大切なところを確認したりする。

3 教具を使って

⑴ 短冊など

　画用紙などを縦長に切ってつなげ、学習課題や大切なポイント、キーワードとなる教材文の一部などを事前に用意しておくことができる。チョークで書かずに短冊を貼ることで、効率的に授業を進めることができる。ただ、子供たちが短冊をノートに書き写すのに時間がかかったりするなど、配慮が必要なこともあることを知っておきたい。

⑵ ミニホワイトボード

　グループで話し合ったことなどを、ミニホワイトボードに短く書かせて黒板に貼っていくと、それらを見ながら、意見を仲間分けをしたり新たな考えを生み出したりすることができる。専用のものでなくても、100円ショップなどに売っている家庭用ホワイトボードの裏に、板磁石を両面テープで貼るなどして作ることもできる。

⑶ 挿絵や写真など

　物語や説明文を読む学習の際に、場面で使われている挿絵をコピーしたり、文章中に出てくる写真や図表を拡大したりして、黒板に貼っていく。物語の場面の展開を確かめたり、文章と図表との関係を考えたりと、いろいろな場面で活用できる。

⑷ ネーム磁石

　クラス全体で話合いをするときなど、子供の発言を教師が短くまとめ、板書していくことが多い。そのとき、板書した意見の上や下に、子供の名前を書いた磁石も一緒に貼っていく。そうすると、誰の意見かが一目で分かる。子供たちも「前に出た○○さんに付け加えだけど……」のように、黒板を見ながら発言をしたり、意見をつなげたりしやくすくなる。

4　黒板の左右に

⑴ 単元の学習計画や本時の学習の流れ

　単元の指導計画を子供向けに書き直したものを提示することで、この先、何のためにどのように学習を進めるのかという見通しを、子供たちももつことができる。また、今日の学習が全体の何時間目に当たるのかも、一目で分かる。本時の授業の進め方も、黒板の左右の端や、ミニホワイトボードなどに書いておくこともできる。

⑵ スクリーンや電子黒板

　黒板の上に広げるロール状のスクリーンを使用する場合は、当然その分だけ、板書のスペースが少なくなる。電子黒板などがある場合には、教材文などは拡大してそちらに映し、黒板のほうは学習課題や子供の発言などを書いていくことができる。いずれも、黒板とスクリーン（電子黒板）という２つをどう使い分け、どちらにどのような役割をもたせるかなど、意図的に工夫すると互いをより効果的に使うことができる。

⑶ 教室掲示を工夫して

　教材文を拡大コピーしてそこに書き込んだり、挿絵などをコピーしたりしたものは、その時間の学習の記録として、教室の背面や側面などに掲示していくことができる。前の時間にどんなことを勉強したのか、それらを見ると一目で振り返ることができる。また、いわゆる学習用語などは、そのつど色画用紙などに書いて掲示していくと、学習の中で子供たちが使える言葉が増えてくる。

5　上達に向けて

⑴ 板書計画を考える

　本時の学習指導案を作るときには、板書計画も合わせて考えることが大切である。本時の学習内容や活動の進め方とどう連動しながら、どのように板書を構成していくのかを具体的にイメージすることができる。

⑵ 自分の板書を撮影しておく

　自分の授業を記録に取るのは大変だが、「今日は、よい板書ができた」というときには、板書だけ写真に残しておくとよい。自分の記録になるとともに、印刷して次の授業のときに配れば、前時の学習を振り返る教材として活用することもできる。

⑶ 同僚の板書を参考にする

　最初から板書をうまく構成することは、難しい。誰もが見よう見まねで始め、工夫しながら少しずつ上達していく。校内でできるだけ同僚の授業を見せてもらい、板書の工夫を学ばせてもらうとよい。時間が取れないときも、通りがかりに廊下から黒板を見させてもらうだけでも勉強になる。

1 ICT を活用した国語の授業をつくる

　GIGA スクール構想による 1 人 1 台端末の整備が進み、教室の学習環境は様々に変化している。子供たちの手元にはタブレットなどの ICT 端末があり、教室には大型のモニターやスクリーンが用意されるようになった。また、校内のネットワーク環境も整備されて、かつては学校図書館やパソコンルームで行っていた調べ学習も、教室の自分の席に座ったままでいろいろな情報にアクセスできるようになった。

　一方、子供たちの机の上には、これまでと同じく教科書やノートもあり、前面には黒板もあって様々に活用されている。紙の本やノート、黒板などを使って手で書いたり読んだりする学習と、ICT を活用して情報を集めたり共有したりする学習との、いわば「ハイブリッドな学び」が生まれている。

　それぞれの学習方法のメリットを生かし、学年の発達段階や学習の内容に合わせて、活用の仕方を工夫していきたい。

2 国語の授業での ICT 活用例

　ICT の活用によって、国語の授業でも次のような学習活動が可能になっている。本書でも、単元ごとに様々な活用例を示している。

　共有する

　文章を読んだ意見や感想、また書いた作文などをアップロードして、その場で互いに読み合うことができる。また、付箋機能などを使って、考えを整理したり、意見を視覚化して共有しながら話合いを行ったりすることもできる。ICT を活用した共有や交流は、国語の授業の様々な場面で工夫することができる。

　書く

　書いたり消したり直したりすることがしやすい点が、原稿用紙に書くこととの違いである。字を書くことへの抵抗感を減らす点もメリットであり、音声入力からまずテキスト化して、それを推敲しながら文章を作っていくという支援が可能になる。同時に、思考の速度に入力の速度が追いつかないと、かえって書きにくいという面もあり、また国語科は縦書きが多いので、その点のカスタマイズが必要な場合もある。

　発表資料を作る

　プレゼンテーションソフトを使って、調べたことなどをスライドにまとめることができる。写真や図表などの視覚資料も活用しやすく、文章と視覚資料を組み合わせたまとめを作りやすいというメリットがある。また、調べる活動もインターネットを活用する他、アンケートフォームを使うことでクラス内や学年内の様々な調査活動が簡単に行えるようになり、それらの調査結果を生かした意見文や発表資料を作ることが可能になった。

　録音・録画する

　話合いの単元などでは、グループで話し合っている様子を自分たちで録画し、それを見返しながら学習を進めることができる。また、音読・朗読の学習でも、自分の声を録音しそれを聞きながら、読み方の工夫へとつなげることができ、家庭学習でも活用することができる。一方、教材作成の面からも利便性が高い。例えば、教師がよい話合いの例とそうでない例を演じた動画教材を作って授業中に

効果的に使うなど、様々な工夫が可能である。

蓄積する

　自分の学習履歴を残したり、見返すことがしやすくなったりする点がメリットである。例えば、毎時の学習感想を書き残していくことで、単元の中の自分の考えの変化に気付きやすくなる。あるいは書いた作文を蓄積することで、以前の「書くこと」の単元でどのような書き方を工夫していたかをすぐに調べることができる。それらによって、自分の学びの成長を実感したり、前に学習したことを今の学習に生かしたりしやすくなる。

3 ICT 活用の留意点

⑴ 指導事項に照らして活用する

　例えば、「読むこと」には「共有」の指導事項がある。先に述べたように、ICT の活用によって、感想や意見はその場で共有できるようになった。一方で、そうした活動を行えば、それで「共有」の事項を指導したということにはならない点に気を付ける必要がある。

　高学年では「文章を読んでまとめた意見や感想を共有し、自分の考えを広げること」（「読むこと」カ）とあるので、「自分の考えを広げること」につながるように意見や感想を共有させるにはどうすればよいか、そうした視点からの指導の工夫が欠かせない。

⑵ 学びの土俵から思考の土俵へ

　ICT は子供の学習意欲を高める側面がある。同時に、例えば、調べたことをプレゼンテーションソフトを使ってスライドにまとめる際に、字体やレイアウトのほうに気が向いてしまい、「元の資料をきちんと要約できているか」「使う図表は効果的か」など、国語科の学習として大切な思考がおろそかになりやすい、そうした一面もある。

　ICT の活用で「学びの土俵」にのった子供たちが、国語科としての学習が深められる「思考の土俵」にのって、様々な言語活動に取り組めるような指導の工夫が必要である。

⑶ 「参照する力」を育てる

　ICT を活用することで、クラス内で意見や感想、作品が瞬時に共有できるようになり、例えば、書き方に困っているときには、教師に助言を求めるだけでなく、友達の文章を見て書き方のコツを学ぶことも可能になった。

　その際に大切なのは、どのように「参照するか」である。見ているだけは自分の文章に生かせないし、まねをするだけでは学習にならない。自分の周りにある情報をどのように取り込んで、自分の学習に生かすか。そうした力も意識して育てることで、子供自身が ICT 活用の幅を広げることにもつながっていく。

⑷ 子供が選択できるように

　ICT を活用した様々な学習活動を体験することで、子供たちの中に多様な学習方法が蓄積されていく。これまでのノートやワークシートを使った学習に加えて、新たな「学びの引き出し」が増えていくということである。その結果、それぞれの学習方法の特性を生かして、どのように学んでいくのかを子供たちが選択できるようになる。例えば、文章を書くときにも、原稿用紙に手で書く、ICT 端末を使ってキーボードで入力する、あるいは下書きは画面上の操作で推敲を繰り返し、最後は手書きで残すなど、いろいろな組み合わせが可能になった。

　「今日は、こう使うよ」と教師から指示するだけでなく、「これまで ICT をどんなふうに使ってきた？」「今回の単元ではどう使っていくとよいだろうね？」など、子供たちにも方法を問いかけ、学び方を選択しながら活用していくことも大切になってくる。

教科の目標

	言葉による見方・考え方を働かせ、言語活動を通して、国語で正確に理解し適切に表現する資質・能力を次のとおり育成することを目指す。
知識及び技能	(1)　日常生活に必要な国語について、その特質を理解し適切に使うことができるようにする。
思考力、判断力、表現力等	(2)　日常生活における人との関わりの中で伝え合う力を高め、思考力や想像力を養う。
学びに向かう力、人間性等	(3)　言葉がもつよさを認識するとともに、言語感覚を養い、国語の大切さを自覚し、国語を尊重してその能力の向上を図る態度を養う。

学年の目標

知識及び技能	(1)　日常生活に必要な国語の知識や技能を身に付けるとともに、我が国の言語文化に親しんだり理解したりすることができるようにする。
思考力、判断力、表現力等	(2)　順序立てて考える力や感じたり想像したりする力を養い、日常生活における人との関わりの中で伝え合う力を高め、自分の思いや考えをもつことができるようにする。
学びに向かう力、人間性等	(3)　言葉がもつよさを感じるとともに、楽しんで読書をし、国語を大切にして、思いや考えを伝え合おうとする態度を養う。

〔知識及び技能〕
（1）言葉の特徴や使い方に関する事項

(1)　言葉の特徴や使い方に関する次の事項を身に付けることができるよう指導する。	
言葉の働き	ア　言葉には、事物の内容を表す働きや、経験したことを伝える働きがあることに気付くこと。
話し言葉と書き言葉	イ　音節と文字との関係、アクセントによる語の意味の違いなどに気付くとともに、姿勢や口形、発声や発音に注意して話すこと。 ウ　長音、拗（よう）音、促音、撥（はつ）音などの表記、助詞の「は」、「へ」及び「を」の使い方、句読点の打ち方、かぎ（「」）の使い方を理解して文や文章の中で使うこと。また、平仮名及び片仮名を読み、書くとともに、片仮名で書く語の種類を知り、文や文章の中で使うこと。
漢字	エ　第1学年においては、別表の学年別漢字配当表*（以下「学年別漢字配当表」という。）の第1学年に配当されている漢字を読み、漸次書き、文や文章の中で使うこと。第2学年においては、学年別漢字配当表の第2学年までに配当されている漢字を読むこと。また、第1学年に配当されている漢字を書き、文や文章の中で使うとともに、第2学年に配当されている漢字を漸次書き、文や文章の中で使うこと。
語彙	オ　身近なことを表す語句の量を増し、話や文章の中で使うとともに、言葉には意味による語句のまとまりがあることに気付き、語彙を豊かにすること。
文や文章	カ　文の中における主語と述語との関係に気付くこと。
言葉遣い	キ　丁寧な言葉と普通の言葉との違いに気を付けて使うとともに、敬体で書かれた文章に慣れること。
表現の技法	（第5学年及び第6学年に記載あり）
音読、朗読	ク　語のまとまりや言葉の響きなどに気を付けて音読すること。

＊…学年別漢字配当表は、『小学校学習指導要領（平成29年告示）』（文部科学省）を参照のこと

（2）情報の扱い方に関する事項

(2)　話や文章に含まれている情報の扱い方に関する次の事項を身に付けることができるよう指導する。	
情報と情報との関係	ア　共通、相違、事柄の順序など情報と情報との関係について理解すること。
情報の整理	（第3学年以上に記載あり）

（3）我が国の言語文化に関する事項

(3)　我が国の言語文化に関する次の事項を身に付けることができるよう指導する。	
伝統的な言語文化	ア　昔話や神話・伝承などの読み聞かせを聞くなどして、我が国の伝統的な言語文化に親しむこと。 イ　長く親しまれている言葉遊びを通して、言葉の豊かさに気付くこと。
言葉の由来や変化	（第3学年以上に記載あり）
書写	ウ　書写に関する次の事項を理解し使うこと。 ㋐姿勢や筆記具の持ち方を正しくして書くこと。 ㋑点画の書き方や文字の形に注意しながら、筆順に従って丁寧に書くこと。 ㋒点画相互の接し方や交わり方、長短や方向などに注意して、文字を正しく書くこと。
読書	エ　読書に親しみ、いろいろな本があることを知ること。

〔思考力、判断力、表現力等〕

A 話すこと・聞くこと

		(1) 話すこと・聞くことに関する次の事項を身に付けることができるよう指導する。
話すこと	話題の設定	ア 身近なことや経験したことなどから話題を決め、伝え合うために必要な事柄を選ぶこと。
	情報の収集	
	内容の検討	
	構成の検討	イ 相手に伝わるように、行動したことや経験したことに基づいて、話す事柄の順序を考えること。
	考えの形成	
	表現	ウ 伝えたい事柄や相手に応じて、声の大きさや速さなどを工夫すること。
	共有	
聞くこと	話題の設定	【再掲】ア 身近なことや経験したことなどから話題を決め、伝え合うために必要な事柄を選ぶこと。
	情報の収集	
	構造と内容の把握	エ 話し手が知らせたいことや自分が聞きたいことを落とさないように集中して聞き、話の内容を捉えて感想をもつこと。
	精査・解釈	
	考えの形成	
	共有	
話し合うこと	話題の設定	【再掲】ア 身近なことや経験したことなどから話題を決め、伝え合うために必要な事柄を選ぶこと。
	情報の収集	
	内容の検討	
	話合いの進め方の検討	オ 互いの話に関心をもち、相手の発言を受けて話をつなぐこと。
	考えの形成	
	共有	
(2)		(1)に示す事項については、例えば、次のような言語活動を通して指導するものとする。
言語活動例		ア 紹介や説明、報告など伝えたいことを話したり、それらを聞いて声に出して確かめたり感想を述べたりする活動。 イ 尋ねたり応答したりするなどして、少人数で話し合う活動。

B 書くこと

	(1) 書くことに関する次の事項を身に付けることができるよう指導する。
題材の設定	ア 経験したことや想像したことなどから書くことを見付け、必要な事柄を集めたり確かめたりして、伝えたいことを明確にすること。
情報の収集	
内容の検討	
構成の検討	イ 自分の思いや考えが明確になるように、事柄の順序に沿って簡単な構成を考えること。
考えの形成	ウ 語と語や文と文との続き方に注意しながら、内容のまとまりが分かるように書き表し方を工夫すること。
記述	
推敲	エ 文章を読み返す習慣を付けるとともに、間違いを正したり、語と語や文と文との続き方を確かめたりすること。
共有	オ 文章に対する感想を伝え合い、自分の文章の内容や表現のよいところを見付けること。
(2) (1)に示す事項については、例えば、次のような言語活動を通して指導するものとする。	
言語活動例	ア 身近なことや経験したことを報告したり、観察したことを記録したりするなど、見聞きしたことを書く活動。 イ 日記や手紙を書くなど、思ったことや伝えたいことを書く活動。 ウ 簡単な物語をつくるなど、感じたことや想像したことを書く活動。

C 読むこと

	(1) 読むことに関する次の事項を身に付けることができるよう指導する。
構造と内容の把握	ア 時間的な順序や事柄の順序などを考えながら、内容の大体を捉えること。 イ 場面の様子や登場人物の行動など、内容の大体を捉えること。
精査・解釈	ウ 文章の中の重要な語や文を考えて選び出すこと。 エ 場面の様子に着目して、登場人物の行動を具体的に想像すること。
考えの形成	オ 文章の内容と自分の体験とを結び付けて、感想をもつこと。
共有	カ 文章を読んで感じたことや分かったことを共有すること。
(2) (1)に示す事項については、例えば、次のような言語活動を通して指導するものとする。	
言語活動例	ア 事物の仕組みを説明した文章などを読み、分かったことや考えたことを述べる活動。 イ 読み聞かせを聞いたり物語などを読んだりして、内容や感想などを伝え合ったり、演じたりする活動。 ウ 学校図書館などを利用し、図鑑や科学的なことについて書いた本などを読み、分かったことなどを説明する活動。

1 第2学年の国語力の特色

　学習指導要領では、教科の目標に示す⑴〔知識及び技能〕に関する目標、⑵〔思考力、判断力、表現力等〕に関する目標、⑶「学びに向かう力、人間性等」に関する目標に対応して、「第1学年及び第2学年」のように、2学年のまとまりごとに示されている。第2学年においては、子供や学校の実態に応じて、指導内容を重点化し、十分な定着を図るとともに、その目標の最終的到達が求められる。

　第2学年の学習内容のキーワードは、「順序立てて考えて」話すこと・聞くこと・書くこと・読むことであろう。そうした資質・能力の育成を支えるものとして、「言葉がもつよさを感じる」「楽しんで読書をする」「国語を大切にする」「思いや考えを伝え合おうとする」態度を併せて育成することが重要となる。

2 第2学年の学習指導内容（p.20、21参照）

〔知識及び技能〕

　〔知識及び技能〕の内容は、

　⑴　言葉の特徴や使い方に関する事項

　⑵　情報の扱い方に関する事項

　⑶　我が国の言語文化に関する事項

　から構成されている。

　「⑴言葉の特徴や使い方に関する事項」は、「言葉の働き」「話し言葉と書き言葉」「漢字」「語彙」「文や文章」「言葉遣い」「表現の技法」「音読、朗読」に整理されている。これらの内容は、言語活動の基盤をなすものであり、小単元として取り上げて指導することも多い。その際には、ある一部の〔知識・技能〕を学びの文脈から切り離して、繰り返し練習をして習得させるのではなく、なぜそれが必要なのか、どういった場面で活用していくのかといったことを考えさせながら指導することが重要である。また、正確性や具体性といった正誤や適否で子供の学びを評価してしまいがちであるが、そうした学びに終始しない、質的な高まりを意識して指導することも大切である。

　このことに関して、学習指導要領では、資質・能力の3つの柱は相互に関連し合い、一体となって働くことが重要であるとし、〔知識及び技能〕と〔思考力、判断力、表現力等〕を別々に分けて育成したり、〔知識及び技能〕を習得してから〔思考力、判断力、表現力等〕を身に付けるといった順序性をもって育成したりするものではないと明記している。本書では、〔知識及び技能〕を学びの文脈の中にいかに位置付けるのかを工夫するとともに、教え込みではなく、子供自らが主体的に学びの質を高めていけるような学習過程について提案する。

　「⑵情報の扱い方に関する事項」は、話や文章に含まれている情報の扱い方に関する事項である。「共通」「相違」「事柄の順序」という3つのキーワードを念頭に置くようにする。これらは、話や文章を正確に理解するときにも、話や文章で適切に表現したりするときにも必要となる資質・能力であることから、国語科において育成すべき重要な資質・能力の1つであるといえる。教科書にある情報に関するトピックページや巻末資料などを活用しながら指導していくことも効果的である。また、情報と情報との関係を整理する際には、思考ツールが有効であるとされている。本書ではそうした手立てについても、紹介をしていく。

　「⑶我が国の言語文化に関する事項」は、「伝統的な言語文化」「言葉の由来や変化」「書写」「読書」

に関する内容で構成されている。第1学年及び第2学年においては、「言語文化に親しみ」「言葉の豊かさに気付く」「読書に親しみ」の文言にあるように、そのよさを十分に楽しむということが重要である。子供自身がよさや楽しさに気付き、我が国の言語文化に親しみをもてるよう指導の充実を図っていきたい。

〔思考力、判断力、表現力等〕

① A 話すこと・聞くこと

「話すこと・聞くこと」に関する指導は、年間35単位時間程度と示され、紹介や説明、報告など伝えたいことを話したり、それらを聞いて感想を述べたりする活動、尋ねたり応答したりしながら、少人数で話し合う活動を通して、指導事項を指導することが求められている。

「話すこと」では、「身近なことや経験したこと」から話題を設定し、「相手に伝わるように」「話す事柄の順序を考えること」が示されている。「身近なことや経験したこと」とは、例えば、学校や家庭、地域における身近な出来事や自分が経験したことなどが考えられる。これらのことから話題を決め、伝えるために必要な事柄を集めるためには、体験したことを思い出したり、対象物の特徴を考えたりすることができるように、写真や具体物などを手掛かりとして与えることも有効である。また、「相手に伝わるように」話す事柄の順序を考える、「相手に応じて」話し方を工夫するのように、目の前にいる相手を具体的に意識することが求められている。そのためには、教師や同級生、家族や地域の人など、様々な相手と話す場面を設定し、そうした経験を重ねさせることが大切である。

「聞くこと」では、「話の内容を捉える」だけでなく「感想をもつ」ことも求められている。そのためには、「話し手が知らせたいこと」は何かを考えながら聞いたり、「自分が聞きたいこと」は何かを明確にして話を聞いたりするなど、集中して聞くことができるように手立てを工夫することが大切である。

「話し合うこと」では、「互いの話に関心をもつ」ことが示されている。低学年の子供はとかく自分の思いや考えを伝えることに夢中になってしまい、相手の話を聞くことがおろそかになりがちである。まずは、相手の言葉を受け止めることを丁寧に指導していきたい。そのことが、教室における学びは、自分だけで完結するのではなく、友達とつくっていくものであるという対話的な学びの基となるのである。「話をつなぐこと」の具体化に当たっては、子供の話したい、知らせたいという思いや願いを大事にした身近な話題を設定し、話がつながることの楽しさやよさを実感できるようにすることが大切である。

② B 書くこと

「書くこと」に関する指導は、年間100単位時間程度とされ、実際に文章を書く活動を多く行うことが求められている。言語活動例としては、身近なことや経験したことを報告したり、観察したことを記録したりする活動、日記や手紙を書くなど、思ったことや伝えたいことを書く活動、簡単な物語を作るなど、感じたことや想像したことを書く活動が示されている。

学習指導要領では、書くという行為における思考の流れを重視し、学習過程に沿って指導事項が整理されている。まずは、「題材の設定、情報の収集、内容の検討」である。「経験したことや想像したことなどから書くことを見つけ」る際には、学校での生活や生活科での体験など身近な出来事が対象として考えられる。低学年の子供は、頭に浮かんだことをそのまま書こうとしがちなため、1番書きたいと思うことをはっきりさせるなど、伝えたいことは何かを明確にさせてから書かせることが大切である。

「構成の検討」にある「事柄の順序に沿って」文章構成の指導を行うものであり、論理的な思考力の育成と関わる内容を扱う。第2学年では、経験した順序、ものを作ったり作業したりする手順、

事物や対象を説明する際の具体的内容の順序など、時間の順序や事柄の順序を考えることから、徐々に、読み手への伝わりやすさを意識した構成を意識できるようにすることが重要である。

「考えの形成、記述」では、「語と語や文と文との続き方に注意する」とあるが、これは、〔知識及び技能〕の指導事項と関連させながら指導していくことが必要である。文章を書くにあたって必要となる語彙や言葉、言葉に関するきまりなどを前もって指導し、それを実際の文章で活用していくという学習過程をとることで、子供自身に生きて働く学びを実感させることができるであろう。

「推敲」では、文章を読み返す行為の習慣化が重要事項となっている。また、「共有」では、「自分の文章の内容や表現のよいところ」を見つけることを求めている。低学年なりに自分の文章を俯瞰し、課題を見いだしたり、よさを見つけ出すということが、中学年以降のメタ認知の高まりにつながっていく。子供に自覚的な学びを促す具体的な手立てについては、本書で紹介していきたい。

③C読むこと

「読むこと」に関する指導は、内容を理解するだけでなく、内容に対して自分の考えをもつことも重視されている。また、「読むこと」の指導を通して、子供の読書意欲を高め、日常生活における活発な読書活動につながるような指導が求められている。

「読むこと」もまた、読むという行為における思考の流れに沿って、指導事項が整理されている。

「構造と内容の把握」では、文章の構造を大づかみに捉え、それを手掛かりに内容を正確に理解することが求められている。全文を読み、お気に入りの箇所を見つけたり、読みの問いを立てたりする活動が考えられる。このような学習を通して、内容の大体を捉えた上で、「精査・解釈」として、叙述に即した理解と解釈を進めていくという流れで示されている。叙述を手掛かりに読むということを十分に経験させたい。

「考えの形成」では、「文章の内容と自分の体験を結び付けて、感想をもつ」とある。その際は、子供の体験と結び付けて考えさせることが重要である。読み手の体験は一人一人異なるので、どのような体験と結び付けて読むかによって、感想も異なってくる。実際の経験を十分に想起できるようにすることが大切である。

そうした違いを「共有」する際には、互いの感想を尊重し合う態度をもって行えるよう、場や雰囲気づくりをしていきたいものである。互いの思いを分かち合ったり、感じ方や考え方を認め合ったりすることによって、読みの世界を広げたり深めたりすることにつながるであろう。

物語文の指導では、場面の様子に着目して、登場人物の行動や会話について、何をしたのか、なぜしたのかなどを具体的に思い描きながら、その世界を豊かに想像させることが重要である。物語は通常複数の場面によって構成され、展開に即して時間や場所、周囲の風景、登場人物などの様子が変化しながら描かれている。場面の様子に着目するとは、登場人物の行動を具体的に想像する上で、物語の中のどの場面のどのような様子と結び付けて読むかを明らかにすることである。一方、登場人物の行動を具体的に想像するとは、着目した場面の様子などの叙述を基に、主人公などの登場人物について、何をしたのか、どのような表情・口調・様子だったのかなどを具体的にイメージしたり、行動の理由を想像したりすることである。このように物語の世界を豊かに想像して楽しむことが、中学年以降の文学作品の読みの学習を支える基となるのである。

説明文の指導では、「順序」を考えながら「内容の大体捉えること」が、第2学年の指導事項の中心となる。「順序」とは、時間の経過に基づいた順序、事物の作り方の手順など文章の内容に関わる順序、文章表現上の順序、説明の順序などの論理的思考を意味する。第2学年の学習で扱う教材は『たんぽぽのちえ』『どうぶつえんのじゅうい』『おにごっこ』である。教材の特性として、『たんぽぽのちえ』では様子とそのわけ、『どうぶつえんのじゅうい』では仕事とそのわけ、『おにごっこ』では遊びのルールとそのわけといった論理的思考に基づいて書かれていることが挙げられよう。しかも、

徐々に抽象度が上がっていることも指導する際には意識したいところである。このように、説明文の指導においては、教材の特性をつかみ、系統的に指導していくということが重要である。

3 第2学年における国語科の学習指導の工夫

　学習指導要領において、国語科では、目標や内容が「第1学年及び第2学年」と2学年単位になっている。それは、2学年の中で指導事項を全て扱うようにするという意味合いもあるが、子供の成長を鑑み、第1学年で学習したことを第2学年でも繰り返し学習し、レベルアップするという位置付けもあるということを理解しておきたい。

　子供たちの中にも、「レベルアップ」ということに敏感で、1年生よりはお兄さん・お姉さんになったという自負がある。そのため、生活科の学習で学校探検を扱えば「1年生に校舎内を教えてあげたい」という思いが湧いてきたり、ペア遠足をすれば1年生の子の手を引いて安全に歩こうとしたりする。

　とはいえ、まだまだ小学校生活の中では序盤戦であり、基礎・基本の定着が求められる。その上で、少し学校生活に慣れてきた子供たちなので、少し発展的な指導をしてもよいと考える。

① 〔知識及び技能〕習得における工夫について
【家庭との連携を図る音読学習】 物語文の学習における言語活動として「音読発表会」を設定して、学校で音読練習を行うことがある。グループで取り組むことが多いと思われるが、なかなか一人一人の音読チェックが難しい。指導事項〔知識及び技能〕(1)イにあるような「姿勢」「口形」「発声」「発音」を適切に見取り、子供たちのよりよい成長を促すために、家庭学習に「音読」を取り入れて、日頃から家庭でも音読を習慣化し、家庭での様子をカードに記入してもらい、情報交換を密にしていく。

【既習漢字を意識させるための学級掲示】 1年生で80字の漢字を学習した子供たちは、その漢字を使っていきながら、2年生でも160字の漢字を学習する。数字上でも倍の数になっているが、子供たちにとっては、2年のスタート時には80字で済んだものが、2年終了時には240字を扱えるようにならなくてはならない。そのため、これまでに学習した漢字を教室内に掲示して、常に意識させるような環境づくりをすると、生活科の観察カードをかく際にも、その掲示物を見ながら、適切に漢字を使って文を書けるようになる。

【事柄の正しい順序を身に付けるための説明文学習の一助】 説明的文章の学習で、「はじめに」「次に」「最後に」など、順序を表す言葉をヒントに読んだり、内容をよく読んで順序を考えたりする学習を通して、順序よく話したり書いたりすることのよさを身に付けさせたい。その際に、文章全体を段落ごとにばらばらにして並べ替える学習を取り入れると、言葉に注目したり内容をよく読んだりして考え、「順序」を意識できる子供を育成することができる。

② 〔思考力、判断力、表現力等〕育成に向けての工夫について
【A 話すこと・聞くこと：少人数での話し合い活動】 言語活動例にも取り上げられているが、「話し合い」として機能させるために、「司会者」「記録者」「発表者」など役割を与えて話し合わせるとよい。また、その役割は固定することなく、同じグループで話し合わせるときでも、交代制でいろいろな役割を経験させる。中学年以上になると、学級委員などリーダーを学級内で決めることが求められる。そうしたときに備え、教科学習の中でもリーダーを育成する素地を設けていきたい。

【A 話すこと・聞くこと：「相手」意識を大切にした原稿作成・発表会】指導事項には、「伝え合うために」「相手に伝わるように」「相手に応じて」「互いの話に関心をもち」「相手の発言を受けて話をつなぐ」とある。自分だけが分かったり頑張ったりするのではなく、「相手」すなわち友達と一緒に学んでいることを自覚し、友達に分かってもらえるように、そして友達と共に頑張るように授業展開を考えていきたい。そのために、原稿作成段階では、「○○のことを知っていますか」と問い掛けの文を入れたり、「◇◇を一緒にやってみませんか」と呼び掛ける文を入れたりする。また、本発表会の前に、グループでプレ発表会を設定するといったことが考えられる。

【B 書くこと：日記や生活作文で自分の思いを表現させる】日記を書いたり、または行事の作文を書いたりするときには、出来事を順序よく書くことが基本であるが、その中に、自分の思いを適切に挿入して書けるようにしていきたい。「気持ちを表す語句の量を増す」という指導事項は中学年に位置付いているが、文学的文章中に表れている言葉や子供たちが生活体験の中から使っている言葉の中で気持ちを表すものを取り上げて、短冊に書いて掲示するなどして、自分の思いを表現する言葉を日常的に獲得させるようにするとよい。その上で、日記や作文で使うことができた子供を褒めて、豊かな文章を書くことができる子供を育てたい。

【C 読むこと：司書との連携】文学的文章の学習で関連読書を行うため、あるいは説明的文章の学習で並行読書を行うためなど、様々な学習活動で学校図書館を活用することが求められる。その際に、その単元の学習が始まってから図書館に行って使えそうな図書を探すのではなく、その単元を始める1か月前くらいに司書に相談してみるとよい。それによって、学校図書館にある図書を探してもらえるだけでなく、地域の公共図書館に団体貸出しなどの制度を利用して、多くの図書を準備してもらうことが期待できる。準備のためだけでなく、文学的文章の学習や昔話や神話・伝承の学習をするときに、図書館で読み聞かせを実際にしてもらうといった連携の方法もある。

③〔学びに向かう力、人間性等〕の成長を促す工夫について
【座席の型を工夫するなどして、友達の意見を聞く姿勢を徹底する】2年生は、まだまだ「自分」中心で、友達の意見になかなか耳を傾けられない子が多い。そのため、前向きの座席だけでなく、向かい合わせになるように机・椅子を動かしたり、机・椅子をコの字型に配置したりして、しっかりと発表者の顔を見て発言を聞かせるように環境を整える。また、友達の考えに「付け足し」したり、「反対」の意見を言ったりしながら、考えを深めていくように促す。その際に、必要に応じてハンドサイン（「付け足し」は手をピースに、「反対」は手をグーにして上げる）を取り入れてもよい。

【「見通し」をもって学習に臨み、学習を「振り返る」ことを習慣化する】国語科に限ったことではないが、子供たちが主体的に学習に取り組むことができるように、単元の始めや、各時間の始めに学習計画を立てたり、今日考える学習問題を共有したりする時間を取るようにしたい。それらを、板書したり掲示したりして明確化することも、2年生の学習にとって大切なことである。また、学習の後半では、自分の学びを振り返る時間を確保する。その際、2年生段階では、単に学習感想を書かせるだけでなく、「今日の学習でがんばったことを書こう」「今日、友達と話して分かったことを書こう」など、振り返る視点を設定して子供たちに書かせることも有効である。さらに、その振り返りを次時や次単元の始めに取り上げるようにすると、「振り返り」活動そのものへの子供たちのやる気も向上し、学習がとても豊かになる。

2

第2学年の授業展開

じゅんばんに ならぼう 1時間扱い

単元の目標

知識及び技能	・言葉には、事物の内容を表す働きがあることに気付くことができる。((1)ア)
思考力、判断力、表現力等	・自分が聞きたいことを落とさないように集中して聞くことができる。(A エ)
学びに向かう力、人間性等	・言葉がもつよさを感じるとともに、楽しんで読書をし、国語を大切にして、思いや考えを伝え合おうとする。

評価規準

知識・技能	❶言葉には、事物の内容を表す働きがあることに気付いている。((知識及び技能)(1)ア)
思考・判断・表現	❷「話すこと、聞くこと」において、自分が聞きたいことを落とさないように集中して聞いている。((思考力、判断力、表現力等) A(1)エ)
主体的に学習に取り組む態度	❸自分が聞きたいことを粘り強く集中して聞き取り、学習課題に沿って声を掛け合い、正しい順番で並ぼうとしている。

単元の流れ

時	主な学習活動	評価
1	学習の見通しをもつ 扉の詩を音読したり、目次や「こくごの学びを見わたそう」を見たりして、上巻の学習への見通しをもつ。 教師の話を聞いて、学習課題を設定する。 声を掛け合って順番に並ぼう。 友達と声を掛け合って示された順番に並ぶ。 順番に並んでみて、どのような声の掛け合いや、やり取りをすればよいか相談する。 様々な順番の並び方に挑戦する。 学習を振り返る 正しい順番に並べたかを確かめ、感想を交流する。	❶ ❷ ❸

〈単元で育てたい資質・能力〉

　本単元のねらいは、教師の話をよく聞き、示された順番に並ぶために友達と声を掛け合うことである。子供たちは日々、友達同士であいさつしたり、遊びに誘ったり等、当然のように声を掛け合っている。しかし、明確な目的をもって意識的に言葉を使う経験はまだ少ないのではないだろうか。この単元では、しっかりと目的をもち、友達に伝える内容を判断して声を掛け合うことをねらっている。

　第2学年のはじめの単元として、言葉を楽しみながら意識的に使い、言葉によって伝え合えることのよさ、言葉を工夫することによってよりよく伝えられることのよさを実感できるようにしたい。

〈子供が学びを自覚化するために〉

　本単元ではゲーム感覚で言葉を用いて遊びつつ（教科書にも「ことばのじゅんびうんどう」とあるとおりである）、それに留まらず言葉を使うよさを実感できるようにすることが求められる。子供が言葉を使うよさを実感するための手立てにはどのようなものがあるのか、以下に具体例を示す。

> ［具体例］
> ○「どんなふうに声を掛けたらうまく並べた？」と子供に質問することによって、自分たちの言葉を自覚化させたい。「『何日生まれ？』と質問した」「『私の前だよ』と教えてあげた」など、友達に尋ねたり、指示したりする言葉が挙げられることだろう。それらを板書にまとめることでさらに自覚化が促される。

〈言語活動の工夫〉

　発展として、あえて言葉を使わず、黙ってジェスチャーなどを用いて並ぶ活動を取り入れてもおもしろい。言葉を用いたときとの違いを子供に考えさせることにより、言葉のよさを一層実感することができるだろう。

〈ICT の効果的な活用〉

記録：子供が活動している様子を教師がタブレット端末などで動画撮影し、スクリーンに投影して全体で振り返る場を設けるとよい。声掛けや、受け答えの様子などを客観的に振り返ることで、「こんな声を掛けるといいんじゃないか」「○○さんの真似をしてみたい」など、気付きの質が高まる。

じゅんばんに ならぼう

本時の目標
・教師の話をよく聞き、示された順番に並ぶために友達と声を掛け合うことができる。

本時の主な評価
❶ 言葉には、事物の内容を表す働きや、経験したことを伝える働きがあることに気付いている。【知・技】
❷ 自分が聞きたいことを落とさないよう集中して聞いている。【思・判・表】
❸ 進んで相手の話を聞いたり、伝えたりし、学習の見通しをもって取り組もうとしている。【態度】

資料等の準備
・特になし

> よかった言葉を板書→広げる

・「なん日 生まれ?」
「わたしの まえだよ。」
（じぶんから たずねたり、
こたえたり すると、
じょうずに ならべる。）

授業の流れ ▷▷▷

1 本時のめあてを知る 〈10分〉

○教師から、本時の活動を伝える。
T これから、声を掛け合って、順番に並びます。いろいろな並び方に挑戦したいですね。
・おもしろそう!
・私は、4月生まれだから先頭のほうだな。
・○○くんも5月生まれだったけど、何日が誕生日だったかな?
○本時のめあてを板書する。
○口頭だけでなく、学習活動を板書し、視覚優位の子供にも活動がはっきり分かるようにする。ノートを書かせる必要はない。また、教室で行うことを想定し、机を後ろに下げて場を広くしたり、3〜4グループに分けて活動したり、工夫したい。

2 声を掛け合って、順番に並ぶ 〈25分〉

T では、実際に友達を声を掛け合ってやってみましょう。誕生日の早い順に並んでみましょう。4月生まれの人が先頭に来るように並びましょう。
A児「私は5月生まれだよ。」
B児「ぼくも5月。何日生まれ?」
A児「18日。Bくんは?」
B児「3日。じゃあぼくが前だね。」
T 順番どおり並べたか確認してみましょう。
○確認の際、間違えてしまった子供がいても、周りの子供からフォローする声が出たら褒める。共感的、相互支援的な雰囲気で進められるよう配慮したい。
○名前のあいうえお順や、朝起きた時間の早い順など、様々な順番の並び方に挑戦する。

じゅんばんに ならぼう

1
みんなで こえを かけあって じゅんばんに ならぼう。

本時のめあては四角で囲む

2
○たんじょう日が 早い じゅん
四月が 先
○名まえの あいうえおじゅん
○あさ、おきた じかんが 早い じゅん

3
〈どんな こえを かけたら うまく ならべた?〉

3 活動を振り返り、仲間のよい姿を見つける 〈10分〉

T 順番に並ぶときに、どんな声を掛けたらうまく並べましたか?

・○○さんと同じ8月生まれだったから、「何日生まれ?」と聞いた。

・私は3月生まれだから、私の前だよ、と教えてあげた。

T 上手に尋ねたり、答えたりすると、上手に並べましたね。

○自分が工夫したことや、仲間のよい姿を見つけて発表させ、板書にまとめる。撮影した映像を基に進めてもよい。最後に確認するのではなく、**2**の活動の合間に確認し、次の順番へ挑戦すると、子供は確認したことを生かそうとするので効果的である。教師は子供のよい関わりをどんどん褒めるようにしたい。

よりよい授業へのステップアップ

共感的な教師の姿勢

本単元の活動は、非常にシンプルだからこそ、何を子供に指導するかが非常に大切になる。単なるレクリエーションの時間に終わらないようにするには、教師がねらいを自覚し、子供を評価し褒めていくことが必要である。仲間に対し、積極的に尋ねている子供、自分の情報を相手に丁寧に伝えている子供、困っている仲間に助言している子供、間違えてしまった仲間を責めずに「大丈夫だよ」と声を掛けている子供など、求める姿を想定し、どんどん褒め、評価したい。

たのしく　かこう

絵を　見て　かこう/つづけてみよう　　$\boxed{\text{1 時間扱い}}$

単元の目標

知識及び技能	・第１学年に配当されている漢字を文章の中で使うことができる。（(1)エ)
思考力、判断力、表現力等	・想像したことなどから書くことを見つけ、必要な事柄を集めたり確かめたりして、伝えたいことを明確にすることができる。（Bア） ・文章に対する感想を伝え合い、自分の文章の内容や表現のよいところを見つけることができる。（Bオ）
学びに向かう力、人間性等	・言葉がもつよさを感じるとともに、楽しんで読書をし、国語を大切にして、思いや考えを伝え合おうとする。

評価規準

知識・技能	❶第１学年に配当されている漢字を文章の中で使っている。（〔知識及び技能〕(1)エ)
思考・判断・表現	❷「書くこと」において、想像したことなどから書くことを見つけ、必要な事柄を集めたり確かめたりして、伝えたいことを明確にしている。（〔思考力、判断力、表現力等〕Bア） ❸「書くこと」において、文章に対する感想を伝え合い、自分の文章の内容や表現のよいところを見つけている。（〔思考力、判断力、表現力等〕Bオ）
主体的に学習に取り組む態度	❹絵の中から進んで書くことを見つけ、これまでの学習を生かして文章を書こうとしている。

単元の流れ

時	主な学習活動	評価
1	$\boxed{\text{学習の見通しをもつ}}$ 絵を見て気付いたことを発表し合う。 絵の様子を文章に書くという本時のめあてを知る。 $\boxed{\text{絵の中からかくことを見つけて、文章にかこう。}}$ 絵を見て、次のポイントについて確かめる。 　・いつ　・どこで　・どんな人が　・どんなことをしているか どの部分の様子を伝えるのかを決める。 絵の様子を文章に書く。 書いた文章を友達と読み合って感想を伝える。 $\boxed{\text{学習を振り返る}}$ 活動を振り返り、これから取り組みたいことを発表する。 p.18「つづけてみよう」で、一言日記やノートの書き方を学ぶ。	❶ ❷ ❸ ❹

授業づくりのポイント

〈単元で育てたい資質・能力〉

本単元のねらいは、1年生で学習した漢字を文や文章の中で使ったり、挿絵を基に伝えたいことを書いたりする力を高めるとともに、自分の成長を実感させ、進んで書こうとする態度を育むことにある。そのためには、子供の書きたいという思いを引き出したり、書けたという喜びを分かち合ったりする活動が重要である。教材との出会いの場面や、書いた文章を友達と共有する場面を工夫することで、書くことへの自信を高めていきたい。

〈言語活動の工夫〉

書くことが得意な子供がいる一方で、まだ書字そのものが覚束ない子供もいることであろう。教師はそうした子供の実態を捉え、子供たちに合った言語活動を考える必要がある。例えば、書く文章の量はどうするか、何に書かせるのか（ノート、プリント、罫線のあるなしなど）といったことである。

また、どの子供も楽しく取り組めるように、挿絵を見る観点を示したり、これまで習った漢字を掲示したりするなど、実態に合わせて、負荷を掛けずに取り組める手立てを考えることも大切である。

[具体例]
○1年生で習った漢字をいつでも振り返ることができるように、漢字の一覧表を掲示しておく。
○罫線の太さの異なる複数のワークシートを用意し、書くことの実態に合わせて、自分でワークシートを選択できるようにする。

〈他教材や他教科との関連〉

本単元の学習にとどまらず、今後の生活や学習場面においても、書くことに対する関心を高め、書こうとする意欲や態度を育てていくことが大切である。そのためには、今回のように、挿絵や写真を見たり、そのときのことを思い出したりしながら、できごとを言葉で表現するという活動を、日常的に取り入れるようにしていきたい。例えば、日常の学校生活の1コマを写真に撮り、その写真を見ながら、そのときのことを書いたり、絵日記風に書きためていったりする活動などが考えられる。

〈ICT の効果的な活用〉

調査：教師の方で、あらかじめ共有フォルダを作っておき、各自の ICT 端末で見られるようにしておく。そのフォルダには、1年生で習った平仮名、片仮名、漢字や、文や文章の書き方などの学習内容を入れておき、分からないことがあったときに、調べることができるようにする。

共有：書いた文章を ICT 端末のカメラ機能を用いて写真に撮り、学習支援ソフトを用いて、記録したり、共有したりするようにする。いろいろな人に見てもらえるという期待から、字を丁寧に書いたり、文章を長く書いたり、工夫して書いたりなど、学習への意欲も高まるであろう。大いに認め、書くことへの自信につなげていきたい。また、友達が書いた文章を読むことで、新たな観点に気付いたり、表現のよいところを見つけたりすることもできるであろう。そうした気付きを次への活動に生かしていけるようにしたい。

記録：書いた文章や日記を継続的に記録しておくとよい。その際には、ICT 端末の文章作成ソフトを用いて、文字入力するということはせず、書いた文章を写真に撮って、保存しておくというだけで十分である。これまでの自分の作品を振り返る時間を設定し、成長を実感したり、これからの目標を自覚したりさせるとよい。

本時案

絵を　見て
かこう

本時の目標

・絵を見ながら書くことを見つけ、伝えたいことを明確にしながら、文章に書くことができる。

本時の主な評価

❶第1学年に配当されている漢字を文章の中で使っている。【知・技】

❷絵を見ながら書くことを見つけ、必要な事柄を確かめたりして、伝えたいことを明確にしている。【思・判・表】

❸文章に対する感想を伝え合い、自分の文章の内容や表現のよいところを見つけている。【思・判・表】

❹絵の中から進んで書くことを見つけ、これまでの学習を生かして文章を書こうとしている。【態度】

資料等の準備

・絵を見るときのポイント ⬇ 02-01

授業の流れ ▷▷▷

1 絵を見て気付いたことを発表し合い、本時のめあてを知る 〈10分〉

T　教科書16ページの絵を見てみましょう。どんなことが分かりますか。

・お昼ごろのことだと思います。(いつ)

・ここは、公園だと思います。(どこ)

・花壇の絵を描いている子がいます。(どんな人が)

・男の子がベンチで本を読んでいます。(どんなことをしているか)

○発言が少ない場合には、(　)にあるような観点を示すとよい。

T　今日は、この絵の様子を文章に書きましょう。あなたは、どの部分の様子を書きますか。

○本時のめあてを板書する。

・ベンチに座っておにぎりを食べている女の子のことを書きたいな。

2 絵の様子を文章に書く 〈20分〉

T　絵の様子を文章に書いてみましょう。

T　先生も（黒板に）書いてみます。難しいときには真似して書いてもいいですよ。

○観点を示しながら、モデルを示すようにする。

○書き進めることが難しい子供には、写すように指示し、文章を書くことに慣れさせるようにする。

T　どこで、だれが、どんなことをしているかについて、詳しく書けるとよいですね。

１年生で習った漢字は使うようにしましょう。教科書の巻末に漢字一覧表があるので、見てみましょう。

☆3

☆学しゅうのふりかえり

・これからもならったかん字をつかってかくようにしたい

・友だちとよみあうととてもたのしい。よいところを見つけたい

・もっと文しょうをかいてみたい

❶ 絵を 見て かこう

絵の中からかくことを見つけて、文しょうにかこう。

〔絵を見るときのポイント〕
・いつ
・どこで
・どんな人が
・どんなことをしているか

↓

絵を見てわかったこと
・女の子がブランコにのっている
・女の子がアイスクリームをおとしてしまった
・男の子二人がかくれんぼしている
・男の子と女の子がベンチでおにぎりをたべている。

❷ 教師のモデル文

ここは、こうえんです。[どこ] 小学生がたくさんあそびにきています。[どんな人] ベンチでは、男の子と女の子が[だれが]おにぎりをたべています。[なにをしている] ニコニコしながらおしゃべりをしていて、とてもたのしそうです。[どんなようす] 花だんのちかくには、お花の絵をかいている女の子がいます。シートをしいて、すわってかいています。

ICT 等活用アイデア

共有の工夫

作品集ボックス

　子供が書いた文章は端末のカメラ機能を用いて写真に撮り、ポートフォリオ化しておくとよい。作品を振り返ることで、自分の成長を確かめることができる。また、情報を共有できる仕組みを作っておくことで、いろいろな人に見てもらえるという期待や友達の作品を参考にできるという安心感が、学習への意欲につながるであろう。

❸ 書いた文章を友達と読み合い感想を伝え合う 〈15分〉

T　書いた文章を友達と読み合いましょう。読み終わったら、感想を伝えましょう。

・アイスクリームを落としてしまった子は、かわいそう。
・木の陰に隠れている子は、かくれんぼしているのかな。
・場所が詳しく書いてあって、分かりやすいね。
・漢字をたくさん使って書いていてよいね。
○内容と書き方の両面の感想が出るとよい。

T　上手に文章を書くことができましたね。これからも、いろいろな文章を書いていきましょう。教科書18ページにある「一言日記」を書いていくこともいいですね。書くときには、習った漢字を使って書きましょう。

どんな　おはなしかを　たしかめて、音読しよう

ふきのとう　〔9時間扱い〕

単元の目標

知識及び技能	・身近なことを表す語句の量を増し、話や文章の中で使うとともに、言葉には意味による語句のまとまりがあることに気付き、語彙を豊かにすることができる。((1)オ) ・語のまとまりや言葉の響きなどに気を付けて音読することができる。((1)ク)
思考力、判断力、表現力等	・場面の様子や登場人物の行動など、内容の大体を捉えることができる。(Cイ)
学びに向かう力、人間性等	・言葉がもつよさを感じるとともに、楽しんで読書をし、国語を大切にして、思いや考えを伝え合おうとする。

評価規準

知識・技能	❶身近なことを表す語句の量を増し、話や文章の中で使うとともに、言葉には意味による語句のまとまりがあることに気付き、語彙を豊かにしている。(〔知識及び技能〕(1)オ) ❷語のまとまりや言葉の響きなどに気を付けて音読している。(〔知識及び技能〕(1)ク)
思考・判断・表現	❸「読むこと」において、場面の様子や登場人物の行動など、内容の大体を捉えている。(〔思考力、判断力、表現力等〕Cイ)
主体的に学習に取り組む態度	❹場面の様子を表す言葉を手がかりに、粘り強く物語の内容を確かめ、これまでの学習を生かして音読を工夫し感想を伝え合おうとしている。

単元の流れ

次	時	主な学習活動	評価
一	1	学習の見通しをもつ 教師の範読を聞き、おもしろいと思ったところについて感想を発表し合う。	
	2	学習課題を設定する。 誰が、どうしたのかを確かめて、お話の様子がよく伝わるように音読しよう。	
二	3	p.20-24を読み、誰が、どこで、何をしているかをまとめる。	❶❸
	4	p.25-28を読み、誰が、どこで、何をしているかをまとめる。	
	5	いくつかの台詞を取り上げ、どのように音読するかを考える。	
	6	4人グループで役割を決め、音読の練習をする。	❷❹
	7	音読の本番を意識して、声の大小や表情など細かい点に気を付けて音読の練習をする。	
	8	グループ音読を聞き合う。	
三	9	学習を振り返る 「ふりかえろう」で単元で身に付けた力を確認する。	

〈単元で育てたい資質・能力〉

　本単元は、２年生における国語科の読むことの学習のスタートとなる単元である。子供が「国語で学ぶのが楽しい！」「声を出すのが楽しい！」と実感することを目指したい。場面ごとに細かく区切って読み進めるというより、繰り返し音読をすることを通して、内容の大体を捉えていく活動が好ましい。また、読み方を工夫することを通して、場面や登場人物の行動をより具体的に想像することができるだろう。友達とペアやグループを組んで音読をすることで、互いのよいところに気付くことができるようにしたい。

〈教材・題材の特徴〉

　登場人物の行動が擬人化されていきいきと描かれており、音読をする際にも声色や表情、動作などを工夫しやすく、劇化するのにも適している。

　また、登場人物のみならず、語り手の語り方にも工夫が凝らされており、リズムもあるので音読すると心地よい。

［具体例］

○竹のはっぱがささやいたり、ふきのとうがふんばったり、雪が上を見上げたり、お日さまがわらったり、はるかぜが大きなあくびをしたりなど、動作化を取り入れながら、よりイメージをふくらませて読ませるようにしたい。擬人化の表現が非常におもしろく、音読する際も子供が自然と工夫することができる。

○p.27では、「ふかれて、ゆれて、とけて、ふんばって、──もっこり。」と非常にリズミカルな地の文があり、ここも音読で工夫することができる。

〈言語活動の工夫〉

　一口に音読の発表といっても、本文を見ながら立って音読発表する形、本文を見つつ動作を入れていく形、本文も暗記してしまい小道具を用いて演じる形など様々な形態が考えられる。「こうあらねばならない」という考えに縛られず、子供の実態に合わせて、のびのびとした表現活動をさせたいところである。

〈ICT の効果的な活用〉

記録：音読の様子を端末で動画撮影し、それを見直すことで、自分たちの音読の声や表情、動作等の工夫を客観的に見ることができる。その際、自分が思っていたよりも声の抑揚がついていなかったり表情が読み取りづらかったりすることがあるだろう。そのような気付きを、さらなる音読の工夫につなげられるようにしたい。

ふきのとう

本時の目標
・教師の範読を聞き、おもしろいと思ったところについて感想をもつことができる。

本時の主な評価
・春からイメージする語句の量を増やすことができる。
・内容の大体を把握し、おもしろいと思ったところについて感想を書いている。

資料等の準備
・特になし

とうじょうじんぶつ

・はるかぜが、「や、みんな、おまちどお。」というのがおもしろい

授業の流れ ▷▷▷

1 「春」という季節で思い浮かぶ言葉を発表する 〈10分〉

○「ふきのとう」は春の季節を感じる文章である。子供にも春から連想する言葉や体験を聞き、春のイメージを膨らませてから本文に入りたい。

T 「春」という季節から想像するものや言葉はありますか?

・桜 ・入学式 ・虫 ・新しい教室
・ピクニック ・お花見
・エイプリルフール
・ひなまつり ・菜の花

T 「春」からたくさんのイメージができましたね。

2 本文の範読を聞き、感想を発表し合う 〈30分〉

T これから読む文章も、春を感じるお話です。おもしろいなと思うことを探しながら聞いてみましょう。

○本時のめあてを板書する。

○単元の後半に音読を行うので、範読は抑揚や緩急をつけ過ぎないほうが好ましい。

T おもしろいなと思ったところはありましたか? 感想を書き、発表しましょう。

・ふきのとうがもっこり出てくるのがおもしろい。お日さまがはるかぜを起こしてくれてよかった。

・はるかぜはねぼうしちゃって、おっちょこちょいなのかな。

・「や、お日さま。や、みんな。おまちどお。」というセリフがおもしろい。

1

はる　と　いうきせつで
おもいうかぶもの

・さくら　　・お花見
・虫　　　　・入学しき
・ピクニック　・なの花

> 経験も語らせると
> よい

ふきのとう

> おもしろいとおもったところの
> かんそうをはっぴょうしよう。

2

・ふきのとうが
　もっこり出てくるのがおもしろい
・お日さまがはるかぜを
　おこしてくれてよかった
・はるかぜはおっちょこちょいなのかな
・雪や竹のはっぱがささやいているのが
　かわいい

> 登場人物にサイドライン

3　次時の見通しをもつ　〈5分〉

T　みんなで感想を発表し合ったら、人間が出てくるお話ではなくて、竹のはっぱや、ふきのとう、お日さまやはるかぜなど、人間以外のものが言葉をしゃべるお話であることが分かりましたね。人間以外でも、登場人物という言葉を使います。かぎかっこがついていないところは、ナレーター、語り手がお話ししているところです。次の時間は、登場人物にも注目しながら、みんなでおもしろいなと思ったところについて、問いをつくっていきましょう。

よりよい授業へのステップアップ

「春」の語彙を広げる

導入時には、春からイメージするものや言葉を発表させ、語彙を広げたい。春とどうつながるのか一見よく分からない言葉が出てきたときも、その子供の体験と結び付いている場合があるので、その体験を語らせたい。

登場人物という言葉の確認

国語科の学習用語として、登場人物という言葉を確認するのによい時間だろう。登場人物はなにも人間だけではない。言葉を話したり、動作をしたりするものを登場人物と呼ぶことを確認したい。

本時案

ふきのとう　2/9

〔本時の目標〕
・単元の見通しをもち、楽しんで本文を読もう
　とすることができる。

〔本時の主な評価〕
・学習計画を立て、学習の見通しをもつことが
　できる。

〔資料等の準備〕
・特になし

（板書）

どこで
・竹やぶの中
・じめんと空

とうじょうじんぶつ
・ふきのとう　・雪　・竹やぶ
・お日さま　・はるかぜ

〔授業の流れ〕▷▷▷

1　本文を音読する　〈10分〉

○本時は単元の２時間目に当たる。本文の内
　容を捉え、音読に慣れていくためにも、音読
　の時間を確保したい。学級の実態にもよる
　が、句点で区切る「丸読み」など、子供全員
　が声を出せる読み方で音読したい。

T　今日は、自分の好きな登場人物を見つけて
　いきましょう。音読をしながら「この登場人
　物が好きだな」と考えてみましょう。

〜音読〜

○まだ２時間目なので、読み間違いや、つっ
　かえてしまうことが想定される。教師が適宜
　フォローしたり上手な読み方を賞賛したりす
　る。

2　学習課題を設定する　〈10分〉

○学習課題を板書する。

T　「ふきのとう」では、「だれが、どうしたの
　かをたしかめて、おはなしのようすがよくつ
　たわるように、音読しよう」という目標で学
　習を進めていきましょう。教科書の30、31
　ページを見ましょう。「とらえよう」「ふかめ
　よう」というところで、みんなで「ふきのと
　う」について考えていきます。そして、最後
　にはおもしろいと思ったところを、様子が伝
　わるように音読をしましょう。

○教科書 p.30-31を子供とともに確認し、単元
　の流れを確認する。

ふきのとう

1
・おんどくするとき…
・まちがえたり、つっかえたりしても、
「だいじょうぶ！」
「どんまい！」

2
めあて

だれが、どうしたのかをたしかめて、おはなしのようすがよくつたわるように、音読しよう。

3
いつ
・「よがあけました」と書いてあるから、あさ早く
・「あさのひかりをあびて」
・雪がまだのこっているからふゆ？
・でもはるかぜがおきたから、はるなのかな？
・さいごは「もうすっかりはるです」

---

3 物語の設定（いつ、どこで）、
登場人物を確認する 〈25分〉

T　先生が読むので、いつ、どこでのお話か、
　登場人物を見つけながら聞きましょう。

・「よがあけました」と書いてあるから朝早く。
・「あさのひかりをあびて」とも書いてあるね。
・雪がまだのこっているから、冬かな？
・でも、はるかぜが起きたから、春なのかな？
・場所は、竹やぶの中。
・ふきのとうや雪は地面にいて、お日さまやは
　るかぜは空にいる。
・登場人物は、ふきのとう、雪、竹やぶ、お日
　さま、はるかぜ。
○子供が見つけた本文中の言葉から、いつ、ど
　こでの話か、登場人物を板書にまとめる。
T　次の時間は、登場人物について、さらに詳
　しく読んでいきましょう。

よりよい授業へのステップアップ

はじめての音読
　2年生の子供の中にも音読に苦手意
識をもち、音読をしたがらない子供も
いる。「失敗しても大丈夫」「つっかえ
てしまっても、みんなで待ってあげよ
う」等、教師の声掛けによって、教室
に相互支援的な雰囲気をつくり出した
い。「ちがうよ！」と責めるのではな
く、「大丈夫！」「○○って読むんだよ」
と支え合う言葉を口にする子供を教師
が褒めることで、安心感が広がる。単
元のゴールである音読発表会を意識し
「音読は楽しい」という認識をつくって
いきたい。

ふきのとう

本時の目標
・本文を読み、誰が、どこで、何をしていたか
　をまとめることができる。

本時の主な評価
❶言葉には意味による語句のまとまりがあるこ
　とに気付き、語彙を豊かにしている。【知・
　技】
❸場面の様子や、登場人物の行動など、内容の
　大体を捉えることができる。【思・判・表】

資料等の準備
・本文の拡大を映写するための電子黒板など
・ワークシート①：登場人物調べ　⬇️ 03-01

---

① 〈音読のくふう〉
・せりふを言うときに、下をむいたり、
　上をむいたりしている。
・「ごめんね。」「すまない。」
・あやまっているみたいに
・かなしそうに
・もうしわけなさそうに
　はるかぜがこない
・上を見上げて

授業の流れ ▷▷▷

1 本時のめあてを確認し、本文を音読する 〈10分〉

T　前回の授業で、登場人物を確かめましたね。
・ふきのとうと、雪と、竹やぶ、お日さま、は
　るかぜが出てきました。
T　今日は、その登場人物が、それぞれどこで
　何をしていたのかをまとめていきます。その
　ために、まず「ふきのとう」を音読しましょ
　う。楽しく堂々と読めるといいですね。もし
　間違えてしまっても…
・だいじょうぶだよ、と言ってあげたいです。
・どんまい！って言います！
○まず「誰が、どこで、何をしていたか」とい
　う本時のめあてを子供に提示し、目的意識を
　もって音読に入れるようにする。本時は
　p.20-24を扱うが、ここでは全文を音読する
　とよい。

2 p.20-24を読み、誰が、どこで、何をしていたかをまとめる 〈35分〉

T　24ページまでには、ふきのとう、雪、竹
　やぶが出てきましたね。それぞれどこで何を
　していたかまとめていきましょう。どの登場
　人物から考えてもいいですよ。
○まとめる活動は、子供によってペースにばら
　つきがあることが予想される。支援が必要な
　子供もすすんで活動できるよう、好きな登場
　人物から取り組ませるとよい。
・竹やぶのはっぱが「さむかったね。」「うん、
　さむかったね。」とささやいている。
・ふきのとうが雪の下で「よいしょ、よい
　しょ。おもたいな。」と言っている。雪をど
　けようとふんばっている。
・雪が、ふきのとうに「ごめんね。」と謝って
　いる。

ふきのとう

1

だれが、どこで、なにをしていたかをまとめよう。

2

本文のp.20-24の拡大コピー

電子黒板などを用いて、本文を映写してもよい

子供から出た意見の叙述に線を引いていくと、まわりの子供もどこに注目すればよいかが分かりやすい

T　雪はどっちを向いているのかな？

・下にいるふきのとう。雪はふきのとうに乗っかっているからです。

・「竹やぶのかげに〜」の台詞は、上の竹やぶを見上げて言っています。

・それで今度は竹やぶが、雪に謝っています。このときは下を向いてると思います。

T　竹やぶはどんなふうに言ってるんでしょうね。一度音読してみましょう。

・謝ってるから、ちょっと悲しそうに、申し訳なさそうに読むといいと思います。

・その後、上を見上げて、はるかぜが来ないって言っています。

T　ふきのとうと、雪と、竹やぶが、それぞれどっちを向いて話しているかまで考えることができましたね。本文を詳しく読むことができました。次の時間は、お話の後半を読んでいきましょう。

よりよい授業へのステップアップ

どんなふうに読むかを適宜子供に考えさせる

　物語の大まかな流れを確かめる中でも音読の活動を時々入れるとよい。ふきのとう、雪、竹やぶの位置関係が上下に分かれており、どっちを向いて話しているのかを考えさせ、音読するのも有効だろう。また、「ごめんね。」「すまない。」という台詞や「ざんねんそうです」という様子を表す言葉から、そのときの様子を想像させ、どのように音読するかを考え、工夫して音読させるのも有効だろう。単調な確認の活動にとどまらないようにしたい。

ふきのとう

 4/9

本時の目標
・本文を読み、誰が、どこで、何をしていたか をまとめることができる。

本時の主な評価
❶言葉には意味による語句のまとまりがあることに気付き、語彙を豊かにしている。【知・技】
❸場面の様子や、登場人物の行動など、内容の大体を捉えることができる。【思・判・表】

資料等の準備
・本文の拡大を映写するための電子黒板など
・ワークシート①：登場人物調べ ⬇ 03-01

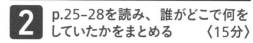

② 〈音読のくふう〉
・お日さまはおこっておこしたのかな？
　やさしくおこしたのかな？
・ふかれて、ゆれて、とけて、ふんばって、
　もっこりと出てきた。リズムよく読みた
　い！

 授業の流れ ▷▷▷

1 本時のめあてを確認し、本文を音読する 〈10分〉

○本時のめあてを板書する。

T　前回の授業では、24ページまでを読んで、登場人物がどんなことをしたり、言ったりしたのか確かめました。今日はお話の後半を考えていきます。お話の最後はどうなったのでしたっけ？

・ふきのとうがもっこり地面に出てきました！

T　そうでしたね。24ページまでは雪の下から出られなかったふきのとうが、どうして出てこられたのか、確かめながら読んでみましょう。前の時間を振り返りながら、最初から最後まで音読しましょう。

○p.31の「ふかめよう」を意識し、子供に問いを抱かせてから音読に入るとよい。

2 p.25-28を読み、誰がどこで何をしていたかをまとめる 〈15分〉

T　後半は、お日さま、はるかぜも出てきましたね。まずはこの2人の登場人物がどこで何をしたか、まとめましょう。

・お日さまが空の上で笑って「おや、はるかぜが〜」と言っています。

・お日さまが南を向いて、「おうい、はるかぜ。起きなさい。」と言っています。

T　お日さまはどんなふうに言ってるかな？

・ちょっと怒っているのかな？

・やさしく起こしているかもしれません。

・はるかぜは、起こされて大きなあくびと背伸びをしています。おもしろいね。

・「おまちどお。」と言って、むねいっぱいに息を吸って、ふうっとはいた。

T　はるかぜの台詞の読み方も考えたいですね。

ふきのとう

1
だれが、どこで、なにをしていたかをまとめよう。

3 **2**

本文のp.25-28の拡大コピー

> 電子黒板などを用いて、本文を映写してもよい

> 子供から出た意見の叙述に線を引いていくと、まわりの子供もどこに注目すればいいかがわかりやすい

---

3 ふきのとうがなぜ出てこられたのか考える 〈20分〉

T　お話の最後で、ふきのとうはどうして地面に出てこられたのかな。
・はるかぜが起きて、吹いてくれたからです。
・はるかぜに吹かれて、竹やぶがゆれて、踊ったからです。
・それで、雪がとけて、水になったからです。
・上に乗っていた雪が水になって、ふきのとうがふんばったからです。
T　26〜27ページのところですね。この部分は、どんなふうに音読するとよさそうですか?
・「ふかれて、ゆれて、とけて、ふんばって、──もっこり。」はとん、とん、とん、とん、みたいにリズムよく読みたいです。
T　そういう工夫もできるのですね。

よりよい授業へのステップアップ

どんなふうに読むかを適宜子供に考えさせる

　前時に引き続き、音読の工夫を考える声掛けをできるとよい。例えば、お日さまがはるかぜを起こす台詞は、怒っているように読むか、やさしく読むかでお日さまの人物像が変わってくる。ここでは人物像を深く考える時間は取らないが、子供の意見が分かれることで思考が深まるのは望ましい。ふきのとうが頭を出すまでのシーンでも、短い単語が連なる表現の工夫がある部分をリズムよく読むなど、様々な工夫が考えられる。子供から出たアイデアを基に、繰り返し音読したい。

ふきのとう ⑤/⑨

本時の目標
・場面の様子を思い浮かべて読み方を工夫することができる。

本時の主な評価
・語のまとまりや言葉の響きなどに気を付けて音読することができる。
・場面の様子や、登場人物の行動など、内容の大体を捉えることができる。

資料等の準備
・動画撮影用の ICT 端末
・撮影した動画を共有するための電子黒板、スクリーンなど
・ワークシート②：音読の工夫 ⬇ 03-02

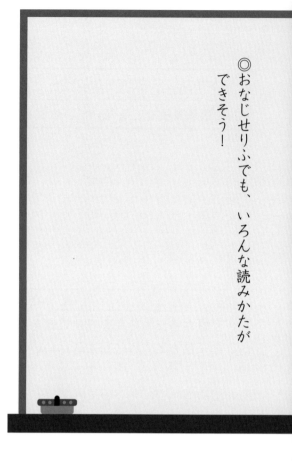

◎おなじせりふでも、いろんな読みかたが
できそう！

授業の流れ ▷▷▷

1 本時のめあてを確認し、本文を音読する 〈10分〉

○本時のめあてを板書する。
T　今日はいろんな台詞を、工夫しながら読んでいきます。まずは、みんなで本文全体を音読しましょう。
〜音読〜
T　おもしろいな、好きだな、と思った台詞はありますか？
・「よいしょ、よいしょ。おもたいな。」です。
T　どうしてその台詞が好きなのですか？
・ふきのとうが頑張ってるな、と思いました。
・「おうい、はるかぜ。おきなさい。」です。私も、朝起きなさいって言われたことがあるから、似てるな、と思いました。
○音読する台詞は、他のものでも構わない。

2 場面の様子を思い浮かべて、台詞の読み方を工夫する 〈25分〉

T　「よいしょ、よいしょ。おもたいな。」の台詞はどんなふうに音読するといいかな？　隣の人と、音読を聞き合ってみよう。
・「よいしょ」ってところは、ふんばっている感じで読んでみました。
・「おもたいな」は、ちょっぴり寂しそうな感じで読んでみようと思います。
T　いろんな読み方の工夫が出てきましたね。「おうい、はるかぜ。おきなさい。」の部分も読んでみましょう。
・「おうい」ってゆっくり読んでみたら、やさしく起こしている感じになるかな？
・「おきなさい」はやさしく読もうかな、怒ってる感じで読もうかな。

ふきのとう

1 ばめんのようすをおもいうかべて読もう。

2

「よいしょ、よいしょ。おもたいな。」
——
ふんばっているかんじ
　　　　——
　　　　ちょっとさびしそうなかんじ

・小さな声なのかな、大きな声なのかな?

「おうい、はるかぜ。おきなさい。」
——
ゆっくり読むと、
やさしく
おこしてるかんじ?
——
やさしく読もうかな
おこってるかんじで読もうかな

---

3 次時の見通しをもつ 〈10分〉

T　次の時間から4人グループで音読の練習
　をしていきます。褒めてもらったことも振り
　返って、学習感想を書きましょう。

・「なりきってるね」と褒めてもらってすごく
　うれしかったです。

・お日さまは、お父さんみたいだなと思ってい
　たから、ちょっと低い声で読んだら、「お日
　さまっぽいね!」と褒めてもらえました。

・自分で気付かなかったところもいいって言っ
　てもらえてうれしいです。

○学習感想に目を通し、次時に共有したいこと
　を授業者が明確にしておくとよい。

よりよい授業へのステップアップ

学習感想の生かし方

　本時の最後に書いた学習感想は、授
業者が放課後に目を通し、次時にどの
ような意見が出てくるかを予想し、板
書計画を立ててみるとよい。また、子
供の見つけた工夫から、ルーブリック
を作成することも有効だろう。

　板書は、正解や「間違いのないハウ
ツー」があるわけではない。子供のリ
アルな意見と単元のねらいを照らし合
わせた、「その教室で起きていること」
を板書に落とし込み、授業の流れを組
み立てることが、必ずよりよい授業へ
のステップアップになるはずである。

ふきのとう

本時の目標

・グループで役割を決め、前時の音読の工夫を生かしながら練習をすることができる。

本時の主な評価

②語のまとまりや言葉の響きなどに気を付けて音読することができる。【知・技】

④これまでの学習を生かして音読を工夫し、感想を伝え合おうとしている。【態度】

資料等の準備

・動画撮影用の ICT 端末

・ワークシート③：ルーブリック ⬇ 03-03

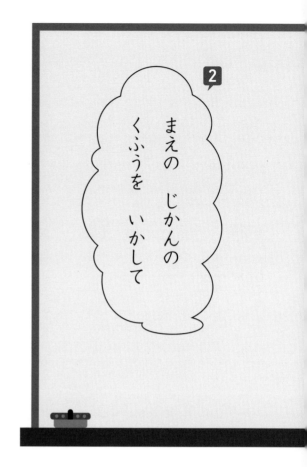

まえの じかんの くふうを いかして 2

授業の流れ ▷▷▷

1 4人グループをつくり、役割を分担する 〈15分〉

○音読をする4人グループをつくる。名前順でも構わないし、授業者が学級の実態を考慮して組んでも構わない。また、人数も多少増減があってよい。ただ、1名ナレーター、その他の3名が2役ずつとするとバランスがよいと考え、4人グループを想定した。

○本時のめあてを板書する。

Ｔ　4人グループで、音読の練習をしていきます。まずは役割を決めましょう。

・私はナレーターをやりたいです。

・僕ははるかぜが好きだからやりたいです。

○役割は、ナレーター1名、その他の役を3人で分担するとよい。役割決めで言い争いにならないよう、授業者が適宜助言する。

2 音読の練習をする 〈25分〉

Ｔ　前の時間に確認した音読の工夫を生かしながら、繰り返し練習してみましょう。

○前時の板書を拡大コピーしたり音読の工夫を模造紙にまとめたりして学級に掲示し、いつでも見られる状態にしておくと、前時の活動を生かして活動することができる。

・ナレーターが読んだ後、少し間を空けて読んだ方がよかったです。

・1人で読むよりみんなで読むほうが難しいけど、おもしろいです。

・最後の「もう、すっかりはるです。」は、ナレーターだけじゃなくみんなで読みたいな。

○役割に縛られず工夫するグループも認める。

ふきのとう

音読の
れんしゅうを　しよう。

1

・ナレーター（かたり手）…一人

・竹の　はっぱ
・雪
・ふきのとう
・竹やぶ
・お日さま
・はるかぜ　　　　…　三人で
　　　　　　　　　　　　ぶんたん

T　もう1時間、グループで練習する時間が
あります。その時間にどうするか、確認しま
しょう。

・前のほうは結構練習できたけど、最後の方は
なかなかできなかったから、次は後半を練習
したいです。

・だいぶ練習できたけど、表情とか動作はでき
ていないから、次はみんなでやってみたいで
す。

○活動を振り返り、次の見通しをもつことは
2年生にはややハードルが高いように思わ
れるが、ここでは子供に問い、自分たちで次
のめあてをイメージできるようにしたい。よ
い振り返りは周りに共有してもよい。

よりよい授業へのステップアップ

前時の板書を活用して学習材に
　板書は、その時間が終わると消され
てしまうが、写真に撮って、その後の
単元に生かしていけると効果的であ
る。撮った写真を子供の人数分印刷し
てノートに貼って振り返るようにして
もよいし、拡大コピーをして教室に掲
示物として貼り、子供がいつでも参照
できるようにしてもよい。板書がその
1時間のもので終わらず、単元を貫く
ものになるとよい。教師が板書を大切
にまとめようという意識にもつながる。

ふきのとう

本時の目標

・声の大小や表情、動作など細かい点にも気を
付けて、グループで音読の練習をすることが
できる。

本時の主な評価

❷語のまとまりや言葉の響きなどに気を付けて
音読することができる。【知・技】

❹これまでの学習を生かして音読を工夫し、感
想を伝え合おうとしている。【態度】

資料等の準備

・第5時の板書の拡大コピーまたは板書写真
をスクリーン等に映写

・動画撮影用の ICT 端末

◎おなじせりふでも、いろんな読みかたが
できそう！

授業の流れ ▷▷▷

1 本時の流れを確認する 〈5分〉

T　次の時間には、グループで音読を発表し合
います。今日は最後の練習です。前回できな
かったことがあれば、この時間で練習をし、
本番をむかえましょう。

○本時のめあてを板書する。

・今日は、表情に気を付けて練習しよう。

・お話の最後の方の練習をまずやろう。

○教師から、声の強弱、大小、速さや、表情、
動作など、ポイントを伝えてもよい。第5
時の板書を活用するとよい。音読の練習に時
間が割けるよう、導入はコンパクトにまとめ
る。

2 細かい点にも気を付けて音読の 練習をする 〈35分〉

○練習の時間をしっかり多めにとる。グループ
ごとに進度に差が出ることが予想される。教
師はグループの進度、実態をしっかりつか
み、助言していく。足りないところや、もっ
と工夫したほうがよいところを伝えていくと
よい。まずは、グループに問い掛けながら意
見を引き出していく。

T　どんな工夫をしていますか？

・みんな、すらすら読めるから、声を大きくし
たり、小さくしたりして、様子を表す工夫を
しています。

T　すごくいいね。読む速さはどうですか？

・速さはあまり気にしていませんでした。そこ
を練習してみます！

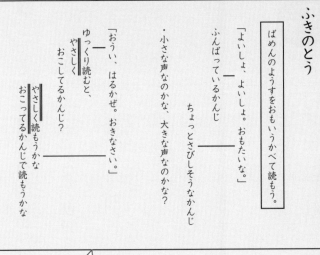

ふきのとう

グループの中で
くふうしながら　音読に
むけてれんしゅうをしよう。

ふきのとう

ばめんのようすをおもいうかべて読もう。

「よいしょ、よいしょ。おもたいな。」
ふんばっているかんじ

・小さな声なのかな、大きな声なのかな？

ちょっとさびしそうなかんじ

「おうい、はるかぜ。おきなさい。」
ゆっくり読むと、
やさしく
おこしてるかんじ？

やさしく読もうかな
おこってるかんじで読もうかな

第5時の板書を拡大コピーして掲示する。
写真をスクリーンに映写するかたちでもよい。

3 次時の見通しをもつ 〈5分〉

T　次の時間は、いよいよ発表です。グループ
　で練習したことを生かして、楽しく発表でき
　るとよいですね。まわりのグループがどんな
　音読をするかも楽しみですね。
・楽しみだね！
・ちょっと緊張するなぁ。
・家で、もう少し練習してくる！
○家庭学習でも楽しんでやってくる子供が出て
　くると、単元としても子供が主体的になって
　いる証拠である。ぜひ賞賛したい。

ICT端末の活用ポイント

子供のICT端末で仲間の音読の様子を撮影さ
せ、自分たちで見返すと「もっとこうしたい
ね」など課題に気付くことができる。本番を意
識して、撮影しながら音読してもよい。

よりよい授業へのステップアップ

個やグループの実態の把握
　一斉指導ではなく、グループ活動や
個人の活動の際は、子供の姿をよく見
て、グループや個に応じて助言してい
くのが大切である。漫然と子供の姿や
活動の様子を眺めるのではなく、本時
のめあてや、次時の音読の発表のこと
をイメージし、それと照らし合わせな
がら、今子供が取り組めていることは
何か、足りないことは何かを考え助言
する。もちろん、助言はうまくいかな
いことも多いが、めあてと照らし合わ
せて助言するということは継続して
行っていくことが大切だろう。

ふきのとう

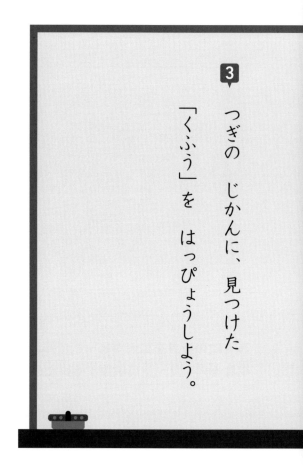

8/9

（本時の目標）
・自分たちのグループの音読と、他のグループの音読を比べ、それぞれのよいところを見つけることができる。

（本時の主な評価）
❷語のまとまりや言葉の響きなどに気を付けて音読することができる。【知・技】
❹これまでの学習を生かして音読を工夫し、感想を伝え合おうとしている。【態度】

（資料等の準備）
・動画撮影用の ICT 端末

（授業の流れ）▷▷▷

1 本時のめあてを確認する 〈10分〉

○楽しんでグループの音読をすること、他のグループの音読を見てよいところを見つけることを伝える。

T いよいよ音読発表会です。自分たちの音読のよいところや、他のグループの工夫をたくさん見つけましょう。いいな、と思ったところはノートに書きましょう。

・他のグループはどんな工夫をしたんだろう、ワクワクする!

・どんな感想を言ってもらえるか楽しみ!

○他のグループのよいところを見つける際は、「大きな声で読んでいた」というだけでなく、どんなふうに音読の工夫をしていたか、という視点で見つけるよう伝える。ポイントを板書で確認するとよい。

2 音読を発表し合う 〈30分〉

○発表の際の場の設定は、学級の人数などの実態によって工夫するとよい。発表グループが前に出てくるだけでもよいし、机を教室の後ろにさげて、椅子だけを前に出して座り、劇場のようにしてもよい。その際はボードなどを用いて手元でノートを書けるように工夫するとよい。

・私たちのグループとは違う工夫がある。

・あんな表情で読むんだ。なるほどなぁ。

・ナレーターの人の、読むタイミングがすごく上手だなぁ。

・2人で声を合わせて読む工夫はぼくたちのグループにはなかったな。おもしろいな。

○学級の人数によって、時間は調節する。本時が2時間分に延びることもありうる。

◎音読はっぴょうかい

ふきのとう

1

おたがいの グループの
くふうを 見つけよう。

2

・声の 大小

・声の はやさ、
　　　スピード

・読む ときの ようす

たとえば…

---

3 次時の見通しをもつ 〈5分〉

T それぞれの音読に、いろいろな工夫があっ
　ておもしろかったですね。次の時間は、見つ
　けた音読の工夫を伝え合いましょう。

・いっぱい見つけられたな。

・自分たちのグループのことを、みんなどんな
　ふうに褒めてくれるのかな。

・あのグループの工夫を真似してもう1回や
　りたいなぁ。

ICT 端末の活用ポイント

教師が各グループの音読を動画撮影し、次時の
振り返りの際に動画を確認しながら工夫につい
て確認すると効果的である。

よりよい授業へのステップアップ

他のグループを評価する視点を

単に他のグループの発表を楽しく聞
くだけでなく、よいところを見つけ、
評価する視点をもたせたい。そのため
には、板書を用い、評価すべき音読の
工夫をもう一度確認するとよい。ま
た、ワークシートやルーブリック（子
供が自分の活動を自己評価するための
シート）を準備し、全体で確認しても
よい。

ふきのとう

本時の目標
・互いの音読のよいところを伝え合い、自分たちのよかったところを見つけることができる。「ふりかえろう」を参考に、単元での学びを振り返ることができる。

本時の主な評価
・互いの音読のよいところを伝え合い、単元での学びを振り返ろうとしている。

資料等の準備
・前時に撮影した音読発表会の動画
・動画を映写するスクリーン
・ワークシート③：ルーブリック ⬇ 03-03

☆学しゅうぜんたいのふりかえり
・お日さまのせりふの読みかたをくふうした
・だれがなにを言ったかだけじゃなく、どんなふうに言ったかまでかんがえた
・たくさんのポイントがわかった。ほかのものがたりを読むときにもくふうできそう！

授業の流れ ▷▷▷

1 音読のふりかえりをワークシートにまとめる 〈10分〉

T　前回の音読で自分たちが工夫できたところをワークシートにまとめましょう。他のグループのよかったところもまとめましょう。
○本時のめあてを板書する。
（自分のグループの例）
・自分の読むところは、役になりきって読めた。ナレーターが話しているときも、その登場人物になったつもりで表情を工夫できた。
・ぼくはお日さま役だったけど台詞を読むとき、はるかぜ役のAくんの方を向いて読んだ。
（他のグループのよかったところの例）
・「しんとして」のときに、まわりの役の人たちも本当にしんとしている様子だった。
・読むときの、間のあけ方がすごく上手。速く読むときとゆっくりのときの差がいい。

2 他のグループのよかったところを発表し合う 〈25分〉

○単に伝え合うだけでは単調な活動となり、子供の意欲も続かないことが考えられる。他のグループからよいと認められたところは、実際に実演したり動画を見て確かめたりするなど、適宜音読をいれるとよい。
・ナレーター役のBさんの、「ふかれて、ゆれて〜」のところの読み方のリズムがよかったです。
T　実際にBさんにもう一回やってもらいましょうか。
〜Bさんグループ実演〜
・本当だ、リズムがいいです。いい工夫です。
・ナレーターが「ふんばって」と言ったとき、ふきのとう役のCくんが本当にふんばっていました！

ふきのとう

1

よかった ところを つたえあおう。

2 子供から出た気付きをまとめる

・なりきって 読めて いた

・ひょうじょうも いい

・ナレーターの リズム

「ふんばって」の とき、ふきのとうやくの 子が、ほんとうに ふんばって いた。

---

3 「ふりかえろう」を基に、学習の感想をまとめる 〈10分〉

T 「ふきのとう」の音読、お互いのよいところを発表し合うことができました。教科書31ページ「ふりかえろう」のしる、読む、つなぐについて、感想を書きましょう。

・お日さまの台詞を、ゆっくり読むか速く読むか考えて音読できました。

・誰がどうしたか、何を言ったかだけでなく、どんなふうに言ったかも考えられました。

・音読の工夫は、そんなに知らなかったけど、音読をしてみて、こんなにいろんな工夫ができるんだなぁと思いました。他の物語のときも、音読の工夫はできそうです。

・1人で音読をするときにはできない工夫があった。みんなでやると楽しいです。

○学習感想を発表してまとめる。

よりよい授業へのステップアップ

次の学習へ生かす意識を

「ふきのとう」で音読をした経験を、ここだけでとどまらせずに、次の学習へ生かす意識をもたせたい。表情に気を付けてみよう、登場人物の行動を具体的にイメージしてみよう、ナレーター（語り手）はスラスラ読むだけではなく、リズムを大切にすると分かりやすい等の気付きは、次の文章を学習する際にも汎用的に使える力となっているはずである。発展として、音読の宿題などで短い物語を渡し、自分なりに工夫して音読してみよう、などと呼び掛けても効果的だろう。

1　第3、4時資料　ワークシート①：登場人物調べ　⬇ 03-01

だれが	ふきのとう	雪	竹やぶ	お日さま	はるかぜ
どこで					
なにをしていた					

ふきのとう

年　くみ　名まえ（　　　　　）

だれが、どこで、なにをしていたかを まとめよう。

2　第5時資料　ワークシート②：音読の工夫　⬇ 03-02

ふきのとう

年　くみ　名まえ（　　　　　）

ばめんの ようすを おもいうかべて読もう。

おもしろいな、すきだなとおもった せりふ

りゆう

読みかたのくふう

2 第6時資料　ワークシート③：ルーブリック ⊥ 03-03

「『ふきのとう』の音読を　しよう！」　　　年　　くみ　名まえ（　　　　　　）

月	日

ルーブリック（見とおしを　もったり、ふりかえったり　するのに　やくだつ　シート）

ひょうかの　ポイント	3　よく　できた	2　できた	1　つぎ　がんばります！
声の　大きさ	とうじょうじんぶつの　ようすを　そうぞうして、読む　こえを　大きく　したり、小さく　したり　くふうできた。	読む　こえを　大きく　したり、小さく　したり　くふうできた。	読む　こえは　ずっと　おなじ　大きさだった。
声の　はやさ	とうじょうじんぶつの　ようすを　そうぞうして、読む　こえを　はやくしたり、ゆっくりに　したり　くふうできた。	読む　こえを　はやく　したり、おそく　したり、くふうできた。	読む　こえの　はやさは　ずっと　おなじ　はやさだった。
ひょうじょう	とうじょうじんぶつの　ようすを　そうぞうして、ひょうじょうを　くふうできた。	ひょうじょうを　くふうできた。	ひょうじょうは　くふうできなかった。
どうさ	じぶんの　読む　ところいがいでも、とうじょうじんぶつの　ようすを　そうぞうして　どうさを　くふうできた。	じぶんの　読む　ところで、どうさを　くふうできた。	どうさは　くふうできなかった。

○学しゅうかんそう

○ほかの　グループで　じょうずだった　人（りゆうも　かきます）

（　　　　　　）さん

（　　　　　　）さん

コラム

1）音読の活動に入るときは、音読劇の台本プリントを作成してもよい。
　その際は行間を広めにとったり、余白を広めにとったりし、読み方の工夫や、動作の工夫を子供が書き込めるようにするとよい。

2）ルーブリックは、子供の自己評価を促すもの。観点を4つ定めているが、その学級の実態や授業展開によって、観点を新たにつくってもよい。また、1～3の評価についても、子供の実態に応じて文言を変えるとよい。ルーブリックは、あくまでも目の前の子供のためのものなので、テンプレートに縛られず、実態に即して変えていくことを勧めたい。

　また、ルーブリックをいつ子供に渡すのかというタイミングを考える必要がある。いざ評価のタイミングでルーブリックを手にすると、「この観点はすっかり忘れていたから1だ…」ということが起こってしまう可能性がある。本単元案であれば、第5時で音読の工夫を紹介し合って、よい工夫が共有されたところでルーブリックを作成し、第6時のグループ練習ではルーブリックを配布し、それを見つつ練習していくということが好ましい。そうすれば、「表情については、まだ工夫が足りないから練習しよう」など、子供自ら学習を進めていくこともできる。

本は　ともだち

図書館たんけん （1時間扱い）

単元の目標

知識及び技能	・読書に親しみ、いろいろな本があることを知ることができる。（(3)エ）
学びに向かう力、人間性等	・言葉がもつよさを感じるとともに、楽しんで読書をし、国語を大切にして、思いや考えを伝え合おうとする。

評価規準

知識・技能	❶読書に親しみ、いろいろな本があることを知っている。（〔知識及び技能〕(3)エ）
主体的に学習に取り組む態度	❷積極的に図書館の配架や本の並べ方を学び、学習課題に沿って自分の読みたい本を読もうとしている。

単元の流れ

時	主な学習活動	評価
1	学習の見通しをもつ 学校図書館のイメージを共有する。 本を探す中で、本が仲間分けされて並んでいることに気付く。 図書館の「本の並べ方」の決まりや工夫を見つける。 という学習課題をもつ。 自分が探したい本がどこにあるかを予想したり、司書に尋ねたりして探す。 　・地域の図書館についても話題を広げる。 学習を振り返る 自分の読みたい本を探すときに気を付けることをまとめて発表し合う。	❶ ❷

〈単元で育てたい資質・能力〉

　本単元のねらいは、図書館にはいろいろな本があることに気付き、進んで図書館を利用し読書に親しむことができるようにすることである。

　子供たちは、１年生から学校図書館を利用した経験があるはずだが、「本がたくさんあるところ」「本に詳しい人（司書）がいるところ」「５、６年生のお兄さん、お姉さん（図書委員）が本を貸し出してくれるところ」のようなイメージしかもっていないのではないだろうか。

　本単元では、学校図書館には、たくさんの本があるだけでなく、それらが仲間分けされて並んでいることを知り、その仲間分けを大まかに知れば、自分の見つけたい本を探すことができることを実感できるようにしたい。

> ［具体例］
> ○はじめに、学校図書館に対してもっているイメージを共有することから始めるとよい。生活経験と授業がつながることにより、今後の読書生活にもつながっていくだろう。はじめに「教師が探しているけれどなかなか見つけられない本」などを挙げてみんなで探す経験をし、仲間分けされていることに気付かせた上で、今度は自分の探したい本を探してみるという経験をさせると、ねらいを達成することができるだろう。

〈言語活動の工夫（日常生活にひらく）〉

　図書館は、学校のみならず、地域にもある。本単元で学んだことが、地域の図書館に足を運び、本の並び方に着目したり、借りたいものを探したりする経験につながることを期待したい。また、図書館のみならず、書店にも本が仲間分けされて並んでいる。そこでの気付きも教室で共有するようにしたい。そのような学校外での発見を賞賛していくことで、子供の読書生活、本との付き合い方が広がっていくだろう。

> ［具体例］
> ○例えば、学校図書館と地域の図書館で同じだったこと、違ったことを、実際に足を運んだ子供に発表させ、気付きを全体で共有するとよい。書店での気付きも同様である。学校図書館より広い地域の図書館や書店でも仲間分けがされていることに気付くことで、その中で迷子になることなく、自分の目的の本にたどり着くことができるようになるであろう。それは、子供にとっても大きな海で航海図を得たような喜びになるのではないだろうか。

〈ICT の効果的な活用〉

　調査：ウェブブラウザで自分の家の近くの図書館を検索しホームページを見ることで、実際に足を運ぶ意欲を高めることができる。図書館によってはホームページ上で蔵書検索をすることができるので、それに触れてもよい。

図書館たんけん

・読書に親しみ、図書館にはいろいろな本があることを知ることができる。

本時の主な評価
❶ 読書に親しみ、いろいろな本があることを知っている。【知・技】
❷ 積極的に図書館の配架や本の並べ方を学び、学習課題に沿って自分の読みたい本を読もうとしている。【態度】

資料等の準備
・図書館で使用できるホワイトボードや移動黒板。(本時は、学校図書館で行うことが好ましいので、板書案も教室の黒板ではなく、図書館にてホワイトボードを用いるイメージ)なお、教科書を使用する必要はないが教師はp.34の学習の手引きを確認しておくとよい。

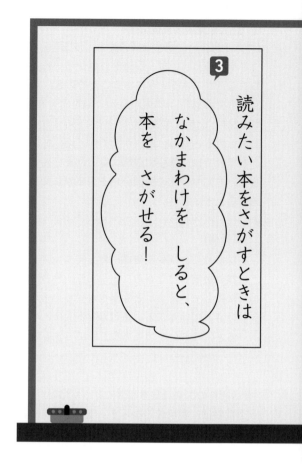

3
読みたい本をさがすときは
なかまわけを しると、
本を さがせる！

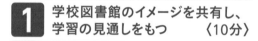

授業の流れ ▷▷▷

1 学校図書館のイメージを共有し、学習の見通しをもつ 〈10分〉

○本時のめあてを板書する。
T 今日は、みんなで図書館を探検しましょう！ みんな、学校図書館に来るのは初めてではありませんね。どんなイメージがありますか？
・本がたくさんあるところです。
・本に詳しい先生（司書）がいるところです。
・休み時間には、図書委員さんがいるです。
○まずは、学校図書館のイメージを共有する。その上で、本は仲間分けされて並んでいることに気付くための活動に入っていく。
T 学校の畑で育てている大豆を、もっと上手に育てたいのだけど、『大豆の本』を先生は見つけられませんでした。みんなで探してくれますか？

2 図書館を探検し、本の分け方、並び方を知る 〈25分〉

○「大豆の本」を探す中で、様々な仲間に分けられて本が並んでいることに気付かせたい。なお、大豆の本は一例であり、学級の実態に応じて探す本は教師が選定するとよい。
・見つけました！
T ありがとう。どうやって見つけましたか？
・本棚の上に「しぜん」と書いてあって、きっと「しぜん」の仲間の棚にあるんじゃないかと思って、探したらありました。
T 本棚に仲間分けがあるんですね。他にどんな仲間があるでしょうか。
・「しゃかい」 ・「ものがたり」 ・名前順
・おすすめの棚もあった！
T みんなも、探したい本を見つけてみましょう。

図書館たんけん

1 図書館って どんな ところ？

・本が たくさん
・本に くわしい 先生が いる
・図書いいんさん

さがしたい 本を 見つけよう。

2 本の 分け方
・しぜん
・しゃかい
・ものがたり
（なまえじゅん）

本の 並べ方
・かいた人の名前
・だい名

3 学校図書館の使い方についてまとめる 〈10分〉

T　学校図書館は、仲間分けや、書いた人の名前順で本が並べられていました。

・そんなきまりがあるなんて知りませんでした。

・前まで、本を見つけられなかったけど、次から迷わずに探せると思います。

T　学校図書館には、司書の先生もいらっしゃいます。もしも探している本が見つからなかったり、困ったことがあったりしたら、司書の先生にたずねてみましょう。

○司書の先生を紹介する。

○家の近くにある地域の図書館を訪れた際には、本時で見つけた本の並びのきまりがあるかを調べてみるよう伝える。

よりよい授業へのステップアップ

日常生活とつなげる

　学校図書館について本時で知ったら、「じゃあ、家の近くの図書館はどうなんだろう？」「本屋さんはどんなふうに並んでいるんだろう？」という疑問を子供から引き出したり、授業者から投げ掛けたりしたい。学校外での経験と、授業が結び付くことによって、学びが学校に閉じたものではなく、生活の中で生きて働くものとなっていく。そのためにも、実際に学校の外で調査した子供に発表の場を設けたりするとよいだろう。

きせつのことば 1

春が　いっぱい　（2 時間扱い）

単元の目標

知識及び技能	・言葉には、事物の内容を表す働きがあることに気付くことができる。(〔1〕ア) ・身近なことを表す語句の量を増し、話や文章の中で使うことで、語彙を豊かにすることができる。(〔1〕オ)
思考力、判断力、表現力等	・経験したことなどから書くことを見つけ、必要な事柄を集めたり確かめたりして伝えたいことを明確にすることができる。(B（1）ア)
学びに向かう力、人間性等	・言葉がもつよさを感じるとともに、楽しんで読書をし、国語を大切にして、思いや考えを伝え合おうとする。

評価規準

知識・技能	❶言葉には、事物の内容を表す働きや、経験したことを伝える働きがあることに気付いている。(〔知識及び技能〕(1)ア) ❷身近なことを表す語句の量を増し、話や文章の中で使うことで、語彙を豊かにしている。(〔知識及び技能〕(1)オ)
思考・判断・表現	❸「書くこと」において、経験したことから書くことを見つけ、必要な事柄を集めたり確かめたりして、伝えたいことを明確にしている。(〔思考力、判断力、表現力等〕B（1）ア)
主体的に学習に取り組む態度	❹積極的に言葉には事物の内容を表す働きがあることに気付き、学習課題に沿って見つけたものをカードに書こうとしている。

単元の流れ

時	主な学習活動	評価
1	学習の見通しをもつ 「はなが　さいた」の詩を読み、春のイメージを膨らませる。 学習課題を設定する。 春をかんじることばを見つけよう。 教科書の挿絵を手がかりにして、提示された言葉について知っていることを発表する。	❶
2	生活科の学習や、日常の出来事で見つけた「春らしいもの」について、文や文章でカードに書く。 ペアでカードを読み合い、感想を交流する。 学習を振り返る 学習活動を振り返り、新しく知った春を発表して交流する。	❷❸ ❹

〈単元で育てたい資質・能力〉

　本単元のねらいは、季節に関わる言葉を知り、言葉への理解を深めることである。子供たちは日頃、季節の動植物や行事等に触れている。本単元では、子供たち一人一人がもっている、その季節の具体的な体験や思い出を掘り起こしながら、言葉と結び付け、言葉の感度を高められるようにしたい。

　本単元は、第2学年から第6学年まで継続する「季節の言葉」のページ、その最初の単元である。らせん的に季節の言葉に触れていくことで、語彙の拡充を図ることを意図している。2年生のこの時期の子供たちには、言葉の獲得のみにとらわれず、春のほがらかさを十分に感じながら、言葉について学習する楽しさを味わわせたい。

[具体例]
○「さくら」は、ほとんどの子供が知っており、実物も目にしていることだろう。そこで「さくら」は、「どこで見たのか」「どのように咲いていたのか」「誰と見たのか」「どんな気持ちになったのか」と問い返し、言葉と子供たちの具体的な経験を結び付けていくようにする。経験を言葉にして発表し合うことで、「さくら」や「春」を表す言葉が広がっていくことを感じさせたい。

〈教材・題材の特徴〉

　春の野原の場面が取り上げられている。子供たちにとって身近な存在である「動植物」について示しており、子供の経験や体験を重ねて考えやすい教材である。しかし、挿絵や言葉の中には、子供たちにとってあまりなじみのないものがあるかもしれない。経験や知識などと結び付けながら言葉について話し合った後、必要であれば図鑑や映像、実物を示すことも効果的であろう。

　春が来た喜びを温かくユーモラスに描いた詩「はなが　さいた」については、言葉一つ一つの意味について捉えるというより、様々な読み方で元気に楽しく音読し、春が来た喜びを感じ取らせたい。

〈ICTの効果的な活用〉

記録：1）端末のカメラ機能や録音・録画機能を用いて、生活の中で見つけた「春らしいもの」を保存しておくと、春の言葉探しやカードを書く際に活用できる。また、生活科の学習と関連付けて、撮影の機会を設定することも効果的である。

　　　2）作成したカードを撮影し、画像として記録しておくとよい。「季節の思い出カード」のフォルダを作成し、春のカード、夏のカードと、年間を通して撮りためていくことで、季節の移ろいによる言葉の変化に気付くこともできる。

共有：日頃から、子供が見つけた「春らしいもの」をホワイトボードアプリで随時共有しておくと、「春らしいもの」が見つけられない子供にとっての手がかりとなる。また、友達の見つけた「春らしいもの」を知ることで、自分は知らなかったものに出合い、もっと知りたい、探したいという意欲の高まりが期待できる。

春が　いっぱい

本時の目標

・これまでの経験を思い出しながら、春の言葉を探すことができる。

本時の主な評価

❶春の経験を思い出し、春を感じる言葉を探している。【知・技】

資料等の準備

・教科書、p.36-37の拡大「はなが　さいた」の拡大（デジタル教科書でもよい）
・動植物の写真や実物

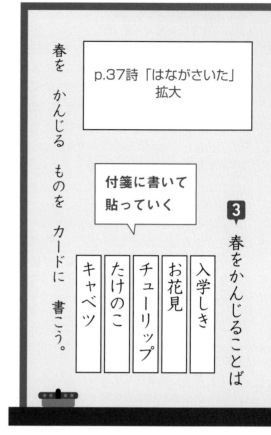

（板書）

春を　かんじる　ものを　カードに　書こう。

p.37詩「はながさいた」拡大

付箋に書いて貼っていく

③ 春をかんじることば

キャベツ／たけのこ／チューリップ／お花見／入学しき

授業の流れ ▷▷▷

1 学習の見通しをもつ　〈10分〉

T 「はなが　さいた」という詩です。音読しましょう。どんな感じがしますか。
○ 2年生の国語の学習の始まりの時期である。声に出して正しく読んで自信をもたせ、楽しく学習する雰囲気をつくりたい。
・春の花がいっぱいある感じがします。
・楽しくてうれしい感じがします。
T 春の花はどんなものがありますか。
・さくらやたんぽぽです。
・菜の花もそうだと思います。
T 春の雰囲気にぴったりの詩ですね。今日の学習は春だなあと感じるものをたくさん探してみましょう。
○学習課題を板書する。

2 挿絵に示された言葉を読み、春のイメージを膨らませる　〈20分〉

T 春の草花や生き物の絵がありますね。知っているものはありますか。
○言葉を一つ一つ声に出して読みながら、知っていることや見た場所を話し合う。
・たんぽぽを見たことがあります。
T いつ、どこで見たことがありますか。
・昨日、通学路に咲いていました。
・ぼくは公園でお休みの日に見つけました。
・たんぽぽはいろいろな場所に咲いています。
○経験や知っていることを教科書の拡大に書き込んでいくのもよい。
○イメージがもてず言葉と実物が結び付かない子供もいる。生活科の単元と関連付けながら、実物や写真、動画などを用意する。

きせつの ことば1 春が いっぱい

1 春を かんじる ことばを 見つけよう。

2 教科書p.36-37の挿絵

経験も書いて いくとよい

---

3 春を感じる言葉を探し、ノートに書く 〈15分〉

T　絵にある言葉の他にも春だなあと思うものを知っていますか。ノートに書きましょう。

・チューリップやたけのこもそうかな。

・お花見や入学式も春だなあと感じるな。

T　隣の席の友達と書いた言葉を読み合いましょう。自分が思い付かなかった言葉があったら、ノートに赤鉛筆で付け足しましょう。

・私は「キャベツ」は思い付かなかったよ。ノートに書いておこう。

T　春だなあと感じるものを発表しましょう。

・アオムシです。生活科の春の生き物の学習でキャベツの葉についているのを見つけました。

○発表した言葉を付箋に書き、教科書拡大に貼る。

よりよい授業へのステップアップ

継続的な指導の工夫

　単元の学習が終わった後にも、春を感じる言葉を教室に掲示し、毎日1つ言葉を紹介したり、子供が新たに見つけた言葉を追加したりして、継続的に言葉集めをする。日常的に季節と言葉に興味をもたせることで、語彙を豊かにしていきたい。

年間を見通した単元設定

　年間を通して「春・夏・秋・冬」と季節の語句を扱う単元が設定されている。カードの書き方や語句について子供自身が自らの学びの成長を自覚できるように指導したい。

春が　いっぱい ②/②

本時の目標
・春の言葉を経験と結び付けて文章に表すことができる。

本時の主な評価
❷春に関わることを表す語句の量を増し、話の中で使っている。【知・技】
❸春に関わる言葉を自分の経験と結び付けて、文を書いている。【思・判・表】
❹春の経験を思い出し、進んで文章を書こうとしている。【態度】

資料等の準備
・教科書 p.36「つくし」カードの拡大（デジタル教科書でもよい）
・春を感じるものを書くカード
・カードの書き方の短冊 ⬇ 05-01

4

○ともだちが　見つけた　春を　かんじるものを　ノートに　つけたそう。
・お花見をしたときに、人がたくさんいたよ
・うぐいすが　ないていたよ
・菜の花が　いちめんにさいていたよ
・あたたかい　かぜが　ふいてきたよ

授業の流れ ▷▷▷

1 学習の見通しをもつ 〈5分〉

T　前回のノートを振り返りましょう。春を感じるものがたくさん見つかりましたね。今日は春を感じるものをカードに書きましょう。
○本時のめあてを板書する。
○教科書「つくし」の拡大を貼り、どんなカードなのかイメージをもたせる。
・「お花見」のことを書こうかな。
・生活科の学習で桜の花びらを観察したから、そのときのことが書けそうだな。
T　春の言葉を探して、そのときのことも思い出しましたね。友達に知らせたい春だなあと思うものを書けるとよいですね。
○前時で言葉とともに、経験を話し合ったことを想起し、書いてみたいという意欲につながるようにする。

2 カードの書き方を確認し、カードを書く 〈25分〉

T　「つくし」のカードにはどんなことが書いてありますか。
・「いつ」「どこで」見たかが書いてあります。
・そのとき「思ったこと」も書いてあります。
○教科書の例文から、カードに何を書けばよいのか気付かせる。
T　「つくし」のカードをお手本にして春を感じるものを1つ選んでカードに書きましょう。
○カードの絵を描けないからという理由で、書き出せない子供がいる。後から写真を貼ってもよいこととし、文を書く活動に集中させたい。

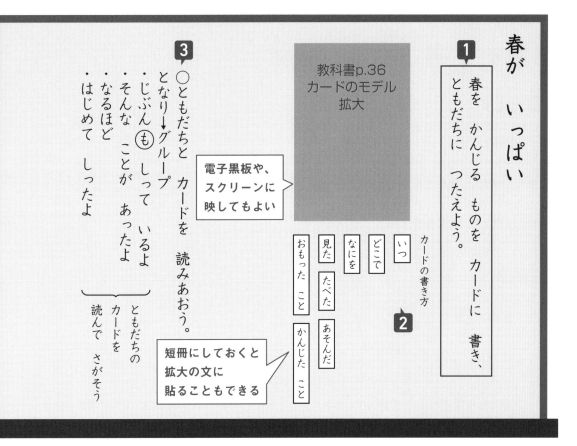

春が いっぱい

1
春を かんじる ものを カードに 書き、ともだちに つたえよう。

教科書p.36
カードのモデル
拡大

電子黒板や、スクリーンに映してもよい

カードの書き方

2

いつ	
どこで	
なにを	見た たべた あそんだ
見た	
おもった こと	かんじた こと

3
○ともだちと カードを 読みあおう。
となり→グループ
・じぶん⑤ しって いるよ
・そんな ことが あったよ
・なるほど
・はじめて しったよ
　　　　ともだちの
　　　　カードを
　　　　読んで
　　　　さがそう

短冊にしておくと拡大の文に貼ることもできる

3 書いたカードを読み合い、発表する 〈10分〉

T　書いたカードを発表しましょう。
○グループで声に出して読み、自分の書いたカードを発表する。その後、全体で発表する。
T　友達のカードの発表を聞いて、「なるほど」や「私もそういうことがあったよ」と思うことはありましたか。
○自分のカードを発表するだけでなく、友達のカードから気付いたよさや経験を共有する。
・私も「お花見」をしたときに、たくさん人が集まって楽しかったことを思い出しました。
・○○くんは「うぐいす」が鳴くと春だなあと感じると聞いて、ぼくは聞いたことがないので聞いてみたいなと思いました。

4 学習を振り返る 〈5分〉

T　友達のカードを読んで、思い出したり初めて知ったりした「春だなあ」と感じるものを、ノートに書き足しましょう。
○新たに書き足す言葉は赤で書くこととし、友達と交流したことで考えや知識が広がったことに気付かせる。
○前時に使ったノートのページに書き足す。4〜5月の間、そのページには春を感じるものを自由に書き足してよいこととし、例えば、国語の学習の始めの3分で発表する。
T　どんな言葉をノートに付け足したか、発表しましょう。
○春を感じる言葉はたくさんあったことを実感させ、もっと探してみようとする意欲をもたせる。

思い出して　書こう

日記を　書こう　（4時間扱い）

知識及び技能	・言葉には、経験したことを伝える働きがあることに気付くことができる。（(1)ア）
思考力、判断力、表現力等	・経験したことなどから書くことを見つけ、必要な事柄を集めたり確かめたりして伝えたいことを明確にすることができる。（Bア）
学びに向かう力、人間性等	・言葉がもつよさを感じるとともに、楽しんで読書をし、国語を大切にして、思いや考えを伝え合おうとする。

評価規準

知識・技能	❶言葉には、経験したことを伝える働きがあることに気付いている。（〔知識及び技能〕(1)ア）
思考・判断・表現	❷「書くこと」において、経験したことなどから書くことを見つけ、必要な事柄を集めたり確かめたりして伝えたいことを明確にしている。（〔思考力、判断力、表現力等〕Bア）
主体的に学習に取り組む態度	❸進んで、経験したことなどから伝えたいことを明確にし、学習の見通しをもって日記を書こうとしている。

単元の流れ

次	時	主な学習活動	評価
一	1	学習の見通しをもつ 教科書 p.18「つづけてみよう」の一言日記や、これまで書いた一言日記を紹介し合う。 学習課題を設定する。 「日記」を書こう	
二	2	教科書 p.38、39の日記の例を読み、書き方のよいところ［日付、曜日、天気、したこと（いつ・誰が・誰と・何を・どうした）、見たことや見つけたもの、言ったこと、聞いたこと、思ったこと］を確認する。	❶
	3	昨日の出来事から題材を決め、したことの順序を思い出して日記を書く。	❷❸
三	4	学習を振り返る 書いた日記を読み合い様子がよく分かるところを伝え合う。 学習を振り返り、身に付けた力を確かめる。	

授業づくりのポイント

〈単元で育てたい資質・能力〉

　本単元のねらいは、経験したことなどから書くことを見つけ、必要な事柄を集めたり確かめたりして伝えたいことを明確にする力を育てることである。そのためには、普段の生活を振り返って題材を考えたり、決まった題材について詳しく思い出したりすることが必要である。4月単元「つづけてみ

よう」の一言日記など、日常的に書く活動を行っている場合は、この単元と関連させていくとよい。また、決まった題材について詳しく思い出す際には、教科書の例や友達の文章から、どんなことを書くとよいか考えていくとよいだろう。

〈教材・題材の特徴〉

　日々の生活について振り返って書くのに、日記という教材は適している。通常、日記は自分のために書く文種であり、ゆえに題材も、また書く内容についても特に制限がない点は、特徴と言えるだろう。何を書いてもよいことは、間口が広いという意味では低学年の実態に合った教材と言える。また、何を書いてもよいからこそ、書く題材や内容を考えることに向いている教材とも言えよう。

　日記は、授業外でも取り組みやすい教材である。既に宿題などで取り組んでいる学級もあるだろう。またこの単元をきっかけにして、日記を書く活動を学級生活の中に位置付けていくことも考えられる。そうしたことも踏まえて、本単元を有効に活用できるとよい。

〈題材の特徴と他教科との関連〉

> 　その日にあったできごとや思ったこと、感想などを書いたものを「日記」といいます。
>
> 　日記を書くことによって、自分が何を見て、どう思ったのかなどを振り返ったり、いろいろな考えをもったりすることができます。
>
> 　あったことを書き続けることが日記の基本です。それができるようになったら、少しずつ自分の思ったことを加えて書いていくようにします。
>
> 　日記は、<u>自分のために書くことが多いので</u>、何をどんな方法で書くのかという書き方のきまりはほとんどありません。
>
> 　日記には、次のような種類があります。
> 　　○生活日記　　毎日の生活の記録を書いた日記です。低学年では絵日記もあります。
> 　　○観察日記　　飼育している動物、昆虫や植物の成長を観察して書いた日記です。
> 　　○読書日記　　読んだ本の内容、感想などを書いた日記です。
> 　　○交換日記　　先生やおうちの方、お友達とノートを交換しながら書いた日記です。
>
> 　　　東京学芸大学国語教育学会編『小学校 子どもが生きる国語科学習用語　授業実践と用語解説』(2013、東洋館出版社) p.153

　下線部にあるように日記は自分のために書くものであるが、本単元では日記を書くことの導入として楽しさを実感させるために、友達に見せたりペアに見せたりするという活動を設定した。

> ［具体例］
> ○２年生にとって無理のない範囲で、楽しんで日記を書けるように、週末の課題として日記を書かせたり、生活科で植物や野菜、昆虫の観察日記を書いたりすることが考えられる。
> ○読書週間などを利用して、読書日記を書くこともよい。読書日記は、より相手意識を高めて、「本の紹介カード」として作成することもできる。目的に応じて選んで取り組むようにしたい。

〈ICT の効果的な活用〉

共有：書いた日記（単元学習前に書いていたものも含む）を共有する際に、ICT を活用するとほかの子の日記に触れやすくなる。多くの日記に触れることは、書くためのヒントになる。

日記を　書こう

本時の目標

・「ひとこと日記」の紹介を通して、「日記」を書くという学習の見通しをもつことができる。

本時の主な評価

・進んで経験から伝えたいことを明確にし、学習の見通しをもって日記を書こうとしている。

資料等の準備

・「ひとこと日記」の写真

〔黒板〕

・イベント　があるとかきやすい

・くわしく書く　よく思い出す
・見たことやはなしたことを書く

どうしたら　すこしながく書けるかな？

3 ←
「日記」を　書こう

授業の流れ ▷▷▷

1 友達と「ひとこと日記」の紹介をし合う　〈15分〉

○これまで書いてきた「ひとこと日記」を紹介し合うことで、日記には様々なことが書かれていることに気付かせたい。

T　今まで書いてきた「ひとこと日記」を、友達に紹介しましょう。

○本時のめあてを板書する。

ICT端末の活用ポイント

紹介の仕方は、これまで書いてきた「ひとこと日記」を写真にとって、共有する方法もある。他の子供の日記をたくさん読むことで、自分の日記との違いに気が付けるようにしたい。

2 友達の日記紹介を聞いて、感じたことを話し合う　〈20分〉

○日記紹介を聞いて感じたことを話し合い、学習の見通しをもたせていきたい。「○○君の日記がおもしろかった」といった発言も想定されるが、どうしておもしろく感じたのかを問い返すことで、感じたことが焦点化され、日記を書く際のヒントになっていくと考えられる。

T　友達の日記紹介を聞いて、どんなことを感じましたか。

・ぼくは学校のことを日記に書いていたけど、友達は放課後のことも書いていました。

・家族や友達のことを書いている人が多かったです。

・イベントがあると書きやすいなと思いました。

日記を　書こう

1

「ひとこと日記」を　しょうかい　しよう。

四月十八日(月)　はれ
休みじかんに、友だち
とてつぼうをしました。
前まわりができました。

四月二十日(水)　くもり
ほうかごに、友だちと
こうえんであそびまし
た。サッカーをしました。

四月十八日(月)　はれ
きゅうしょくのパンが
おいしかったです。
また、たべたいです。

四月十七日(日)　はれ
かぞくとどうぶつえん
へいきました。キリンが
えさを食べていました。

2

ともだちの日記を　よんで　かんじたこと

・ぼくは　　学校のことが　↕　ともだちは　ほうかご
　おおい　　　　　　　　　　　　のことも

・かぞく　や　ともだちの　ことをかいていた

ICT 等活用アイデア

「ひとこと日記」の共有

　「ひとこと日記」から、もう少し長い「日記」を書くための見通しをもつことが本時のねらいである。そのために、友達の日記に多く触れることは、視点を広げる上で有効であろう。

　共有の仕方は、「ひとこと日記」を写真に撮って、学級の共有フォルダ等に入れて見合う形が考えられる。

　また、全体で話し合う場面でも、必要に応じて教師が ICT を活用して日記を紹介することも効果的だろう。

3　学習の見通しをもつ　〈10分〉

○どうしたら「ひとこと日記」より、もう少し長い日記を書けそうか話し合うことで、学習の見通しがもてるようにしたい。友達の日記から学んだことを中心に、日記を書くヒントを話し合えるとよい。

○学習課題を設定する。

T　これから「ひとこと日記」を長くした「日記」を書いていきましょう。どうしたら長く日記が書けそうですか。

・今よりもくわしく書きます。

・よく思い出して書きます。

・見たことや話したことを書きます。

日記を　書こう ②/④

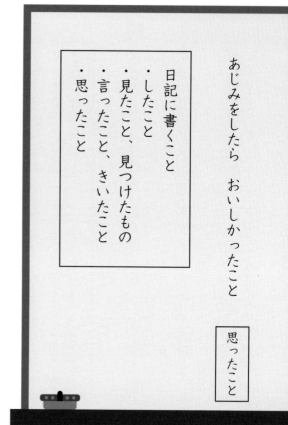

あじみをしたら　おいしかったこと

日記に書くこと
・したこと
・見たこと、見つけたもの
・言ったこと、きいたこと
・思ったこと

思ったこと

本時の目標
・日記の例を読むことを通して、日記に書くことをまとめることができる。

本時の主な評価
❶言葉には、経験したことを伝える働きがあることに気付いている。【知・技】

資料等の準備
・教科書 p.38-39 の日記の例を拡大したもの

授業の流れ ▷▷▷

1 前時の学習を振り返り、学習の見通しをもつ 〈5分〉

○前時の学習の終わりに、「ひとこと日記」を長くした「日記」を書いていくには、どうしたらよいかを考えているので、それを思い出せるようにしたい。

T　前回、「ひとこと日記」を長くした「日記」を書くにはどうしたらよいか、話し合いました。覚えていますか。

・今よりもくわしく書く。

・よく思い出す。

・見たことや話したことを書く。

T　今日は「日記」の例を読んで、どんなことを書いたらいいか考えていきましょう。

○本時のめあてを板書する。

2 日記の例にどんなことが書いてあるか話し合う 〈30分〉

○教科書 p.38-39 の日記の例を読み、どんなことが書いてあるか話し合う。書かれている内容を確かめながら、日記にどんなことを書くとよいか考えていく。

T　例にはどんなことが書かれていますか。

・コロッケを一緒につくったこと。

・コロッケのつくり方。

・コロッケの味見をしたこと。

T　日記にはどんなことを書くとよいですか。

・したこと（順番に気を付ける）。

・言われたことや言ったこと。

・思ったこと。

日記を書こう

1 「日記」に書くことをかんがえよう。

2 教科書p.38-39の日記の例

3 〈書いてあったこと〉

コロッケづくりをてつだったこと
コロッケのつくりかた

| したこと
見たこと |

おかあさんに「いっしょにつくろうか」
と言われた

| きいたこと |

---

3 学習を振り返る 〈10分〉

○日記に書くとよいことをまとめる。話し合っ
たことと関連付けながら、必要に応じて、教
科書 p.39の「日記に書くこと」を参考にす
るとよい。
　また、「日記に書くこと」は、画用紙など
にまとめておくと、次時以降も確認しやすく
なっていく。

T 日記に書くことをまとめましょう。

・したこと。
・見たこと、見つけたもの。
・言ったこと、聞いたこと。
・思ったこと。

よりよい授業へのステップアップ

具体的な内容から視点を抽出する

　日記の例を読み、どんなことが書い
てあるか話し合う場面では、はじめは
「コロッケをつくった」など、具体的な
内容に目がいく子供が多いことが予想
される。低学年の子供にとって、具体
的な内容を確かめることは大切な活動
であるため、焦らずにしっかり受け止
めたい。視点の抽出は、いきなりは難
しいので、教師の方で、「どんなことを
したかを書くといいんだね」等の支援
をするとよい。その上で「他にどんな
ことを書くといいかな」とつなげてい
くと、子供も考えやすくなるだろう。

日記を　書こう

本時の目標
・昨日の出来事から題材を決め、したことの順序を思い出して日記を書くことができる。

本時の主な評価
❷経験したことなどから書くことを見つけ、必要な事柄を集めたり確かめたりして伝えたいことを明確にしている。【思・判・表】
❸進んで、経験したことなどから伝えたいことを明確にし、見通しをもって日記を書こうとしている。【態度】

資料等の準備
・「日記に書くこと」をまとめたもの
　　　　　　　　　　　　　　　　　　⏬ 06-01
・教科書 p.38-39の日記の例を拡大したもの

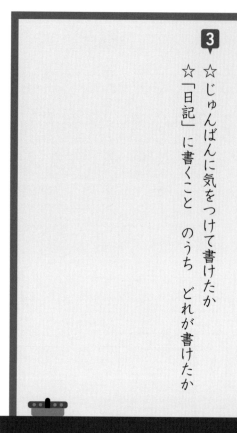

③
☆じゅんばんに気をつけて書けたか
☆「日記」に書くこと　のうち　どれが書けたか

授業の流れ ▷▷▷

1 前時の学習を振り返り、本時の学習の見通しをもつ　〈5分〉

○前時の学習の終わりに、「日記を書くこと」をまとめているので、それを振り返ってから、本時の学習の見通しをもてるようにする。

T　日記に書くことを振り返りましょう。
・したこと。
・見たこと、見つけたもの。
・言ったこと、聞いたこと。
・思ったこと。

T　今日は、昨日の出来事について、「日記」を書きましょう。

○本時のめあてを板書する。

2 昨日の出来事について、日記を書く　〈30分〉

○「日記に書くこと」を参考に、昨日の出来事について題材を決め、したことの順序を思い出して日記を書く。

T　昨日はどんなことをしましたか。よく思い出して日記を書きましょう。

○「ひとこと日記」とは違い、前時に読んだ日記の例のように、いくつか文を続けて書いていくように促す。

○昨日の出来事から題材を決められない場合は「ひとこと日記」の中から題材を決めてもよいことにする。

日記を　書こう

きのうのことについて「日記」に書こう

1

日記に書くこと
・したこと
・見たこと、見つけたもの
・言ったこと、きいたこと
・思ったこと

教科書 p.38 – 39 の日記の例

---

3 学習を振り返る 〈10分〉

○書いた日記を読み返し、順番に気を付けて書くことができたか振り返る。また、「日記に書くこと」の観点のうち、どれを日記に書いたか確かめる。

T　書いた日記を読み返しましょう。順番に気を付けて書けましたか。また、「日記に書くこと」のうち、どんなことを日記に書きましたか。

・順番どおりに書けました。
・したことや、見たことが書けました。
・言ったことが書けました。
・思ったことも書けました。

よりよい授業へのステップアップ

日記に書くことを友達に話してから書く

　いきなり日記を書くことが難しい場合、題材となる出来事について、友達に話してから書く方法が考えられる。話すことで、その出来事についてよく思い出せる可能性があるからだ。

　その際、話を聞く側の子が、内容を理解できたか確認するようにしたい。理解できない場合、順番が不自然だったり、情報が不足したりしていることが考えられる。

　相手の子が分かるように話そうとすることで、順序や内容について整理ができるようにしていきたい。

日記を 書こう

本時の目標

・書いた日記を読み合い様子がよく分かるところを伝え合い、身に付けた力を確かめることができる。

本時の主な評価

・進んで、経験から伝えたいことを明確にし、学習の見通しをもって日記を書こうとしている。

資料等の準備

・教科書 p.38-39 の日記の例を拡大したもの
・「日記に書くこと」をまとめたもの

⬇ 06-01

（板書）

☆学しゅうをふりかえろう

・ようすが　くわしく書けるようになった
・言ったことやきいたこと、思ったことを書くとよくつたわる

・どんなところがおいしかったか書いてあって、つたわってきた

授業の流れ ▷▷▷

1 前時の学習を振り返り、本時の学習の見通しをもつ 〈5分〉

○前時に書いた日記を、友達と読み合うことを伝える。読んで様子がよく分かるところを伝え合うことで、自分の文章のよさを見つけていくことを促す。

T 書いた日記を読み合って、様子がよく分かるところを伝え合っていきましょう。

○本時のめあてを板書する。

ICT 端末の活用ポイント

書いた日記は、写真に撮って、学級の共有フォルダ等を活用して、共有できるようにしておく。これにより、多くの子供の日記に触れることができる。

2 活動の進め方について知る 〈10分〉

○伝え合う活動の前に、教科書 p.38-39 の日記の例を用いて、活動の進め方を確認する。様子がよく分かるな、と思うところを付箋紙に書いて伝えることを確認する。

前時までに使用していた「日記に書くこと」を観点にすると、書きやすい。

T この日記の例を読んで、様子がよく分かるなと思うところはどこですか。

・おかあさんが話したことが書いてあるところ。
・コロッケの材料が詳しく書いてあるところ。
・どんなところがおいしかったか書いてあるところ。

日記を　書こう

1

「日記」を読みあって、
ようすがよくわかるところをつたえあおう

2

日記に書くこと
・したこと
・見たこと、見つけたもの
・言ったこと、きいたこと
・思ったこと

教科書 p.38
–
39 の日記の例

3

☆　ようすが　よくわかるところ

・おかあさんがはなし
たことが書いてあっ
て、イメージできた

・コロッケのざいりょ
うがくわしく書いてあ
って、よくわかった

---

3 日記を読み合い、様子が分かるところを伝え合う　〈20分〉

○日記を読み合って、様子がよく分かるところを伝え合っていく。

　コメントは付箋紙に書くが、ぜひ直接言葉でも伝えたい。そうすることで書いた子供は、より自分の文章のよさに気付けるだろう。

T　日記を読み合って、よさを伝え合いましょう。付箋紙に書いたことは、直接言葉でも伝えて、お互いの文章のよさが感じられるようにしましょう。

・どうしてそう思ったかが書いてあって分かりやすかった。

・言われたことが書いてあって、よくイメージできた。

4 学習を振り返る　〈10分〉

○学習を振り返り、身に付けた力を確かめる。今まで「ひとこと日記」だったものが、「日記に書くこと」という観点を獲得したことで、より詳しく様子が分かるように書けたことを実感できるようにしていく。

T　今まで書いてきた「ひとこと日記」と比べて、どんな力が付きましたか。

・今までより長く書けるようになった。

・様子が詳しく書けるようになった。

・言ったことや聞いたことを書けるようになって、そうするとより伝わることが分かった。

・思ったことを書くと、読む人に伝わりやすくなると分かった。

だいじな　ことを　おとさないように　聞こう

ともだちは　どこかな／【コラム】声の　出し方に　気を　つけよう　(5時間扱い)

単元の目標

知識及び技能	・共通、相違、事柄の順序など情報と情報との関係について理解することができる。((2)ア) ・音節と文字との関係、アクセントによる語の意味の違いなどに気付くとともに、姿勢や口形、発声や発音に注意して話すことができる。((1)イ)
思考力、判断力、表現力等	・話し手が知らせたいことや自分が聞きたいことを落とさないように集中して聞き、話の内容を捉えることができる。(A エ) ・伝えたい事柄や相手に応じて、声の大きさや速さなどを工夫することができる。(A ウ)
学びに向かう力、人間性等	・言葉がもつよさを感じるとともに、楽しんで読書をし、国語を大切にして、思いや考えを伝え合おうとする。

評価規準

知識・技能	❶共通、相違、事柄の順序など情報と情報との関係について理解している。((知識及び技能)(2)ア) ❷音節と文字との関係、アクセントによる語の意味の違いなどに気付くとともに、姿勢や口形、発声や発音に注意して話している。((知識及び技能)(1)イ)
思考・判断・表現	❸「話すこと・聞くこと」において、話し手が知らせたいことや自分が聞きたいことを落とさないように集中して聞き、話の内容を捉えている。((思考力、判断力、表現力等) A エ) ❹「話すこと・聞くこと」において、伝えたい事柄や相手に応じて、声の大きさや速さなどを工夫している。((思考力、判断力、表現力等) A ウ)
主体的に学習に取り組む態度	❺自分にとって必要なことを集中して粘り強く聞き取り、これまでの学習を生かして簡潔にメモしようとしている。

単元の流れ

次	時	主な学習活動	評価
一	1	学習の見通しをもつ 話を聞くときに気を付けていることを発表する。 「といをもとう」を基に、学習課題を設定し、学習計画を立てる。 だいじなことをおとさないように聞こう。	
二	2	絵を見て、どんな人がいるかを話し合う。 音声案内を聞くときに大事なことを確かめる。 メモを取りながら音声を聞き、それを手がかりに「ゆかさん」を探す。	❶

3	絵の中から人物を選び、友達と話し合う。	❷❹
	p.44コラム「声の出し方に気をつけよう」を参考に、話す速さや声の大きさ、アクセントによる言葉の意味の違いについて確かめ、練習する。	
4	グループで相互に探し合いをする。メモを見せ合って協力する。	❸❺
	グループでメモしたことを見せ合い、大事なことを落とさないようにするために気を付けた聞き方やメモの取り方を発表し合う。	
5	学習を振り返る	
	全体で、大事なことを落とさないための聞き方やメモの取り方を発表し合い、まとめる。	
	「ふりかえろう」を基に、単元の学びを振り返る。	
	p.44のコラム「声の出し方に気をつけよう」で音の高さによる言葉の意味の違いを理解する。	

授業づくりのポイント

〈単元で育てたい資質・能力〉

　本単元のねらいは、大事なことを落とさずに、集中して聞く力を育むことである。そのためには、大事なことは何かを考えて聞くことや、大事なことを落とさないようにメモを取ることが必要となる。絵の中の人物について説明したり、探したりする活動に取り組む中で、聞き手にとって落としてはならない大事な事柄は、話し手にとっても落としてはならない大事な事柄であることに気付かせるようにする。

〈教材・題材の特徴〉

　絵を見てどんな人がいるかを話したり、迷子のお知らせを聞いて絵の中から特定の人物を探したりする活動は、意欲をかきたてられ、楽しいものである。しかしこの活動は、似たものとの差異に注目して選択したり、必要最低限の情報は何かを考えたりという力が必要になる。また、特定の人物を探し出すためには、聞き落としてはならない情報を正確に聞き取る力も必要である。意欲をもって取り組む中で、「聞く」という活動に関わる大切な力を身に付けさせていきたい。

〈言語活動の工夫〉

　「友達を探し合う」という活動では、合間に振り返りを行いながら、大事なことを落とさずに聞いたり、聞いたことをメモしたりすることに繰り返し取り組むことで、自分自身の聞き方を確かめ、学んだことを実感したり、修正したりできるようにする。また、聞いたことのメモは、友達同士で共有して見せ合うことで、友達の聞き方のよさを視覚的に捉えられるようにする。

〈ICT の効果的な活用〉

　　記録：「迷子のお知らせ」を話す側が、端末の写真撮影機能を用いて、選んだ人物を拡大して画像として記録することで、聞き手が、聞いたことやそのためのメモの正誤の確かめをする際、視覚的に捉えやすくする。

　　共有：端末の動画撮影機能を用いて、教師の聞き方のモデルや子供同士のやり取りを録画して、導入や振り返りの際に提示することで、よりよい聞き方について視覚的にも振り返ることができるようにする。

ともだちは どこかな

本時の目標
・これまでの聞き方を振り返って学習課題を設定し、学習の見通しをもつことができる。

本時の主な評価
・自分自身のこれまでの聞き方を振り返り、学習課題に対して学習の見通しをもっている。

資料等の準備
・全校朝会時に、校長講話を聞く子供の姿の写真画像
・聞き方についての常時掲示物
・教科書の挿絵の拡大画像

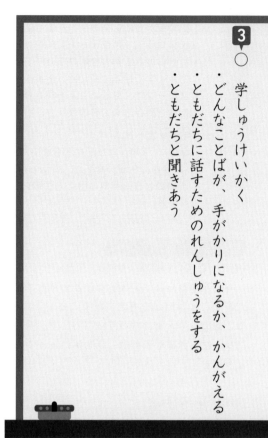

3
○
・学しゅうけいかく
・どんなことばが、手がかりになるか、かんがえる
・ともだちに話すためのれんしゅうをする
・ともだちと聞きあう

授業の流れ ▷▷▷

1 これまでの話の聞き方を振り返る 〈15分〉

T これは、前回の全校朝会のときの写真です。校長先生はどんなことをお話しされていましたか。

○校長講話を聞く、子供の姿の写真画像を数枚提示する。

・あまり覚えていないです。

・○○のことを言っていました。

T 話を聞くときに、どんなことに気を付けていますか。

・おしゃべりをしないで、静かに聞くことです。

・聞いている途中で話さないで、最後まで聞くことです。

・相手の目を見て、うなずきながら聞くことです。

2 学習課題を設定する 〈10分〉

T なぜ、いろいろなことに気を付けて話を聞くのですか。

・話している人が何を言っているか、よく分かるためです。

・聞きたいことをしっかり聞くためです。

T つまり、大事なことを落とさないように聞こうとしているのですね。

○現時点で、どの程度の子供が大事なことを落とさないように聞くことができているか、簡単に自己評価ができるとよい。

T では、今回の学習では、大事なことを落とさないように聞くことに取り組んでみましょう。また、話の中の大事なこととは何か、そのことも考えていきましょう。

○学習課題を板書する。

① ○
- 話を聞くときに気をつけていること
- ・しずかに聞くこと
- ・さいごまで聞くこと
- ・あい手の目を見て聞くこと
- ・うなずきながら聞くこと

② ・つたえたいことがなにか、よくわかるため。
・聞きたいことを、しっかり聞くため。

> 大じなことを　おとさないように　聞こう。

ともだちは　どこかな

教科書 p.41
挿絵
（ICT 機器での投影など）

3 「といをもとう」を基に、学習計画を立てる 〈20分〉

T　教科書 p.41の絵を見てください。遊園地の絵があります。

T　「といをもとう」を読みます。どの人のことを言っているのか探してみましょう。

○教科書の QR コードを読み取り、音声を流す。

・見つけました。

・私も友達に言ってみたいです。

T　では、みなさんで、聞き合うための学習計画を立てましょう。

・どんな言葉が手がかりになるか考えたいです。

・友達に話すための練習をしたいです。

・ペアで聞き合いたいです。

○本時の学習を振り返る。

よりよい授業へのステップアップ

子供自身の気付きと言葉を大切にする

　本単元では、子供たちが「大事なことを落とさないで聞くことのよさ」について、自分事として捉えることが大切である。そのためには、これまでの自分自身の聞き方に対して課題意識をもつことが必要であると考える。

　そこで本時では、学習課題を教師から一方的に示すのではなく、日頃の学校生活から、子供たちが自分自身の聞き方を振り返る活動に重点を置いている。

　子供自身の気付きや言葉を大切にした学習を、子供たち自身が計画し、展開していきたい。

ともだちは
どこかな

2/5

本時の目標
・人や物の様子を表す言葉に着目して、その共通する関係や相違する関係について理解することができる。

本時の主な評価
❶人や物の様子を表す言葉に着目して、その共通する関係や相違する関係について理解している。【知・技】

資料等の準備
・教科書の挿絵の拡大画像
・教科書QRコードの音声の文字化資料
・ワークシート①：メモ用紙（枠線あり）
　⬇ 07-01
・ワークシート②：メモ用紙（枠線なし）
　⬇ 07-02

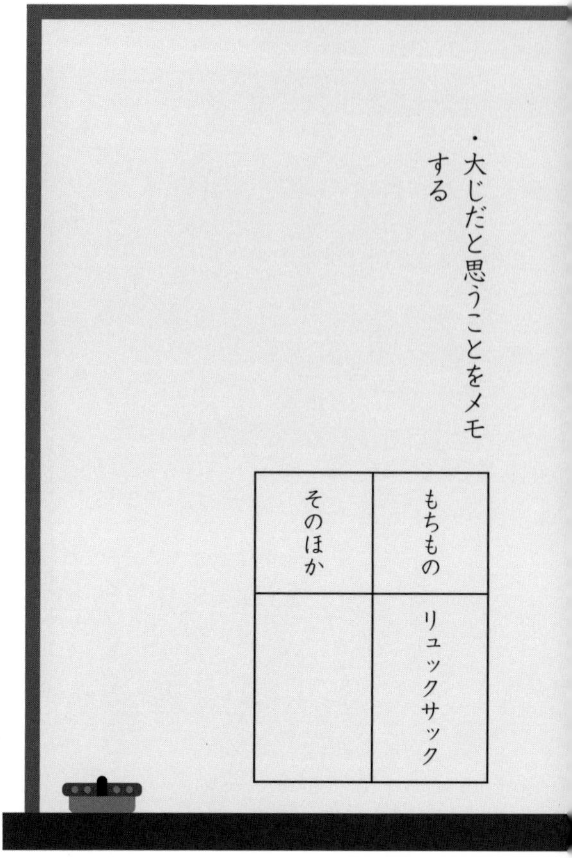

（右側の板書イメージ）

・大じだと思うことをメモする

そのほか	もちもの
	リュックサック

授業の流れ ▷▷▷

1 遊園地の絵を見て、どんな人がいるか話し合う 〈10分〉

○本時のめあてを板書する。
T　今日は、どんな言葉が手がかりになるか考えて、友達を探しましょう。
T　まずは、教科書41ページの絵を見てください。遊園地にはどんな人がいますか。
○ICT機器を活用して、教科書の挿絵を、投影したり、画面に映したりして、カラーで見ることができるようにする。
・乗り物に乗っている人がいます。
・風船を持った人がいます。
T　風船を持った人は何人もいますね。どの人のことですか。
○風船を持った人が複数いることに気付かせる。
・青い風船を持っている子供です。

2 どんな言葉に気を付けて話を聞くとよいか話し合う 〈10分〉

○教科書のQRコードを読み取り、音声を流す。
T　ゆかさんを探すときに、どんな言葉に気を付けて話を聞きましたか。
・洋服などの色　・服装
・身に付けている物　・持ち物
T　他の人とは違う特徴を聞くことができれば、友達を探すことができるのですね。これが、人を探すときの「大事なこと」になるのですね。

ICT端末の活用ポイント
事前に音声を文字起こししたものを、アップロードしておき、大事なことを考えるための補助資料として活用する。

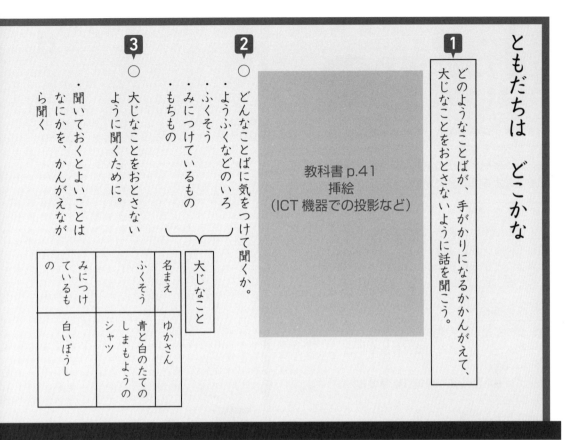

ともだちは　どこかな

1 どのようなことばが、手がかりになるかかんがえて、大じなことをおとさないように話を聞こう。

2
○ どんなことばに気をつけて聞くか。
・ようふくなどのいろ
・ふくそう
・みにつけているもの
・もちもの

大じなこと	
名まえ	ゆかさん
ふくそう	青と白のたてのしまもようのシャツ
みにつけているもの	白いぼうし

3
○ 大じなことをおとさないように聞くために。
・聞いておくとよいことはなにかを、かんがえながら聞く

---

3 話を落とさずに聞くために大切なことを確かめる 〈10分〉

T　では、大事なことを落とさないように聞くために大切なことは何でしょうか。
・集中して聞くことです。
・聞きたい言葉に注意して聞くことです。
T　そうですね。では、教科書43ページの「たいせつ」を読みましょう。
・聞いておくとよいことは何かを、考えながら聞く。
・聞いたことの中から、大事だと思うことをメモする。
T　メモを取ると、後で確かめられますね。では、メモはどのように取るとよいでしょうか。
・大事なことだけを書くとよいです。
・短い言葉で書くとよいです。

4 メモを取りながら音声を聞き、「ゆかさん」を探す 〈15分〉

T　では、実際にメモを取りながら音声を聞いてみましょう。
○教科書のQRコードを読み取り、音声を流す。
T　友達がどのようなメモを取ったか見せ合いましょう。
・○○さんのメモが分かりやすいです。
・短い言葉でまとめて書いています。
T　次回は、自分たちで友達探しをする準備をしましょう。

> **ICT端末の活用ポイント**
> メモを写真撮影し、アップロードして共有することで、一人一人のペースで友達のメモを見ることができる。

ともだちは どこかな/【コラム】声の 出し方に 気を つけよう ③/5

・話す速さや声の大きさ、声の高さに注意して
　話すことができる。
・伝えたい事柄に応じて、声の大きさや速さな
　どを工夫することができる。

本時の主な評価

❷話す速さや声の大きさ、声の高さに注意して
　話している。【知・技】
❹大事なことが伝わるように、声の大きさや速
　さなどを工夫している。【思・判・表】

資料等の準備

・教科書の挿絵の拡大画像
・ワークシート①：メモ用紙（枠線あり）
　⬇ 07–01
・ワークシート②：メモ用紙（枠線なし）
　⬇ 07–02
・教師のモデル動画

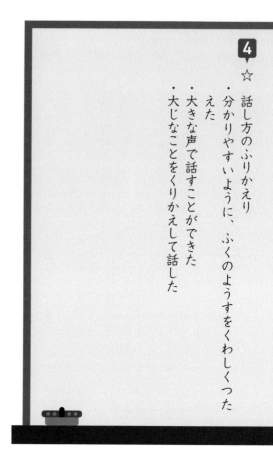

4
☆
・話し方のふりかえり
・分かりやすいように、ふくのようすをくわしくつた
　えた
・大きな声で話すことができた
・大じなことをくりかえして話した

授業の流れ ▷▷▷

1 絵の中から子供を選び、特徴を 考える 〈10分〉

○本時のめあてを板書する。
T　前回の学習では、探している子を見つける
　ために大事なことは何かを考えました。今日
　は、そのことに気を付けて、子供を選んで探
　し合いましょう。
T　まずは、教科書41ページの絵の中から、
　探してほしい人を決めましょう。
T　その人の様子が分かるように、メモを書き
　ましょう。
○前時のメモ用紙を活用する。

ICT 端末の活用ポイント

選んだ人物を拡大して画像として記録すること
で、聞き手が、聞いたことやそのためのメモの
正誤を確かめる際、視覚的に捉えやすくする。

2 話すときに気を付けることを考える 〈20分〉

T　大事なことを落とさずに、メモが書けまし
　たね。
T　では、どのように話したらよいでしょう
　か。モデル動画を見てみましょう。
○教師自作のモデル動画を流す。
T　相手に分かりやすく伝えるために、どんな
　ことに気を付けるとよいでしょうか。
・聞こえる声の大きさで話すことです。
・大事なことはゆっくり話していました。
・相手の顔を見て話すことです。
・大事なことは繰り返し話していました。
T　教科書44ページのコラム「声の出し方に
　気をつけよう」を読み、声の出し方で気を付
　けることについて確かめましょう。

ともだちは　どこかな

1　大じなことをおとさずに、さがしている人をつたえるれんしゅうをしよう。

○大じなこと
・ようふくなどのいろ
・ふくそう
・みにつけているもの
・もちもの

2　教科書 p.41 挿絵（ICT 機器での投影など）

○わかりやすくつたえるために、気をつけること

名まえ	ふくそう	みにつけているもの	もちもの	そのほか
けんたさん	きいろのながそでシャツ	赤いぼうし	オレンジのリュックサック	

3
・聞こえる声で話すこと
・大じなことをゆっくり大きめの声で話すこと
・あい手のかおを見て話すこと
・大じなことをくりかえして話すこと

3　探している人を伝える練習をする　〈10分〉

Ｔ　話すときに気を付けることは何ですか。
・大事なところは、ゆっくり大きめの声で話します。
・音の高さに気を付けて話します。
・言葉の意味を考えながら声を出します。
Ｔ　そのようなことに気を付けて、練習してみましょう。
○１人で何度か話す練習をするように促す。

ICT 端末の活用ポイント

１人で練習している様子を、動画撮影機能を用いて録画することで、自分自身の話し方を確かめることができる。

4　学習を振り返る　〈５分〉

Ｔ　今日のめあてに対する振り返りをします。話すときに気を付けることを意識して伝えることができたでしょうか。友達のよい姿はありましたか。
・分かりやすいように、服の様子を詳しく伝えました。
・大きな声ではっきりと話すことができました。
・大事なことを繰り返し伝えるようにしました。
○発表したことについて自己評価と相互評価を行い、よさを認め合ったり、次の活動に生かしたりする。

ともだちは
どこかな

本時の目標

・大事なことを落とさないように集中して聞き、内容を捉えることができる。

本時の主な評価

❸大事なことを落とさないように集中して聞き、内容を捉えている。【思・判・表】

❺自分にとって必要なことを集中して粘り強く聞き取り、簡潔にメモしようとしている。【態度】

資料等の準備

・教科書の挿絵の拡大画像
・ワークシート①：メモ用紙（枠線あり）
　⬇ 07-01
・ワークシート②：メモ用紙（枠線なし）
　⬇ 07-02

授業の流れ ▷▷▷

1　今日のめあてを確認する　〈10分〉

○本時のめあてを板書する。

T　今日は、いろいろな友達と探し合いをしましょう。

T　聞くときに大切なことを確認しましょう。

○前時までの掲示物を利用し、大事なことや聞き方の大切なことを確かめる。

T　では、前回の授業で書いたメモを見直し、探してほしい人を確かめましょう。

○本時の１回目の探し合いは、前時で練習したことを生かして行う。

ICT端末の活用ポイント

選んだ人物を拡大して画像として記録することで、聞き手が、聞いたことやそのためのメモの正誤を確かめる際、視覚的に捉えやすくする。

2　４人グループで探し合いをする（前半２人）　〈15分〉

T　４人グループでお互いに探し合いをしましょう。メモを取りながら前半二人の話を聞き、友達を探しましょう。

○メモ用紙は、枠線のあるものか、ないもののどちらかを、子供が選べるようにする。

T　前半２人の友達を探すことができたら、お互いのメモや動画を見返して、友達の聞き方のよさを伝え合いましょう。

ICT端末の活用ポイント

グループで聞き合うときの様子を、動画撮影機能を用いて録画することで、自分自身や友達の話し方や聞き方を確かめることができる。また、メモについては、会議のチャット上にアップロードすることで、友達と比較ができる。

板書

4
☆
聞き方や話し方のふりかえり
・ともだちがさがしている人を、しっかり見つけることができた
・メモが、みじかいことばで書かれていて、たしかめやすかった
・大じなことを、くりかえしつたえていてよかった

ともだちは　どこかな

1

大じなことをおとさずに聞き、さがしあいをしよう。

教科書 p.41
挿絵
（ICT 機器での投影
など）

○　大じなこと
・ようふくなどのいろ
・ふくそう
・みにつけているもの
・もちもの

○　大じなことをおとさ
ない聞き方
・聞いておくとよいこ
とはなにかを、かん
がえながら聞く
・大じだと思うことを
メモする

○　わかりやすい話し方
・聞こえる声で話す
・大じなことをゆっく
り大きめの声で話す
・あい手のかおを見て
話す
・大じなことはくりか
えして話す

3　4人グループで探し合いをする（後半2人）　〈15分〉

T　それでは次に、後半2人の話を聞き、友
達を探しましょう。

○メモ用紙は前半同様に2種類用意する。

T　後半2人の友達を探すことができたら、
お互いのメモや動画を見返して、友達の聞き
方のよさを伝え合いましょう。

○前半と後半を比較して成長を実感できるとよ
い。

4　学習を振り返る　〈5分〉

T　今日のめあてに対する振り返りをします。
聞くときに大切なことを意識して聞くことが
できたでしょうか。友達のよい姿はありまし
たか。

・友達が探している人を、しっかり見つけるこ
とができました。

・○○さんのメモが、短い言葉で書かれていて
確かめやすかったです。

・○○さんが、大事なことを繰り返し伝えてい
てよかったです。

○発表したことについて自己評価と相互評価を
行い、よさを認め合ったり、次の活動に生か
したりする。

ともだちは どこかな/【コラム】声の 出し方に 気を つけよう ⑤/⑤

本時の目標
・学習を振り返り、話を聞くときに大切なことについて考えることができる。
・話すときの声の出し方について気付くことができる。

本時の主な評価
・学習を振り返り、話を聞くときに大切なことについて考えている。
・話すときの声の出し方について気付いている。

資料等の準備
・教科書の挿絵の拡大画像
・ワークシート①：メモ用紙（枠線あり）
　⬇ 07-01
・ワークシート②：メモ用紙（枠線なし）
　⬇ 07-02

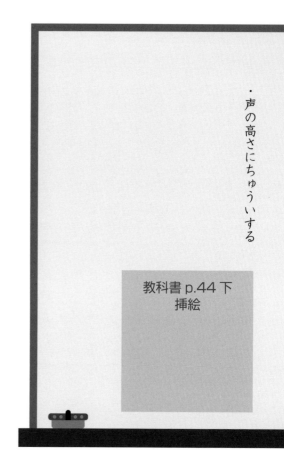

・声の高さにちゅういする

教科書 p.44 下
挿絵

授業の流れ ▷▷▷

1 これまでの学習を振り返り、学習感想を書く 〈10分〉

T 今日までの学習を通して、分かったことや考えたことをノートに書きましょう。
・言葉を聞いて、友達を探すのが面白かったです。
・特徴を考えながら伝えると、自分も分かりやすいし、相手にも伝わりやすいと思います。
・自分でも絵を描いて、問題をつくりたいです。
・情報が多いときには、メモをして整理しながら話を聞くようにしたいです。
○学習感想を自由に記述させると、様々な観点から学習を見つめ直すことができる。このように、それぞれの学びを認め、価値付けることも大切である。一方で、本単元における付けたい力を意識させるために、ポイントを示す振り返りも有効である。

2 教科書43ページをもとに、学習を振り返る 〈15分〉

T 教科書43ページの「ふりかえろう」をみてみましょう。この視点に沿って、振り返りをしましょう。
T ①人を探すときに大事なのは、どんな言葉でしたか。
・色　・服の特徴　・持ち物
T ②大事なことを落とさないために、何に気を付けましたか。
・聞きたいことが何か考えて、集中して聞くことです。
・短い言葉でメモを取ることです。
T ③これから、話を聞くとき、どんなことに気を付けたいですか。
・大事なことは何かを考えて聞きたいです。
・自分で工夫をしてメモを取りたいです

ともだちは　どこかな

1
話したり聞いたりするときに大事なことを考えよう。

3
○ 学しゅうぜんたいのふりかえり
① 人をさがすときに大じなのは、どんなことばか。
・色　・ふくのとくちょう　・持ち物
② 大じなことをおとさないために、何に気をつけたか。
・聞きたいことが何か考えて、しゅう中して聞くこと。
③ みじかいことばでメモをとること。
・これから、話を聞くとき、何に気をつけたいか。
・大じなことは何かを考えて聞きたい。
・自分でくふうをしてメモをとりたい。

4
○「声の出し方」
・だいじなところは、ゆっくりと大きめの声で

教科書 p.44 上
挿絵

---

3 「声の出し方」について考える 〈15分〉

T　大事なことを落とさずに話したり、聞いたりする学習をしてきました。もう１つ、話すときに気を付けることがありました。44ページの「声の出し方に気をつけよう」をもう一度読みましょう。

T　まずは、「話すはやさと声の大きさ」について考えてみましょう。では、実際にやってみましょう。

○教科書の挿し絵を用いて、実際に声を出してみる。

T　気が付いたことはありますか。

・伝えたいことを考えながら話したいです。
・どれくらい人と離れているかによっても、声の大きさが違います。
・だいじなところはゆっくり話すとよいです。

T　では、次は、「音のたかさ」について考えてみましょう。ひらがなで書くと同じでも、音の高さのちがいで、べつの言葉になるものがありますね。それぞれの言葉を声に出して読んでみましょう。

・「あめ」雨、飴
・「はし」橋、端、箸
・「かき」柿、牡蠣
・「あじ」味、鯵
・「しろ」城、白

○このようにいくつかの言葉を提示し、声に出して読むことで、「声の出し方」についての理解を深めることができよう。

○同音異義語については、子供に見付けさせてもよいだろう。言葉のおもしろさに気付き、声に出すことを楽しむ姿を期待する。

1 第2～5時資料　ワークシート①：メモ用紙（枠線あり）⬇ 07-01

ともだちは　どこかな。　　　名まえ（　　　　　　　）

さがしている子の 名まえ	
ふくそう	
みにつけている もの	
もちもの	
そのほか	

2 第2～5時資料　ワークシート②：メモ用紙（枠線なし）⬇ 07-02

ともだちに　きこう。　　　名前（　　　　　）

きいたことや その名まえ	

たんぽぽの　ちえ／【じょうほう】じゅんじょ 〔10時間扱い〕

単元の目標

知識及び技能	・共通、相違、事柄の順序など情報と情報との関係について理解することができる。（(2)ア） ・語のまとまりや言葉の響きなどに気を付けて音読することができる。（(1)ク）
思考力、判断力、表現力等	・時間的な順序を考えながら、内容の大体を捉えることができる。（Ｃ ア） ・文章の中の重要な語句や文を考えて選び出すことができる。（Ｃ ウ）
学びに向かう力、人間性等	・言葉がもつよさを感じるとともに、楽しんで読書をし、国語を大切にして、思いや考えを伝え合おうとする。

評価規準

知識・技能	❶共通、相違、事柄の順序など情報と情報との関係について理解している。（〔知識及び技能〕(2)ア） ❷語のまとまりや言葉の響きなどに気を付けて音読している。（〔知識及び技能〕(1)ク）
思考・判断・表現	❸「読むこと」において、時間的な順序を考えながら、内容の大体を捉えている。（〔思考力、判断力、表現力等〕Ｃ ア） ❹「読むこと」において、文章の中の重要な語句や文を考えて選び出している。（〔思考力、判断力、表現力等〕Ｃ ウ）
主体的に学習に取り組む態度	❺粘り強く時間的な順序を考えて内容を捉え、学習の見通しをもって読んだ文章の感想を書こうとしている。

単元の流れ

次	時	主な学習活動	評価
一	1	学習の見通しをもつ p.45を見て、たんぽぽについて知っていることや、見たり触ったりした経験を話し合う。 全文を読み、初めて知ったことや、「すごいな」と思ったことなど、初発の感想をもつ。 初発の感想を発表し合い、学習課題を設定し、学習の見通しをもつ。 じゅんじょに気をつけて、たんぽぽのちえをたしかめ、思ったことを書こう。	
二	2	たんぽぽのちえがいくつあるかを考えながら、全文を音読する。 「時を表す言葉」とたんぽぽの様子の絵カードを結び付け、並び替える。	❷❸
	3	第１・２・３段落を読み、たんぽぽの様子と変化とそのわけから、ちえを読み取る。	❶❹
	4	第４・５段落を読み、綿毛ができてくる様子とそのわけから、ちえを読み取る。	
	5	第６・７段落を読み、花のじくの様子とそのわけから、ちえを読み取る。	
	6	第８・９段落を読み、綿毛の様子とそのわけから、ちえを読み取る。	
	7	第10段落を読み、たんぽぽがたくさんのちえを働かせているわけを読み取る。	

| 三 | 8 | たんぽぽのちえについて、自分が賢いと思うところとそのわけ、それについて思ったことを書く。
友達と書いたものを読み合い、自分と同じ（似ている）と思ったことを伝え合う。 | ❶❺ |
| | 9
10 | 学習を振り返る
教科書 p.55【じょうほう】「じゅんじょ」を読むなどして学習を振り返り、身に付けた力を確認する。 | |

授業づくりのポイント

〈単元で育てたい資質・能力〉

　本単元のねらいは、時間の順序や理由付けを表す言葉に着目し、たんぽぽの様子やそのわけなどを、考えながら読むことができるようにすることである。そのためには、「二、三日たつと」「やがて」などの時間的な順序を表す言葉や、「〜からです」「〜のです」といった理由を表す言葉に着目して読むことが必要となる。子供の経験を関連付けながら、たんぽぽの様子が時間とともにどのように変化するのか、そして、どのような理由で変化していくのか、叙述に着目して読めるようにしていく。

〈教材・題材の特徴〉

　２年生の子供にとって身近な植物であるたんぽぽを題材にした説明的文章である。春になり花が咲き、その後綿毛となって種子を飛ばし、種族保存していることを、時間的順序に沿って述べている。段落冒頭に、時間の順序を表す言葉が示されていること、またそれぞれの段落でたんぽぽの様子とその理由が書かれていることから、「時間の順序を表す言葉」「理由を表す言葉」に着目しながら、子供が自分の経験とも関連付けながら興味をもって読むことができる教材である。

〈言語活動の工夫〉

　読み取ったたんぽぽのちえの中で、自分が特に賢いと思ったところを書き表し、発表し合う。それぞれの子供がどのちえを選ぶか、またどの点に着目するかには違いが出ると考えられるため、互いの考えの違いやよさを楽しみながら主体的に発表し合うことができるだろう。

　考えを書き表すときには、「賢いと思うたんぽぽのちえ」と「そのわけ」を書かせる。これまでの学習を生かして書く活動を取り入れることで、本単元で育てたい資質・能力の定着を図りたい。さらに選んだちえについて自分が思ったことを書くことで、説明的文章をただ読むだけでなく、自分の経験と文章の内容を関連付けながら読むことの楽しさを味わうことができるようにしていく。

〈ICT の効果的な活用〉

提示：教科書の QR コードを読み取り、動画でたんぽぽの様子を見ることで、より興味をもって学習に取り組めるようにする。

調査：子供が見つけた様々なたんぽぽの様子を、端末を活用して写真に撮ることにより、自分の生活経験と結び付けて文章の内容を理解したり、より興味をもって主体的に学習に取り組めるようにしたりする。撮影した写真は、第三次の自分の考えをまとめる際にも活用できる。

共有：第二次の活動において、それぞれの段落に書かれたたんぽぽの様子の挿絵をプレゼンテーションソフトを活用してまとめておき、そこに子供が読み取って共有した「たんぽぽのちえ」を書き込んだり打ち込んだりすることで、話し合いの内容を共有できるようにする。

表現：第三次の活動において、ノートやワークシートにまとめるだけでなく、プレゼンテーションソフトを用いてまとめる方法も選べるようにしておくと、子供が自らに応じた表現方法で学習を進めることができる。

たんぽぽの ちえ

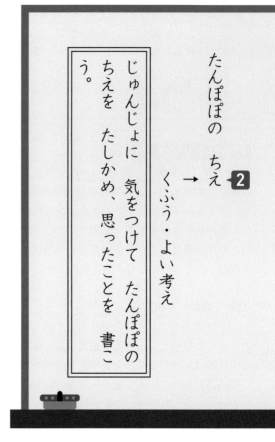

本時の目標

・たんぽぽについて知っていることや見たり触ったりした経験を話し合うことを通して、たんぽぽのちえについて興味をもち、学習の見通しをもつことができる。

本時の主な評価

・たんぽぽについて知っていることや見たり触ったりした経験を話し合うことを通して、たんぽぽのちえについて興味をもち、学習の見通しをもっている。

資料等の準備

・たんぽぽの写真のコピー（教科書の扉絵や学校や地域に生息するたんぽぽの写真）

授業の流れ ▷▷▷

1 たんぽぽの写真を見て、知っていることを発表する 〈10分〉

○本時のめあてを板書する。

○様々なたんぽぽの写真を掲示し、これまでたんぽぽを見たり触ったりした経験を想起させる。

T たんぽぽについて、何か知っていることはありますか。

・家のそばにたくさん咲いています。

・白い綿毛になって、飛んでいきます。

・綿毛を吹いて、遊んだことがあります。

○子供の発言を、たんぽぽの様子別に整理して、板書する。「様子」という言葉の意味を確認する。

ICT 端末の活用ポイント

教科書の QR コードを読み取り、動画でたんぽぽの様子を見ることで、より興味をもって学習に取り組めるようにする。

2 教師の範読を聞き、感想を書く 〈20分〉

○教材名を板書し、題名読みをする。

T 「たんぽぽのちえ」の「ちえ」とはどんな意味でしょうか。

・くふう ・よい考え ・頭がよい

・よく考える ・賢い ・頭を働かせる

T そうですね。「ちえ」には工夫やよい考えという意味があります。どんな「たんぽぽのちえ」が出てくるでしょうか。考えながら聞きましょう。

○本文を範読する。

T 「たんぽぽのちえ」について初めて知ったことや、「すごいな」と思ったことなどを書きましょう。

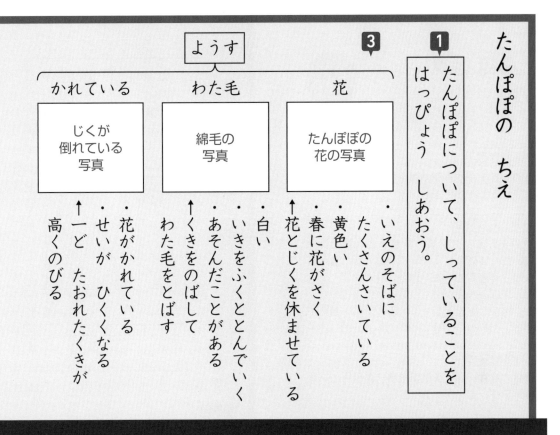

たんぽぽの　ちえ

1
たんぽぽについて、しっていることを
はっぴょう　しあおう。

3
ようす

かれている

じくが
倒れている
写真

・花がかれている
・せいが　ひくくなる
・一ど　たおれたくきが
　高くのびる

わた毛

綿毛の
写真

・わた毛をとばす
・くきをのばして
・あそんだことがある
・いきをふくととんでいく
・白い

花

たんぽぽの
花の写真

・花とじくを休ませている
・春に花がさく
・黄色い
・いえのそばに
　たくさんさいている

---

3 感想を発表し合い、
学習課題を設定する　〈15分〉

T　書いた感想を発表しましょう。

・花とじくを休ませることを初めて知りました。

・綿毛がよく飛ぶように、茎が伸びるのはすごいなと思いました。

・一度倒れた茎が、高く伸びることを初めて知りました。

○発表させた感想を、文章中に出てくる順番に板書し、「順序」を意識できるようにする。

T　いろいろなたんぽぽのちえが出てきましたね。これらのちえは順番に書いてありました。これからたんぽぽのちえを詳しく確かめて、思ったことをまとめていきましょう。

○学習課題を板書する。

様々な様子のたんぽぽを見つけて、写真を撮る

　子供が見つけた様々なたんぽぽの様子を、端末を活用して写真に撮る活動を取り入れる。そうすることで自分の生活経験と結び付けて文章の内容を理解したり、より興味をもって主体的に学習に取り組めるようにしたりする。

　撮影した写真は、学習支援ソフトにアップさせて共有したり、印刷して掲示したりすることができる。

　また、単元の終わりに自分の考えをまとめる際に活用することもできる。

たんぽぽの
ちえ

本時の目標

・語のまとまりや言葉の響きなどに気を付けて音読することができる。

本時の主な評価

❷語のまとまりや言葉の響きなどに気を付けて、たんぽぽのちえがいくつあるかに着目しながら音読している。【知・技】

❸たんぽぽのちえがいくつあるかに着目しながら、読むことを通して、内容の大体を捉えている。【思・判・表】

資料等の準備

・挿絵の絵カード（子供配布用・掲示用・プレゼンテーションソフトなど）

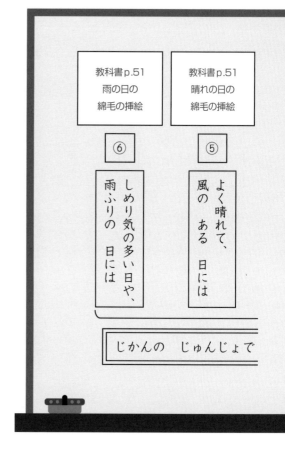

授業の流れ ▷▷▷

1 新出漢字を確認し、本文を音読する 〈10分〉

T 新しく出てきた漢字を確認しましょう。

○読み方や書き順を確認する。

○ノートやドリルに、字形を整えて書かせる。

○家庭学習を通して、定着を図る。

○本時のめあてを板書する。

T たんぽぽのちえがいくつあるかを考えながら、教科書を音読しましょう。

○学級の実態に応じて、一斉に音読したり、丸読みしたりする。

2 文章のまとまりを捉える 〈10分〉

○文章はまとまり（形式段落）ごとに1文字空けて書かれていることを確認する。

T 文章のまとまりごとに番号を付けましょう。

T 全部でいくつのまとまりに分けられましたか。

・10個のまとまりに分けられました。

○挿絵を参考にすると、まとまりが捉えやすくなることを確認する。

○1つの形式段落に1つの内容が書かれていることも確認しておく。

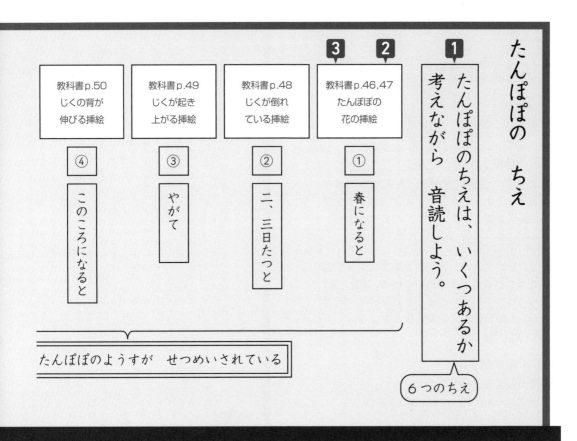

たんぽぽの　ちえ

❶ たんぽぽのちえは、いくつあるか
考えながら　音読しよう。

6つのちえ

❷ 教科書p.46,47
たんぽぽの
花の挿絵

① 春になると

❸ 教科書p.48
じくが倒れ
ている挿絵

② 二、三日たつと

教科書p.49
じくが起き
上がる挿絵

③ やがて

教科書p.50
じくの背が
伸びる挿絵

④ このころになると

たんぽぽのようすが　せつめいされている

3 たんぽぽの絵カードを並び替えて、順番を考える　〈15分〉

T　たんぽぽの様子を表している順番に挿絵カードを並び替えましょう。

○たんぽぽの絵カードのセットを配布したり、黒板に絵カードを貼り、全員で話し合いながら考えさせたりする。

○教科書を見ないで考えさせる。

T　教科書を見て、正しい順番を確認しましょう。

T　文章の中に、順番を分かりやすく表す言葉があります。どんな言葉でしょうか。

・春になると　・二、三日たつと　・やがて

・このころになると

○時間の順序を表す言葉を使って、順番にたんぽぽのちえが説明されていることに気付かせる。

4 「たんぽぽのちえ」がいくつあるか確認する　〈10分〉

T　文章のまとまりや順序を表す言葉から、たんぽぽのちえがいくつあるか確認しましょう。

○板書等で、全員で確認していくとよい。

・全部で6つのちえが書かれています。

T　次の時間から、一つ一つのちえを詳しく読み取っていきましょう。

ICT端末の活用ポイント

子供の実態によっては、プレゼンテーションソフトに、たんぽぽの様子の挿絵を貼り付け、端末上で並び替えをさせたり、順番を考えさせたりすることもできる。

たんぽぽの ちえ

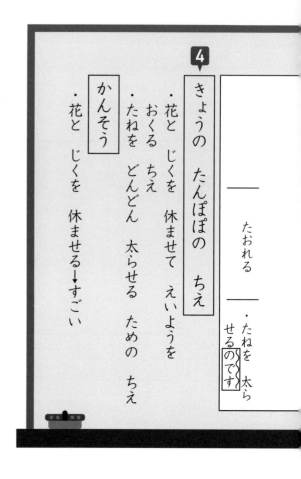

本時の目標

・第1・2・3段落を読み、たんぽぽの様子の変化とそのわけから、たんぽぽのちえを読み取ることができる。

本時の主な評価

❶たんぽぽのちえが、時間的な順序に沿って説明されていることに気付いている。【知・技】
❹たんぽぽの花やじくの様子を捉え、そのわけからたんぽぽのちえを読み取っている。
　【思・判・表】

資料等の準備

・挿絵の拡大コピー
・ワークシート①② ⬇ 08-01、08-02
・模造紙

授業の流れ ▷▷▷

1 第1段落を読み、内容を確認する 〈10分〉

T 第1段落を全員で音読しましょう。

T 「たんぽぽのちえ」では、時間や順序、たんぽぽの様子、そのわけの3つのことに気を付けて読んでいきましょう。

T 第1段落で、時間を表す言葉はどれですか。四角で囲みましょう。

・春になると

T 様子を表す言葉はどれですか。

・黄色い　・きれいな花

○様子には、色や状態など見て分かることが含まれることを確認する。

T この段落は、文章の「はじめ」の部分で、たんぽぽの紹介が書かれているのですね。

2 第2・3段落を読み、時間と様子を読み取る 〈10分〉

T 第2・3段落を音読しましょう。

T いつでも3つのことに気を付けて読んでいきます。時間を表す言葉はどれでしょうか。四角で囲みましょう。

・二、三日たつと

T 様子を表す言葉には線を引きましょう。

○「時間」「様子」「そのわけ」で線の引き方を決めておく。

○自分で考え作業した後、発表させる。

・花はしぼんで、だんだん黒っぽい色になる

・花のじくはぐったりと地面に倒れる

T 「しぼんで」「ぐったりと」はどんな様子かな。実際にやってみましょう。

○動作化で、様子を具体的にイメージさせる。

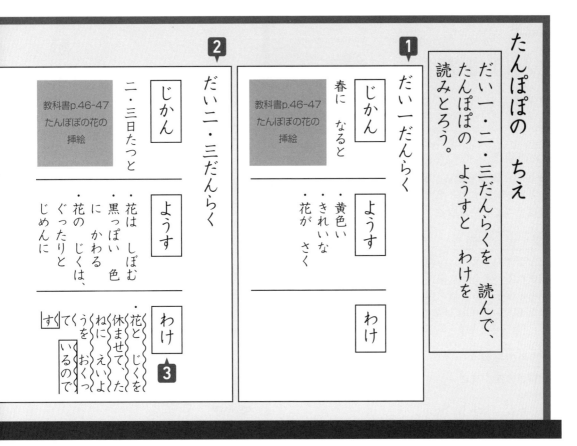

たんぽぽの ちえ

だい 一・二・三だんらくを 読んで、たんぽぽの ようすと わけを 読みとろう。

1 だい 一だんらく

じかん	ようす	わけ
春に なると	・黄色い ・きれいな ・花が さく	

教科書p.46-47
たんぽぽの花の
挿絵

2 だい 二・三だんらく

じかん	ようす	わけ
二・三日たつと	・花は しぼむ ・黒っぽい 色に かわる ・花の じくは、ぐったりと じめんに	・花と じくを 休ませて、たねに えいようを おくって ~くうを おくって ~いるので

教科書p.46-47
たんぽぽの花の
挿絵

3

---

3 たんぽぽの花のじくが 倒れたわけを考える 〈15分〉

T　じくが倒れたということは、枯れてしまったのでしょうか。

・かれていない　・「けれども」って書いてある

T　枯れていないのに、どうしてじくが倒れてしまったのでしょうか。そのわけを探して、波線を引きましょう。

○波線が引けたら、発表させる。

・花とじくをしずかに休ませて、たねにたくさんの栄養をおくっているのです。

・種をどんどん太らせるのです。

T　「そのわけ」の部分に、わけを表す大事な言葉があります。どの言葉でしょうか。

○「〜のです」がわけを表す言葉であることを確認する。

4 「たんぽぽのちえ」をまとめる 〈10分〉

T　今日のたんぽぽは、どのようなちえを働かせていましたか。「〜なちえ」という書き方でノートに書きましょう。

・花とじくを休ませるちえ

・たねをどんどん太らせるためのちえ

○自分の言葉で書けている子供を価値付ける。

T　今日のたんぽぽのちえについて、どう思いましたか。

○ノートに書かせ、発表させる。

ICT 端末の活用ポイント

模造紙に書いたり、黒板に書いたものを写真で残したりしておくことで、次回以降、学んだことを振り返りながら学習を進めることができる。板書の写真は学習支援用ソフトにアップすることで、共有できる。

たんぽぽの ちえ

本時の目標
・第4・5段落を読み、綿毛ができてくる様子と種を飛ばすことができるわけから、たんぽぽのちえを読み取ることができる。

本時の主な評価
❶たんぽぽのちえが、時間的な順序に沿って説明されていることに気付いている。【知・技】
❹綿毛の様子から、種を飛ばすことができるわけを捉え、たんぽぽのちえを読み取っている。【思・判・表】

資料等の準備
・教科書の拡大コピー
・模造紙
・ワークシート③ 08-03

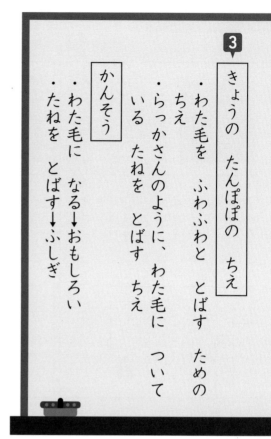

3

きょうの　たんぽぽの　ちえ

・わた毛を　ふわふわと　とばす　ための　ちえ
・らっかさんのように、わた毛に　ついて　いる　たねを　とばす　ちえ

かんそう
・わた毛に　なる→おもしろい
・たねを　とばす→ふしぎ

授業の流れ ▷▷▷

1 第4・5段落を読み、時間を読み取る 〈7分〉

T　第4・5段落を音読しましょう。
T　3つのことに気を付けて読んでいきます。「3つのこと」って何でしょう。
・「時間」「様子」「そのわけ」です。
○子供が毎時間、これらのことを意識しながら読めるようにしておく。
○前時までの学習で使用した模造紙等を掲示し、学習したことを確認できるようにする。
T　時間を表す言葉を囲みましょう。
○時間の順序を表す言葉「やがて」を押さえる。

2 第4・5段落を読み、様子を読み取る 〈8分〉

T　様子を表す言葉には線を引きましょう。
・花は　すっかり　かれて、その　あとに、白い　わた毛が　できて　きます。
・この　わた毛の　一つ一つは、　ひろがると、ちょうど　らっかさんのように　なります。
T　第5段落には、たんぽぽの綿毛の様子も説明されているのですね。
○「らっかさん」の意味を確認し、写真を見せたり実物を飛ばしたりして、具体的にイメージできるようにする。

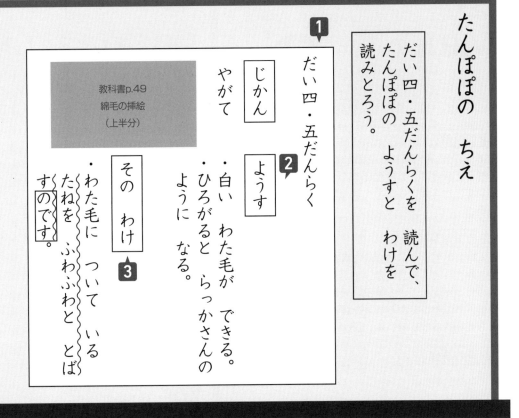

たんぽぽの　ちえ

だい四・五だんらくを　読んで、たんぽぽの　ようすと　わけを　読みとろう。

1

だい四・五だんらく

やがて

じかん

2

よう　す

・白い　わた毛が　できる。
・ひろがると　らっかさんの　ように　なる。

3

その　わけ

・わた毛に　ついて　いる　たねを　ふわふわと　とばすのです。

教科書p.49
綿毛の挿絵
（上半分）

---

3 たんぽぽが種を飛ばすことができるわけを考える 〈15分〉

T　どうして綿毛がらっかさんのようになるのでしょうか。そのわけを探して、波線を引きましょう。

○波線が引けたら、発表させる。

・わた毛についているたねを、ふわふわととばすのです。

・また「のです」と書かれています。

○前時の学習と結び付けて、理由を表す言葉を見つけられている子供を価値付ける。

T　「ふわふわと　とばす」とは、綿毛はどんなふうに飛んでいくのでしょうか。

○動作化や手で表現させたりして、具体的にイメージできるようにする。

4 「たんぽぽのちえ」をまとめる 〈15分〉

T　今日のたんぽぽは、どのようなちえを働かせていましたか。「～なちえ」という書き方でノートに書きましょう。

・綿毛に付いている種をふわふわと飛ばすためのちえ

○自分の言葉で書けている子供についても紹介し価値付ける。

T　今日の「たんぽぽのちえ」について、どこがすごいと思いましたか。

○ノートに書かせ、発表させる。

・花が枯れた後、綿毛ができるのがすごいと思いました。

・どうして種を飛ばすのか、不思議でした。

本時案

たんぽぽの ちえ

本時の目標

・第6・7段落を読み、花のじくが起き上がる様子と種を遠くまで飛ばすことができるわけから、たんぽぽのちえを読み取ることができる。

本時の主な評価

❶たんぽぽのちえが、時間的な順序に沿って説明されていることに気付いている。【知・技】

❹花のじくが立ち上がる様子から、種を遠くまで飛ばすことができるわけを捉え、たんぽぽのちえを読み取っている。【思・判・表】

資料等の準備

・挿絵の拡大コピー
・模造紙
・ワークシート④ ⤓ 08-04

（板書）

3

きょうの　たんぽぽの　ちえ

・わた毛を　とおくまで　とばす　ための　ちえ
・風が　よく　あたるように　して、たねが　とおくまで　とぶ　ための　ちえ

かんそう

・せいが　高い　ほうが、風が　よく　あたる　ことを　しって　いる→すごい・かしこい
・たねを　とおくまで　とばす→なぜだろう

授業の流れ ▷▷▷

1 第6・7段落を読み、時間と様子を読み取る 〈15分〉

T 第6・7段落を音読しましょう。

○前時までの学習で使用した模造紙等を掲示し、学習したことを確認できるようにする。

T 時間を表す言葉を囲み、様子を表す言葉には線を引きましょう。

○時間の順序を表す言葉「このころになると」を押さえる。

T 「このころ」とは詳しくいうといつのことですか。

○前時に学習した、花がすっかり枯れて、綿毛ができるころであることを確認する。

T 花のじくの様子を、実際にやってみましょう。

○動作化で、具体的にイメージできるようにする。

2 じくが起き上がり伸びるわけを読み取る 〈20分〉

T どうして、一度倒れたじくがまた起き上がって、ぐんぐん伸びていくのでしょうか。そのわけを探して、波線を引きましょう。

○「なぜ、こんなことをするのでしょう」の一文に着目させる。

○波線が引けたら、発表させる。

・せいを高くするほうが、綿毛に風がよく当たるから。

・そのほうが、たねを遠くまで飛ばすことができるから。

○理由を表す言葉「からです」に着目させる。

○綿毛に見立てた具体物や子供に風を当てることで、背が高いほうがよく風が当たることを、具体的にイメージできるようにする。

たんぽぽの ちえ

だい六・七だんらくを 読んで、たんぽぽの ようすと わけを 読みとろう。

1

だい六・七だんらく

じかん

なると

この ころに

ようす

・花の じくが おき上がる。

・せのびを するように、ぐんぐん のびて いく

教科書p.49
じくが起上がる挿絵
（全体）

そのわけ **2**

・せいを 高くする ほうが

・わた毛に 風が よく あたる

↑

たねを とおくまで とばす ことが できる から

---

3 「たんぽぽのちえ」をまとめる 〈10分〉

T 今日のたんぽぽは、どのようなちえを働かせていましたか。「〜なちえ」という書き方でノートに書きましょう。

・綿毛に付いている種を遠くまで飛ばすためのちえ

○自分の言葉で書けている子供についても紹介し価値付ける。

T 今日の「たんぽぽのちえ」について、どう思いましたか。

○ノートに書かせ、発表させる。

・本当に背が高いほうが、風がよく当たることが分かりました。

・どうして遠くまで種を飛ばすのか、不思議でした。

よりよい授業へのステップアップ

同じ構成で書かれていることを確認する

　前時までの学習と関連付けて、「時間」「様子」「そのわけ」という順番で書かれていることを押さえる。そうすることで、前の学習を生かそうとする態度の育成にもつながる。

具体物を使ってイメージさせる

　背が高いほうが、風が当たりやすいことを捉えられるように、綿毛に見立てたものに実際に風を当ててみせる。文字のみの読み取りではイメージしづらいことを、具体物を使ってイメージできるようにしたい。

本時案

たんぽぽの
ちえ

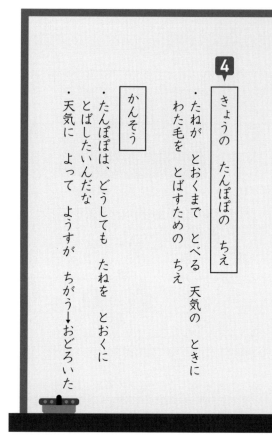

（縦書き板書）

4

きょうの　たんぽぽの　ちえ

・たねが　とおくまで　とべる　天気の　ときに
　わた毛を　とばすための　ちえ

かんそう

・たんぽぽは、どうしても　たねを　とおくに
　とばしたいんだな
・天気に　よって　ようすが　ちがう→おどろいた

本時の目標

・第8・9段落を読み、天気によって変化する綿毛の様子とそのわけから、たんぽぽのちえを読み取ることができる。

本時の主な評価

❶たんぽぽのちえが、時間的な順序に沿って説明されていることに気付いている。【知・技】
❹天気によって変化する綿毛の様子とそのわけから、たんぽぽのちえを読み取っている。【思・判・表】

資料等の準備

・挿絵の拡大コピー
・模造紙
・ワークシート⑤⑥　⬇ 08-05、08-06

授業の流れ ▷▷▷

1 第8・9段落を読み、いつのことか確認する 〈10分〉

T　第8・9段落を音読しましょう。
○前時までの学習で使用した模造紙等を掲示し、学習したことを確認できるようにする。
T　時間を表す言葉を囲みましょう。
○「よく晴れて、風のある日」「しめり気の多い日や、雨ふりの日」を押さえる。
○これまでの段落と違って、2つの天気の日のことが、対比的に書かれていることに気付かせる。

2 天気によって変化するたんぽぽの様子を読み取る 〈10分〉

T　様子を表す言葉には線を引きましょう。
○2つの天気の日のたんぽぽの様子それぞれに着目させる。
・綿毛の落下傘は、いっぱいに開いて、遠くまで飛んでいく。
・落下傘はすぼむ。
T　「いっぱいにひらいて」「すぼんで」とはどんな様子なのでしょうか。実際にやってみましょう。
○動作化や挿絵から、綿毛の様子も対比的に書かれていることに気付かせる。

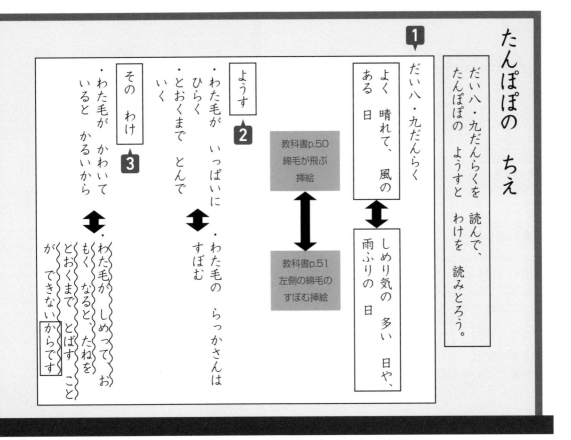

たんぽぽの ちえ

だい八・九だんらくを 読んで、たんぽぽの ようすと わけを 読みとろう。

1

だい八・九だんらく

よく 晴れて、風の ある 日

↕

しめり気の 多い 日や、雨ふりの 日

教科書p.50
綿毛が飛ぶ挿絵

⬆⬇

教科書p.51
左側の綿毛のすぼむ挿絵

2 ようす

・わた毛が いっぱいに ひらく
・とおくまで とんで いく

↕

・わた毛の らっかさんは すぼむ

3 その わけ

・わた毛が かわいて いると かるいから

↕

・わた毛が しめって おもく なると、たねを とおくまで とばす ことが できないからです

---

3 天気によって様子が
変化するわけを読み取る 〈15分〉

T どうして、天気によって綿毛の様子がちがうのでしょうか。そのわけを探して、波線を引きましょう。

○波線が引けたら、発表させる。

・綿毛がしめると重くなって、種を遠くまで飛ばすことができないから。

・そのほうが、たねを遠くまで飛ばすことができるから。

○理由を表す言葉「からです」に着目させる。

○「晴れの日」のわけは書かれていないことに気付かせる。わけを書くとしたらどう書くか、対比的な説明の仕方を手がかりにして考えさせる。

・晴れの日は、わた毛がかわいていて軽いから。

・風がわた毛によく当たるから。

4 「たんぽぽのちえ」をまとめる 〈10分〉

T 今日のたんぽぽは、どのようなちえを働かせていましたか。「～なちえ」という書き方でノートに書きましょう。

・綿毛に付いている種を遠くまで飛ばすためのちえ

・種が遠くに飛べる天気のときに飛ばすためのちえ

○自分の言葉で書けている子供についても紹介し価値付ける。

T 今日の「たんぽぽのちえ」について、どう思いましたか。

○ノートに書かせ、発表させる。

・種を遠くまで飛ばせるような仕組みになっていてすごいと思いました。

・天気によって様子が違うことに驚きました。

たんぽぽの ちえ

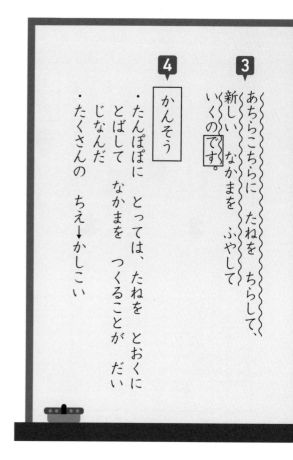

本時の目標

・第10段落を読み、たんぽぽがたくさんのちえを働かせているわけを読み取ることができる。

本時の主な評価

❶たんぽぽのちえが、時間的な順序に沿って説明されていることに気付いている。【知・技】
❹たんぽぽがたくさんのちえを働かせているわけを読み取っている。【思・判・表】

資料等の準備

・掲示用の挿絵
・これまでの授業の掲示物
・ワークシート⑦ 08-07

授業の流れ ▷▷▷

1 第10段落を読む 〈10分〉

T 第10段落を音読しましょう。
○前時までの学習で使用した模造紙等を掲示し、学習したことを確認できるようにする。
T 「このように」とは、どんな意味でしょうか。
・これまでの話のように
・「たんぽぽは、いろいろなちえをはたらかせています」と書いてあるから、これまで書いてあったちえのこと
○「このように」で、これまでの説明がまとめられていることに気付かせる。
T 第10段落のように、これまでの話を全部まとめている段落は「終わり」の段落といいます。
○これまでの学習を振り返り、「はじめ・中・終わり」の文章構成を確認する。

2 たんぽぽがどのようなちえを働かせていたか確認する 〈10分〉

T 「いろいろなちえ」とは、どんなちえでしたか。
・じくを倒して、種に栄養を送るちえ
・綿毛をつくって、種を飛ばすちえ
・綿毛に風がよく当たるように、せいを高くして種を遠くまで飛ばすちえ
・晴れの日は綿毛をいっぱいに開いて、雨の日は綿毛をすぼませるちえ
T そうですね。これまでに読んできたちえをまとめて「いろいろなちえ」と言っているのですね。
○前時までの学習で使用した模造紙や自分のノートを見返して、これまでの学習を振り返る。

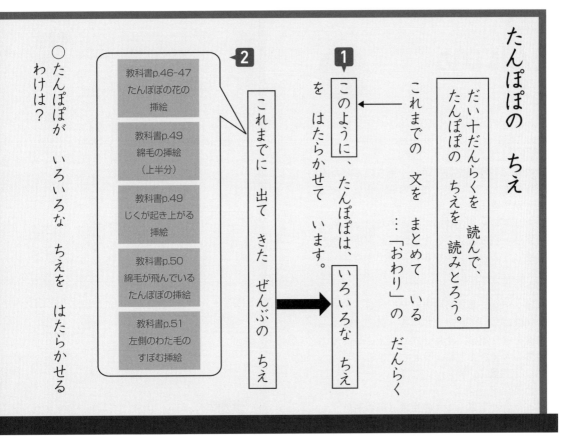

たんぽぽの　ちえ

だい十だんらくを　読んで、
たんぽぽの　ちえを　読みとろう。

1

これまでの　文を　まとめて　いる

このように、たんぽぽは、いろいろな　ちえ

を　はたらかせて　います。

…「おわり」の　だんらく

2

教科書p.46-47
たんぽぽの花の
挿絵

教科書p.49
綿毛の挿絵
（上半分）

教科書p.49
じくが起き上がる
挿絵

教科書p.50
綿毛が飛んでいる
たんぽぽの挿絵

教科書p.51
左側のわた毛の
すぼむ挿絵

これまでに　出て　きた　ぜんぶの　ちえ

いろいろな　ちえ

○たんぽぽが　いろいろな　ちえを　はたらかせる

わけは？

---

3 いろいろなちえを働かせている わけを読み取る 〈15分〉

T どうして、たんぽぽは「いろいろなちえ」
を働かせているのでしょうか。そのわけを探
して、波線を引きましょう。

○波線が引けたら、発表させる。

・あちらこちらに種を散らして、新しい仲間を
増やしていくため。

・「のです」と書いてありました。

○理由を表す言葉「のです」に着目させる。

T これまでに出てきたたんぽぽのちえは、全
部新しい仲間を増やしていくためのちえなの
ですね。

○たんぽぽがちえを働かせる理由は、新しい仲
間を増やすためであることを確認する。

4 「たんぽぽのちえ」をまとめる 〈10分〉

T たんぽぽは、どのようなちえを働かせてい
ましたか。「〜なちえ」という書き方でノー
トに書きましょう。

・新しい仲間を増やすためのちえ

・種を遠くまで飛ばして、たんぽぽを増やすた
めのちえ

○自分の言葉で書けている子供についても紹介
し価値付ける。

T これまでに学習した「たんぽぽのちえ」に
ついて、どう思いましたか。

○ノートに書かせ、発表させる。

・こんなたくさんのちえを働かせていて、頭が
いいと思った。

・たんぽぽにとっては、新しい仲間を増やすこ
とが大事なんだと分かった。

たんぽぽの ちえ

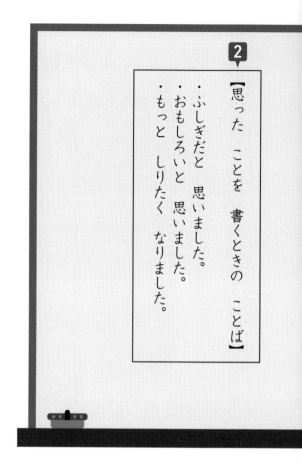

【思った ことを 書くときの ことば】
・ふしぎだと 思いました。
・おもしろいと 思いました。
・もっと しりたく なりました。

本時の目標

・これまでの学習を振り返り、読み取ったたんぽぽのちえについて、自分の考えをまとめることができる。
・たんぽぽのちえについてまとめた自分の考えを友達と読み合うことを通して、文章を読んで感じたことを共有することができる。

本時の主な評価

❶共通、相違、事柄の順序など、情報と情報との関係について理解している。【知・技】
❺学習を振り返り、たんぽぽのちえについての自分の考えをまとめようとしている。

資料等の準備

・思ったことを書くときの言葉（掲示用）
　⬇ 08–08
・ワークシート⑧ ⬇ 08–09

授業の流れ ▷▷▷

1　本時のめあてを確認する　〈8分〉

T　これまでたくさんのたんぽぽのちえを学習してきました。「時間の順序」「様子」「そのわけ」を表す言葉も、たくさん見つかりました。
○前時までの学習で使用した模造紙等を掲示し、学習したことを確認できるようにする。
○内容だけではなく、説明の仕方について学んだことも子供が意識できるようにする。
○本時のめあてを板書する。
T　たんぽぽのちえで、一番かしこいと思うところはどこですか。
○何人かに発表させ、一番賢いと思うちえは人によって違うこと、また違っていてよいことを確認する。

2　賢いと思うたんぽぽのちえについてまとめる　〈25分〉

T　たんぽぽのちえで、一番かしこいと思うところはどこですか。わけといっしょに書き抜きましょう。
T　そのちえについて自分が思ったことも書きましょう。
○教科書の「書き方のれい」を参考に、「ちえ」「わけ」「思ったこと」の順に書かせる。
○「思ったことを書くときの言葉」を確認する。
・「不思議だと思いました」「おもしろいと思いました」「もっと知りたくなりました」など。
○これまでの学習でノートに書いたことを振り返りながら書いてよいことを伝える。

たんぽぽの ちえ

1

一ばん かしこいと 思う たんぽぽの ちえ は なんだろう。じぶんの かんがえを とも だちに つたえよう。

┌─────────────┐
│ たんぽぽの ちえ │
└─────────────┘

・じくを たおす ちえ
・わた毛を とばす ちえ
・じくを のばす ちえ
・天気の いい 日に わた毛を とばす ちえ

┌──────┐
│ ちえ │
└──────┘
…かしこいと 思った ちえを 書きぬく

【まとめ方】

┌──────────┐
│ その わけ │
└──────────┘
…ちえの わけを 書きぬく

┌──────────┐
│ 思った こと │
└──────────┘
…えらんだ ちえに ついて 思った ことを 書く

多様なまとめ方を用意する

　自分の考えを、ノートやワークシートにまとめるだけでなく、プレゼンテーションソフトを用いてまとめる方法を選べるようにしておくと、子供が自らに応じた表現方法で学習を進めることができる。

　また、第1時で撮影させた、賢いと思うたんぽぽのちえと関連するたんぽぽの写真を使いながらまとめさせてもよいだろう。

---

3 書いたものを読み合い、
感想を伝え合う　〈12分〉

T　書いたものを読み合って、自分と同じ、似ている、または、違うと思ったことを伝え合いましょう。

○ペアやグループで伝え合う。伝える順番や伝え方を提示する。

・Aさんとは、賢いと思ったたんぽぽのちえが同じだった。

・私も、たんぽぽが種を飛ばすときのちえが、一番賢いと思った。

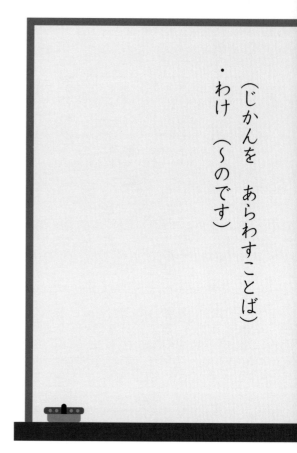

たんぽぽの　ちえ／【じょうほう】じゅんじょ

9・10／10

本時の目標

・これまでの学習を振り返り、学んだことをまとめることができる。

本時の主な評価

・これまでの学習を振り返り、学んだことを自分の考えをまとめようとしている。

資料等の準備

・特になし

授業の流れ ▷▷▷

1 教科書 p.55「じょうほう」を読む 〈第 9 時／15分〉

○本時のめあてを板書する。

T　これまで読んできた「たんぽぽのちえ」は、時間の順序で説明されてきましたね。「じゅんじょ」を考えながら読むときに大切なことを、教科書で確認しましょう。

○教科書 p.55【じょうほう】「じゅんじょ」を範読する。

T　順序には、「時間の順序」以外のものもありましたね。どんな順序がありますか。

・なにかをするときのじゅんじょ

・たいせつさのじゅんじょ

T　そうですね。文章を読むときだけではなく、話すときや聞くとき、書くときにも、順序を考えるようにしましょう。

2 順序が分かるように、話す練習をする 〈第 9 時／30分〉

T　どんな言葉を使うと、順序をうまく説明できるでしょうか。

・まず　・初めに　・次に　・その次に

・最後に

○「たんぽぽのちえ」では、時間を表す言葉が使われていたことを確認する。

T　「朝、起きてから、したこと」「給食の準備の仕方」を、順序が分かるように話しましょう。

・朝起きてまず、顔を洗います。次に…

・4 時間目が終わったら、最初に手を洗います。その次に…

○ペアやグループで、話をさせる。

たんぽぽの　ちえ

1

学んだことを　ふりかえろう。

これまでの学習で使用した掲示物
または
写真投影用のスクリーン　など

2

○せつめいする　文しょうを　読む。

・文しょうで書かれていることを　たしかめる
　↓
・だいめい・絵など
・じゅんじょがわかる　ことば

---

3 単元全体を振り返る
〈第10時／25分〉

T　これまでたくさんのたんぽぽのちえを学習
　してきました。「時間の順序」「様子」「そのわ
　け」を表す言葉も、たくさん見つかりました。
○前時までの学習で使用した模造紙等を掲示
　し、学習したことを確認できるようにする。
○内容だけではなく、説明の仕方について学ん
　だことも子供が意識できるようにする。
T　学習したことを振り返りましょう。どのよ
　うなことを学びましたか。
○教科書 p.53「ふりかえろう」に沿って、振
　り返らせる。
・「二、三日たつと」「やがて」のような時間を
　表す言葉に注目しました。
・時間を表す言葉やわけを表す言葉を使いたい
　です。

4 学習のまとめをする
〈第10時／20分〉

T　「たんぽぽのちえ」のように、何かを説明
　する文章を読むときに大切なことを確認しま
　しょう。
○教科書 p.54「たいせつ」を読む。
○学んだことを、他の文章を読んだり、自分で
　文章を書いたりするときに生かしていくこと
　を伝える。
○教科書 p.54「この本、読もう」を参考に、
　草花のちえについて書かれた本を読み、学ん
　だことを生かす。

1 第3時資料　ワークシート①　⬇ 08-01

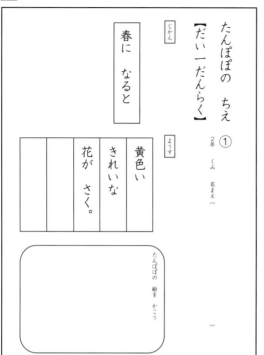

2 第3時資料　ワークシート②　⬇ 08-02

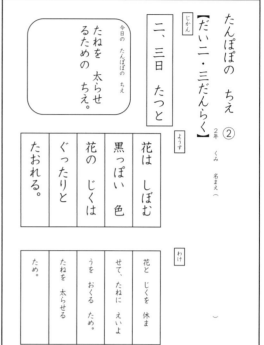

3 第4時資料　ワークシート③　⬇ 08-03

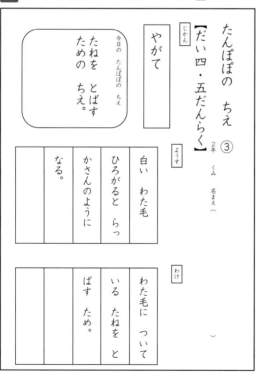

4 第5時資料　ワークシート④　⬇ 08-04

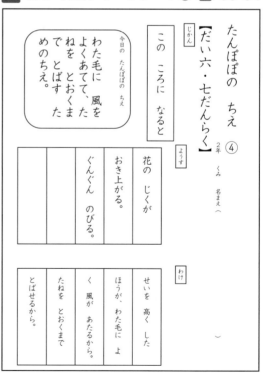

たんぽぽの ちえ 【だい八・九だんらく】　2年　くみ　名まえ（　）　⑤

【じかん】
今日の たんぽぽの ちえ
たねが とおくまで とべる天気の ときには、わた毛をとばすためのちえ。

よく 晴れて、風のある 日

【ようす】
わた毛が いっぱいにひらく。
とおくまでとんでいく。

【わけ】
わた毛がかわいているとかるいから。

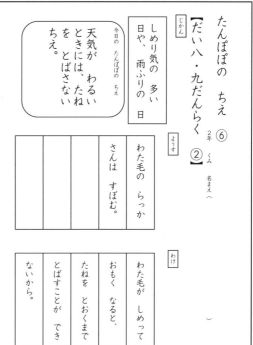

たんぽぽの ちえ 【だい八・九だんらく】　2年　くみ　名まえ（　）　⑥　②

【じかん】
今日の たんぽぽの ちえ
天気が わるい ときには、たねをとばさないちえ。

しめり気の 多い 日や、雨ふりの 日

【ようす】
わた毛の らっかさんは すぼむ。

【わけ】
わた毛が しめっておもく なると、たねを とおくまでとばすことが できないから。

たんぽぽの ちえ 【だい十だんらく】　2年　くみ　名まえ（　）　⑦

○なぜ たんぽぽは いろいろな ちえを はたらかせて いるのでしょうか。○これまでの 学しゅうの かんそうを 書きましょう。

あちらこちらに たねを とばして、あたらしい なかまを ふやしていくため。

たんぽぽは 新しい なかまを ふやす ために こんなに たくさんの ちえを はたらかせて いて あたまが いいと 思いました。

たんぽぽの ちえ　2年　くみ　名まえ（　）　⑧

○一ばん かしこいと 思う たんぽぽの ちえは なんだろう。じぶんの かんがえを 書こう。

わたしは じくを たおす ちえが、一ばん かしこいと 思います。たんぽぽは、たねの ために 花や じくを わざわざ たおして 休ませるのです。わたしは、たねの ために 花や じくを わざわざ たおして 休ませるなんて、とても たねの ことを だいじに して いるのだと わかって、おもしろいな と 思いました。

ていねいに　かんさつして、きろくしよう

かんさつ名人に　なろう　(10時間扱い)

単元の目標

知識及び技能	・身近なことを表す語句の量を増し、話や文章の中で使うことで、語彙を豊かにすることができる。((1)オ)
思考力、判断力、表現力等	・経験したことなどから書くことを見つけ、必要な事柄を集めたり確かめたりして伝えたいことを明確にすることができる。(Bア)
学びに向かう力、人間性等	・言葉がもつよさを感じるとともに、楽しんで読書をし、国語を大切にして思いや考えを伝え合おうとする。

評価規準

知識・技能	❶身近なことを表す語句の量を増し、話や文章の中で使うことで、語彙を豊かにしている。(〔知識及び技能〕(1)オ)
思考・判断・表現	❷「書くこと」において、経験したことなどから書くことを見つけ、必要な事柄を集めたり確かめたりして伝えたいことを明確にしている。(〔思考力、判断力、表現力等〕Bア)
主体的に学習に取り組む態度	❸書くために必要な事柄を進んで集めたり確かめたりして伝えたいことを明確にし、これまでの学習を生かして、観察記録文を書こうとしている。

単元の流れ

次	時	主な学習活動	評価
一	1	学習の見通しをもつ 生き物や植物を育てた経験や、生活科で書いてきた「かんさつカード」を振り返り、友達と話し合う。 「といをもとう」「もくひょう」を基に、学習課題を設定し、学習計画を立てる。 かんさつ名人になって、生きものやしょくぶつのようすをきろくする文しょうを書こう。	
二	2	「かんさつ名人のカード」とはどんな観察カードなのか、そのためにどんなことをメモしたらよいのか考える。	
	3 4 5	観察するものを決め、丁寧に観察する。観察したことをメモに書く。 メモを基に、見つけたこと、気付いたことを友達と伝え合い、より詳しくメモをする。 メモを基に、伝えたいこと、記録しておきたいことや順番を決める。	❷
	6 7	メモを基に観察記録文を書く。 何を書くか決まったら、記録文に書くときに大切なことを確認する。	❶❸
	8 9	読んだ人に伝わるように、書くこととその順序を確認したり、「かんさつしたことを書くときのことば」を参考にしたりする。 書いた文章を友達と読み合い、よいところやよく分かる書き方について伝え合う。	

三	10	学習を振り返る
		「ふりかえろう」で単元の学びを振り返るとともに、「たいせつ」「いかそう」で身に付けた力を押さえる。

授業づくりのポイント

〈単元で育てたい資質・能力〉

　本単元のねらいは、植物や動物など、身近なものを観察し、相手に伝わるように書き表せるようにすることである。具体的には、対象物をしっかりと観察し、観察したことの中から伝えたいことを決め、読んだ相手に伝わるように詳しく観察カードに書けるようにするということである。

　子供は普段から生活科の学習などで生き物や植物を飼育する経験、またそれらを観察し、カードに書くなどの活動を経験している。しかし、観察カードにおいては絵を描くことに注力してしまい、「大きくなりました。」や「きれいでした。」のように抽象的な文章になりがちである。本単元では、「かんさつ名人のカード」とはどのようなカードなのかを考えたり、詳しく観察するためのポイントを考えたりすることで、情報を整理して、言葉で書き表す力を高めていくことを目指す。

[具体例]

○第2時の「かんさつ名人のカード」とはどのようなカードなのかを考える際には、「絵が上手」とならないように、同じ絵で文章の違うカードを2種類用意し、例示する。

　Aは教科書 p.57の「かんさつするときは」にあるように、「大きさ、色、形、数、におい、さわった感じ」などが書かれた文章

　Bは抽象的な文章

　といった2種類を用意することで、子どもたちが「詳しく書く」ためには、どんな点に気を付けて観察し、メモすればよいのかを考えられるようにする。

○第3時に観察するものを決め、視点を基にメモを書く前には、観察の仕方をよりイメージさせるために、まず共通の写真を例示し、詳しい観察のためのポイントを押さえる。全員で共通の題材で観察してみることで、観察するものを表現する語句のバリエーションや量を増やし、それぞれが異なる題材で観察カードやメモを書く際にも生かせるようにする。

○第4、5時のメモを基に観察したものについて友達に伝え合う活動の際には、友達からの質問などを受けるようにさせる。メモに不足している部分に気付いたり、自分が伝えたいことの中心をはっきりさせたりすることができるだろう。伝え合う活動を行った後には、メモを書き足したり、メモの中の情報に印を付けさせたりすることで、伝えたいことや順番を決めることができるようにする。

〈ICT の効果的な活用〉

記録：端末のカメラ機能や録画機能を用いて、伝えたいことなどを画像や動画で保存しておくとよい。そのとき、「書きたい」と思ったことがどんなことだったのか後から見返したり、友達と伝え合ってよりよい表現方法を考えたりすることができる。しかし、実際に目で見たり、触れてみたりして感じたことも大切にしたいので、画像や動画ばかりを見ることがないように留意したい。

かんさつ名人に なろう

本時の目標
・これまでに書いた観察カードを見直す活動を通して、自分が工夫した点を確認したり、友達のよいカードを見つけたりすることができる。

本時の主な評価
・文章に対する感想を伝え合い、自分の文章の内容や表現のよいところを見つけている。

資料等の準備
・これまでに生活科で書いた観察カード

授業の流れ ▷▷▷

1 自分がこれまでに書いた観察カードの中から「じまんの1まい」を見つける〈10分〉

T みなさんはこれまで、生活科でたくさん観察カードを書いてきましたね。今日は、これまでに書いた観察カードの中から「じまんの1まい」を選んで、友達に伝えましょう。

○1人で選べない子供に対しては、友達にも聞いてみて考えるように促す。

○机間指導の際には、どんなところが「じまんポイント」なのか、理由を問い、この後の活動につなげるようにする。

○1枚に選びきれない場合には、無理に1枚にさせなくてもよい。

○この時点では、「絵が上手に描けている」なども許容する。

2 自分で選んだ「じまんの1まい」について、理由を説明し合う〈15分〉

T 先程選んだ「じまんの1まい」について、「なぜ、その1枚を選んだのか」「じまんポイントはどこか」を考えてノートに書きましょう。

・一番長く文章が書けたから。

・字をていねいに書いたから。

・よく見て、こまかいところも書いたから。

T グループの友達と伝え合いましょう。

○友達の発表を聞いて、さらによいところを見つけた場合は、それを伝え、追加することを促す。

・○○ちゃんの観察カードは、文章がくわしくていいね。

・○○くんのは絵がとても上手で、本物みたいだよ。

かんさつ名人に なろう

1 ○「じまんの一まい」
← りゆう
・絵がじょうずにかけているから
・長く文を書けたから

2
かんさつ名人になって、生きものや
しょくぶつのようすをきろくする文
しょうを書こう。

3 〈学しゅうけいかく〉
ポイントを知る
↓
かんさつする
↓
メモを書く
↓
かんさつカードを書く

---

3 学習課題を設定し、
学習計画を立てる　〈20分〉

T　今、それぞれの「じまんの１まい」につ
いて発表しましたが、今回の学習では、さら
にレベルアップして「かんさつ名人」になり
ましょう！
　　かんさつ名人になって生き物や植物の様子
を記録する文章を書くために、どんなことを
学ぶ必要がありますか。
・「かんさつ名人」になるためのポイントを知
らないといけないと思います。
・実際に観察カードを書いてみないと名人には
なれないと思います。
T　では今回の学習では、ポイントを知る→観
察する→メモを書く→観察カードを書くとい
う流れでいきましょう。

よりよい授業へのステップアップ

学習計画を立てる際に
　子供たちと学習計画を立てる際に
は、まずゴールを示し、そのために何
をしなければならないかを逆向きで考
えていくとよい。ゴールは「観察文を
書いて読み合うこと」としたとき、そ
れまでに何を学んでいればよいのかを
子供たちに問うことで、学習計画を立
てる必要感をもって学習に取り組むこ
とができる。低学年のうちから、教師
と共に学習計画を立てることで、中・
高学年になったときには、自分たちで
学習計画を立てたり、より主体的に学
習に取り組んだりできる。

かんさつ名人に なろう ②/⑩

本時の目標

・2種類の観察カードを比較する活動を通して、「かんさつ名人」になるためにはどのように観察して記録したらよいのか考えることができる。

本時の主な評価

・文章に対する感想を伝え合い、観察の仕方や文章の表現の仕方を考えている。

資料等の準備

・観察カードモデル文A、B ⬇ 09-01、09-02

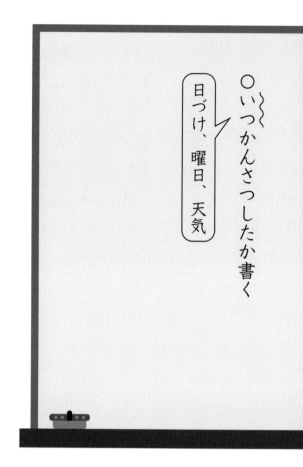

○いつかんさつしたか書く

日づけ、曜日、天気

授業の流れ ▷▷▷

1 2種類の観察カードを見比べて、「かんさつ名人」になるためのポイントを考える〈10分〉

T 今日はどんな学習を行う計画でしたか？「かんさつ名人」になるためのポイントを学習します。

○自分たちで立てた学習計画を思い起こし、見通しをもって学習に取り組めるようにする。

T 今日は2種類の観察カード例を用意しました。AとBの観察カードを見比べてみて、どちらが「かんさつ名人」だと思いますか？

○A、B2種類のカードを予め作成し、提示する。

・Bです。

T どうしてそう思うのか、ノートに書いてみましょう。

・Bの観察カードは、「ほしみたいな形」とか書いてあって、わかりやすい。

2 それぞれが考えたポイントについて共有し、まとめる 〈30分〉

T どんなことを考えましたか。まずはグループで共有してみましょう。

・私はBのほうだと思ったよ。文章がくわしくて分かりやすいからです。

・Aのほうは「きれい」と感想が書いてあるだけで、どんなかがよく分からないです。

T 「詳しく書く」とは何をどのように観察して書くことですか。

・大きさや形、色をよく見ることです。

・長さを測ったり、触ったりします。

T グループでどんな意見が出ましたか。

○グループで出た意見を全体共有し、板書する。普段発言できない子供も、グループで出たことを紹介することにより、発言しやすくなる。

かんさつ名人に　なろう

「かんさつ名人」になるためのポイントを考えよう。

1

A

ミニトマトをかんさつしました。黄色い花がいっぱいさいていました。ちょっと大きくて、とてもきれいでした。ぎざぎざしていました。

B

五月十七日（金）晴れ
ミニトマトの花をかんさつしました。
ミニトマトの花びらは、うすい黄色で、ほしみたいな形にひらいていました。後ろの方までそりかえっています。ぜんぶで八つ花がついています。大きさは三センチくらいです。さわってみると、さらさらしていました。

2

〈かんさつ名人になるためのポイント〉
○なにを（どのぶぶんを）かんさつしたか 書く
○くわしく書く
　大きさ、長さ、形、色、かず
　におい、さわったかんじ
○「〜みたい」「〜よう」とたとえて書く

---

3 次時の見通しをもつ　〈5分〉

T　次回は自分が決めたものを観察してメモに書いていきます。何を観察したいか、次回までに決めておいてください。

・生き物でもいいですか。お家からカタツムリを持ってきたい！

T　いいですよ。

○子供の意欲を高めるために、観察対象は特に指定しない。特に観察対象が思いつかない子供には、生活科で育てている植物（ミニトマトなど）や、校庭にある植物などを観察するようにアドバイスする。

よりよい授業へのステップアップ

「かんさつ名人」のポイントを考える際に

「『かんさつ名人』になるためのポイントを考えましょう。」と子供たちに漠然と投げかけてもなかなか具体的に考えにくいことが予想される。そこで、絵は同じで文章のみを変えた観察カード例を2種類提示し、比べることで、どちらがより「かんさつ名人」に近いのか、どんなことを書いている観察カードがよいのか、そのポイントを具体的に考えやすくなる。

本時案

かんさつ名人に なろう ③/10

本時の目標
・自分で決めた動植物を観察して、メモすることができる。

本時の主な評価
❷書くことを見つけ、必要な事柄を集めたり確かめたりして伝えたいことを明確にしている。【思・判・表】

資料等の準備
・前時にまとめた「観察のポイント」掲示用資料 ⬇ 09-03
・全員で観察する素材の写真や動画

右側の板書:

1

〈かんさつメモ〉
○月○日○曜日　天気　はれ
・大きさ→十センチくらい
・色→黄みどり色
・足→六本
　まえ足が太い、二つにわかれている
　ギザギザ
・かまをふりあげたらとまっていた

授業の流れ ▷▷▷

1 本時のめあてを確認する 〈15分〉

T これまでにかいた観察カードの中から「じまんの　1まい」を見つけて紹介しましょう。

○1人で見つけることが難しい子供には、隣同士の関わりを認め、友達の力を借りて、1枚を選ばせる。

○1枚に選びきれない場合は、無理にしぼらせなくてもよい。複数枚残った場合でも、「自慢のポイント」を明確にさせておく。

○見通しとして、「なぜ、その1枚を『じまんの　1まい』にしたのか、説明してもらう」ということを伝えておく。

○本時のめあてを板書する。

2 自分が選んだ素材を観察し、メモを書く 〈25分〉

T 今から自分が選んだものの観察をしましょう。

○自分で素材を持参した子供は、そのまま教室で観察させる。場所を移動し、屋外などに観察に行く子供には、教室に戻ってくる時刻を伝える。

○観察時間が25分なので、まずはメモを書き、絵は後から時間があれば描くように伝える。

○教師は、観察が始まったら1か所に留まることなく、様々な子供の観察の様子を巡視する。

○ポイントを生かしてメモを書けている子供には、「枚数をかぞえていていいね。」など具体的に声を掛け、価値付けする。

かんさつ名人に　なろう

じ分がきめたもののかんさつをして
メモしよう。

3

〈かんさつ名人になるためのポイント〉
○なにを（どのぶぶんを）かんさつしたか書く
○くわしく書く

大きさ、長さ、形、色、かず
におい、さわったかんじ
○「〜みたい」「〜よう」とたとえて書く
○いつかんさつしたか書く
日づけ、曜日、天気

共通の素材の
写真や動画

大型掲示装置などに
映す

↑

ICT等活用アイデア

観察対象をタブレットのカメラ機能や動画機能で記録しておく

　植物や生き物は、常に成長・変化している。観察対象をタブレットのカメラ機能や動画機能で撮影・録画しておくことで、後からでも、何度でも観察することができる。これは、第4時にメモを書き足す際にも活用できる。しかし、最初からタブレットで記録するのではなく、まずは自分の目でじっくり見ることや、手触りを確かめたり、匂いをかいでみたりすることなど、自身の諸感覚を使って観察させることも忘れずに指導したい。

3　自分が書いたメモとポイントを照らし合わせる　〈5分〉

T　みんな教室に揃いましたね。では、今日書いたメモが、みんながまとめた「かんさつ名人」になるためのポイントに沿って書けているか、自分で点検してみましょう。

・葉っぱはちゃんと触ってみました。細かい毛がついていてふわふわしていたことをメモに書きました。

・私は花のにおいをかいでみました。甘い匂いがするのかと思ってたけど、意外と草の匂いが強かったんだ。

・ちゃんと花びらの大きさをものさしで測ったよ。「十センチくらい」と数字を使ってくわしく書きました。

かんさつ名人に なろう

本時の目標

・観察してメモしたことを基に、見つけたことや気付いたことを、友達と話す活動を通して、情報を確認したり修正したりすることができる。

本時の主な評価

❷観察カードを書くために、必要な事柄を集めたり確かめたりして、書きたいことを明確にしている。【思・判・表】

資料等の準備

・第2時にまとめた「観察のポイント」掲示用資料 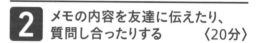 09-03

③

② ともだちからしつもんしてもらう
（もっと知りたいこと）

③ じぶんのメモを見なおす

④ 書きたしたり、もう一どかんさつしたりする

授業の流れ ▷▷▷

1 前回自分が書いたメモの内容を振り返る 〈5分〉

T 前の時間は、自分で選んだ生き物や植物の観察をして、メモを書きましたね。今日はメモの内容を友達と伝え合い、さらによいものにしていきましょう。

　まずは、自分で書いたメモの内容を振り返ってみましょう。どうしたらさらによいものになるでしょうか。

・友達のメモに「こういうことも足したら？」とアドバイスしてあげるといいと思います。

・友達のメモを見て、上手だなと思う書き方は真似するといいと思います。

・もっと知りたいことは質問したらいいと思います。

○本時のめあてを板書する。

2 メモの内容を友達に伝えたり、質問し合ったりする 〈20分〉

T 自分のメモに書いた、観察して気付いたことや分かったことを友達に伝えましょう。

○学級の実態にもよるが、基本的には相手は特に指定せず、できるだけ多くの友達と交流することを目的としたい。友達関係などが気になる場合は班や意図的なグループ編成などを工夫したい。

○よいところを認めたり、アドバイスしたり、「もっと知りたいと思ったこと」について質問するように促す。また、友達に伝える際には、メモを書くときにどのように書けばいいか困ったり悩んだりしたところについて、友達にアドバイスを求めることも促したい。

かんさつ名人に なろう

1
メモのないようをともだちにつたえたり、しつもんしたりして、よりよいものにしよう。

〈かんさつ名人になるためのポイント〉
○なにを（どのぶぶんを）かんさつしたか書く
○くわしく書く

大きさ、長さ、形、色、かず
におい、さわったかんじ

○「～みたい」「～よう」とたとえて書く
○いつかんさつしたか書く

日づけ、曜日、天気

2
① メモに書いたことをつたえる
（かんさつして気づいたこと・わかったこと）→

---

3 自分のメモを振り返り、書き足すことなどがあればもう一度観察する 〈20分〉

T 友達と交流してみて、どうでしたか？
・○○ちゃんが「きゅうりみたいなにおいがしました。」って書いていてとてもおもしろいと思いました。私もどんな匂いなのか、もう一度確かめてみたいと思いました。

T では、今アドバイスされたり、気付いたりしたことを基に、もう少し書き足したいことがあれば、もう一度観察してメモしましょう。「これで完璧！」という人は、観察したものの絵を描きましょう。

T 次の授業では、今アドバイスや質問をされたことを基に、実際に観察カードに何を、どんな順番で書くか考えましょう。

ICT 端末の活用ポイント
前回撮影した写真や映像を見返しながら観察の続きをしたり、絵を描いたりする。

よりよい授業へのステップアップ

学習形態について
　友達と意見交流や情報交換をする際に、どのような形態で行うか、工夫することでよりよい交流となる。
　一対一で関わらせたいときは、教室で机・椅子はそのままで人が動いて行うとよい。グループをつくりたいときは、机を移動して行うのもよいが、多目的ルームなど、自由に移動できる教室で行うのもよい。机がない場合は、バインダー式のボードを持たせて下敷き代わりにするのもよい。
　学級の人間関係を考慮して決めるとよい。

かんさつ名人に なろう

本時の目標
・友達との交流で得たことを基に「かんさつ
　カード」に書く内容や順番を考えることがで
　きる。

本時の主な評価
❷観察カードを書くために、必要な事柄を集め
　たり、確かめたりして、書きたいことを明確
　にしている。【思・判・表】

資料等の準備
・第2時にまとめた「観察のポイント」掲示
　用資料 ⤓ 09-03
・かんさつカード ⤓ 09-04

授業の流れ ▷▷▷

1 前時に交流して書き足したメモの情報を振り返る 〈5分〉

○本時のめあてを板書する。

T　前回どんなことをメモに書き足しました
　か。

・Aくんのを見て、ミニトマトの実の匂いもか
　いでみようと思い、「青いからか、まだトマ
　トのにおいはしませんでした。」とメモに書
　き足しました。

・Bちゃんから「葉っぱの手触りはどんなだっ
　たの？」と質問されたから、触ってみたらふ
　わふわだった。それをメモに付け足しまし
　た。

2 第2時で行った「かんさつ名人」のポイントを振り返る 〈10分〉

T　これからこのメモを基に、観察文を書いて
　いきますが、どんなポイントがありました
　か？

・最初に観察した日付や曜日、天気を書く。

・「花は」とか「実は」みたいに、どこに注目
　したのかをちゃんと書く。

・「〜みたいな」とか「〜のような」のように
　例えて書く。

・様子や動きを詳しく書く。

○子供が発言した後に、第2時でまとめた
　「観察のポイント」掲示用資料を黒板に貼
　り、不足していることがあれば思い起こさせ
　る。

かんさつ名人に なろう

1 かんさつカードに書くないようや じゅんばんをきめよう。

2 〈かんさつ名人になるためのポイント〉
○なにを（どのぶぶんを）かんさつしたか書く
○くわしく書く
　大きさ、長さ、形、色、かず
　におい、さわったかんじ
○「〜みたい」「〜よう」とたとえて書く
○いつかんさつしたか書く
　日づけ、曜日、天気

3 ○かんさつカードに…
　①なにを書くか？
　②どんなじゅんばんで書くか？

3 自分の観察カードに書く事柄や順番を決める 〈30分〉

T 　今思い出したポイントを生かして、これから観察カードを書いていきますが、みんながメモしてきたことを全部文にしたほうがよいでしょうか？

・すごくたくさんメモを書いたから、全部書くと、何が言いたいのか分からなくなっちゃいそうです。

T 　ではどれを書くか、どんな順番で書くかを決めましょう。

○自分が書いたメモに、丸を付けたり、書く順番を数字で示したりさせる。

T 　次の授業では、今回決めたことを基に、いよいよ清書を書いていきます。

よりよい授業へのステップアップ

観察カードに書く事柄や順番を決める際に

　1人で観察カードに書く事柄や順番を決められない子供もいるだろう。教師が机間指導の際に、「ここを中心にしたら？」などとアドバイスをするのはもちろんだが、近くの友達などに相談することも積極的にさせていきたい。「書く」活動には、必ず読む相手がいる。その読む相手にとって分かりやすい内容・順番になっているか、友達との対話を通して少しでも考えられるとよい。

かんさつ名人に なろう 6/10

本時の目標
・観察したことや、友達との交流で得たことを「かんさつカード」に書くことができる。

本時の主な評価
❶観察したことや、友達との交流で得たことを様々な言葉で表現し、語彙を豊かにしている。【知・技】
❸書くために必要な事柄を進んで集めたり確かめたりして伝えたいことを明確にし、これまでの学習を生かして、観察記録文を書こうとしている。【態度】

資料等の準備
・第2時で提示した観察カードB ⬇ 09-02
・第2時にまとめた「観察のポイント」掲示用資料 ⬇ 09-03
・かんさつカード ⬇ 09-04

＊まずは文から書く

授業の流れ ▷▷▷

1 自分の観察カードに書く事柄や順序を確認する 〈10分〉

T いよいよ今日は観察したことや、友達との情報交換で書き足したことを観察カードに書きます。書くときのポイントや、書く内容・順番を確かめましょう。
○本時のめあてを板書する。
○見本として、第2時に示したかんさつカードBを掲示する。
T まずは文章から書き始めて、絵はあとから描くようにしましょう。
○次回、書けたところまで友達と読み合う活動を行うことから、文章から取り組むようにさせる。

2 実際に観察カードを書く 〈30分〉

T 今から観察カードを書きましょう。
○文章を書き終わった子供は、絵を描くように促す。
・○月○日 ○曜日 天気 はれ
カタツムリが食じをしているようすをかんさつしました。置いたえさはにんじんです。
カタツムリはくびをキリンみたいに思い切りのばして、にんじんの上に行きました。
かおを右や左に動かしながら食べていました。食べている間、つのがあちこちに動いていました。よく耳をすますとゴリゴリにんじんをかむ音が聞こえました。

かんさつ名人に なろう

❶

「かんさつ名人」のポイントに気をつけて、かんさつカードを書こう。

〈かんさつ名人になるためのポイント〉

○なにを（どのぶぶんを）かんさつしたか書く

○くわしく書く

大きさ、長さ、形、色、かず

におい、さわったかんじ

○「～みたい」「～よう」とたとえて書く

○いつかんさつしたか書く

日づけ、曜日、天気

第2時で提示した
かんさつカードB

---

3 観察カードを見直す　〈5分〉

T　みんなとてもよく頑張って観察カードを書きましたね。字の間違いや、絵で書き忘れたことなどありませんか。

・文章の最後に丸を付け忘れているところがありました。

・もう少し葉っぱの色は濃くしっかり塗っておきたいです。

T　確かめられたら観察カードを回収します。

○2年生の推敲の能力はまだまだ低く、そうそう自分で間違いに気付いて直せるものではない。ここではそういう「推敲」をさせるというよりは、自分で気付ける範囲のことで十分である。

よりよい授業へのステップアップ

子供のやる気と集中力を引き出すために

　子供が観察カードを書いている間、教師は机間指導を行いながら「葉っぱの形を『手のひらみたい』と書いているのがおもしろいね」「ちゃんと日付や曜日、天気から書き始めているね」など価値付けるようにする。よくできている子供を褒めてモデリングすることで、他の子供のやる気も高まる。集中力が切れてしまった子供や飽きてしまう子供にとっても、注意をされるよりも、「褒められたい」という前向きな気持ちで学習に取り組めるようにする。

本時案

かんさつ名人に なろう 7/10

本時の目標

・友達と観察カードを読み合い、よいところや質問したいことを交流することができる。

本時の主な評価

❶観察したことや、友達との交流で得たことを様々な言葉で表現し、語彙を豊かにしている。【知・技】

❸書くために必要な事柄を進んで集めたり確かめたりして伝えたいことを明確にし、これまでの学習を生かして、観察記録文を書こうとしている。【態度】

資料等の準備

・第2時にまとめた「観察のポイント」掲示用資料 ⤓ 09-03
・青と赤の2色の付箋紙（75mm×75mm）
・かんさつカード ⤓ 09-04

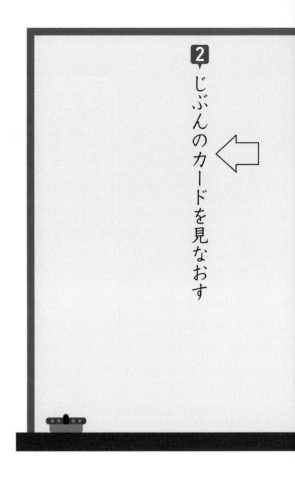

② じぶんのカードを見なおす

授業の流れ ▷▷▷

1 友達と観察カードを読み合い、よいところやアドバイスを伝え合う 〈20分〉

T　友達のかいた観察カードを読み合いましょう。

○本時のめあてを板書する。

○自分の観察カードを机に置かせ、友達のものを読む。青い付箋紙に「よいところ」、赤い付箋紙に「カードを読んで質問したいこと」を書かせる。

○誰からも付箋紙がもらえない子供が出ないように、まずは隣同士で書き合うが、それ以降は自由に交流させる。

○教師も机間指導をしながら付箋紙にコメントを書き、評価を行うことで、子供たちがこのあと書き足したり書き直したりできるようにする（授業外で行なっておくのももちろんよい）。

2 友達からのアドバイスを基に自分の観察カードを見直す 〈20分〉

T　友達からもらった付箋紙を基に、書き足すことや書き換えることを考えましょう。その後、観察カードの絵を仕上げましょう。

・夏みかんの大きさを「手くらいの大きさ」って書いたけど、確かに手のひらか、グーかは分からないよね。もう一度考えてみようかな。

○子供が自ら「もう少し書き足したり書き直したりしたい」と思えるように、質問が来たことを価値付ける。

ICT端末の活用ポイント

観察カードを写真に撮らせ、授業支援ソフトにアップさせるのもよい。入力に慣れていれば、付箋紙ではなく、コメント機能などでよいことを伝える。教師もあとからコメントを把握しやすい。

かんさつ名人に　なろう

1 かんさつカードを読んで、よいところやアドバイスをつたえあおう。

〈かんさつ名人になるためのポイント〉
- なにを（どのぶぶんを）かんさつしたか書く
- くわしく書く
  - 大きさ、長さ、形、色、かず
  - におい、さわったかんじ
- 「〜みたい」「〜よう」とたとえて書く
- いつかんさつしたか書く
  - 日づけ、曜日、天気

よいところ　名まえ

しつもん
したいこと　名まえ

青いふせん紙と赤いふせん紙に書く内容がちがうのでチョークで色分けして視覚的に分かりやすくする

---

3 次回への見通しをもつ　〈5分〉

T　友達のカードを見たり、友達からコメントや質問をもらったりしてどうでしたか。

・みんな最初の授業で見た観察カードに比べて詳しく観察できていて、「かんさつ名人」に近づいたと思います。

・ぼくはＡくんからもらった質問で、まだ詳しさが足りないと思いました。

・私も最初は「もう完璧！」と思っていたんだけど、Ｂさんのカードをみたら上手に例えて書いていたから、自分もそうやって書きたいと思いました。

T　次回は清書をしましょう。観察カードを仕上げましょう。

よりよい授業へのステップアップ

下書き→推敲→清書の流れについて

　子供たちにとって、何度も見直しをして自己点検を行なったり、友達からの意見によって書くことを足したり変えたりしながら観察カードを書く経験は初めてであり、戸惑うことも考えられる。そんなときには、書き加えたり、書き直したりすることが「かんさつ名人」に近付くことにつながることを価値付けたい。その上で清書する必要があるのか、あるとしたらどのように行えばよいのか自分自身で考えたり、決めたりできるように促す。

かんさつ名人に なろう

本時の目標
・自分自身の反省や友達からの助言を生かして、観察カードの清書をすることができる。

本時の主な評価
・進んで、自己の反省や友達からの助言を生かして、観察カードの清書をしようとしている。

資料等の準備
・かんさつカード　⬇ 09-04
・清書チェック表　⬇ 09-05

せい書チェックひょう

09-05
実際の紙面
ここに入れる

授業の流れ ▷▷▷

1 清書するときに気を付けることを確認する 〈5分〉

○本時のめあてを板書する。

T　今日の自分の行動を確認しましょう。

①：清書はしなくてよい
　→2枚目の観察カードを書きたい子供は新しい観察カードを渡す。
　そうでない子供は新出漢字の学習や読書など、ほかの国語の学習に取り組ませる。

②-1：絵の部分のみ書き足す、修正する
　→新しい観察カードの絵の部分に書かせ、切って貼らせる。

②-2：文章部分のみ書き換える
　→新しい観察カードの文章の部分に書かせ、切って貼らせる。

③：すべて書き換える
　→新しい観察カードを渡す。

2 観察カードの清書を行う 〈35分〉

T　自分が選んだ活動に取り組みましょう。

○「清書が完成した」という子供には、チェック表を渡して自己評価、自己点検させる。その後、教師もチェックする。

○終了時刻よりも早く清書が完成した子供はAの子と同じように学習させる。

○2枚目の観察カードを書きたい子供に対しては、この1時間で完成させることや、教室に戻ってくる時刻などを伝える。その際、安全指導やルールの確認なども行う。

かんさつ名人に　なろう

1

かんさつカードのせい書をしよう。

① 絵も文もかんぺき！
　↓せい書チェック
　二まい目のかんさつカード、かん字の
　学しゅう、読書

② 絵 文
　↑
　だけせい書する
　↓新しいかんさつカードに
　せい書する

　↓文、絵、りょう方せい書する
　③ 文、絵、りょう方せい書する
　↓新しいかんさつカードに書く
　絵 文 だけ
　書いて、きってはる

2

せい書がおわったら…

せい書チェックひょうでチェック
してから（もう一ど読んでから）

---

3 次回への見通しをもつ　〈5分〉

T　どこまでできましたか。確認しましょう。
○本時で完成したかどうか、確認する。
・1枚目の観察カードの清書が終わりました。
・ていねいな字で書くことができました。
・くわしく書くことができました。
　お家の人に読んでもらいたい。

よりよい授業へのステップアップ

自己評価・自己点検

　あくまで「自己」によるものなので、全員が完璧に自己評価できるとは限らない。

　特に①を選択した子供は「書き直すのが面倒だから」という理由で選んでいる可能性もあるので、その場合は「ここはもう少し書き足したら、もっと『かんさつ名人』に近づくと思うんだけどどうかな？」と教師からのフィードバックを行い、改めて活動を選択させるようにしたい（しかし無理強いはしない）。

かんさつ名人に なろう

本時の目標

・「観察カード交流会」で友達のカードのよい
ところを見つけて伝えることができる。

本時の主な評価

・友達の観察カードを見て、第7時のときの
カードと比べてよいところを見つけて伝えて
いる。

・進んで、友達の観察カードを見てよいところ
を見つけようとしている。また、前回の観察
カードと比較してよいところを見つけようと
している。

資料等の準備

・付箋紙（75mm×75mm のもの）

授業の流れ ▷▷▷

1 本時のめあてを確認する 〈5分〉

○本時のめあてを板書する。

T　みんなが清書した観察カードを見合って、
よいところを伝え合いましょう。

　　よいところや、前回やこれまでの観察カー
ドと比べてよくなったところを付箋に書いて
貼ってあげましょう。

○第4時と同様に、学級の実態にもよるが、
基本的には相手は特に指定せず、できるだけ
多くの友達と交流することを目的としたい。
しかし、誰からも付箋紙をもらえない子供が
出ないように、「一番初めは隣の人と」など
と指定しておくとよい。

○できれば、これまでに書いたメモや観察カー
ドと比較してよいところを伝えるように促
す。

2 観察カード交流会を行う 〈35分〉

T　では、友達のカードを見て、よいところや
よくなったところをたくさん伝えましょう。

・Aちゃんは、メモのときは大きさと形しか書
いていなかったけど、清書では色について書
いていたね。「赤と黄色が混ざった色」と書
いているのが、詳しくていいなと思ったよ。

・Bくんはこれまでの観察カードと比べて絵を
大きく描くようにしたんだね。くっきりはっ
きり書いてあるから、どんな葉っぱの形なの
かよく分かるよ。

○自分の席に観察カードを置き、友達の観察
カードを見て、付箋紙によいところを書いて
貼るようにさせる。友達が書いている付箋紙
を見ることで、どんな点に着目してよいとこ
ろを見つければよいか分かるようになる。

かんさつ名人に　なろう

1
かんさつカードこうりゅうかいで
ともだちのよいところをつたえよう。

2

名前	よいところ

これまでに書いたメモや
かんさつカードとくらべて
よいところ・よくなった
ところを書く

↑
かんさつカード

---

3 次回への見通しをもつ 〈5分〉

T 友達と交流してみて、どんなことを感じま
したか。

・自分が意識して書いた部分を褒めてもらえて
うれしかったです。

・Cくんの観察カードがすごく分かりやすく
なっていて驚きました。私も「〜みたい」と
いう例える言葉をたくさん使って分かりやす
くしたいなと思いました。

T 次回は、「かんさつ名人」になるために大
切なことはなんだったのかや、この学習でど
んなことができるようになったのかを振り返
りましょう。

よりよい授業へのステップアップ

**友達の観察カードのよいところを見つ
けて伝える**

　友達の観察カードを見て、よいとこ
ろを伝える際には、「字がきれい」「絵
が上手」などとならないように留意す
る。これまで学んできたポイントや意
識してきたことに触れ、それと照らし
合わせることで、抽象的な内容ではな
く、より具体的な内容になるだろう。
また、よいところを見つけて書く際に
は、付箋紙を用いる。書くことが苦手
な子供にとっても、「短い内容でいい」
と心理的な負担を減らせるだろう。

かんさつ名人になろう

本時の目標

- 単元全体を振り返り、「かんさつ名人」になるために大切なことをまとめることを通して、今後の学習への意欲を高めることができる。

本時の主な評価

- 進んで、「かんさつ名人」になるために大切なことを見つけて発言しようとしている。

資料等の準備

- ふりかえりワークシート　09-06

[板書]

③

☆ふりかえり

① ようすやうごきをくわしく書くとき、どんなことばをつかいましたか。

② どんなところを、ていねいにかんさつしましたか。

③ ともだちの文しょうを読んで、まねしたいと思ったところはどこですか。

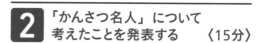

授業の流れ ▷▷▷

1 「かんさつ名人」に大切なことを各自整理する 〈10分〉

- ○「かんさつ名人」になるために大切なことを考え、ふりかえりワークシートに書く。
- ○なかなか書くことができない子供に対しては、「観察するとき、メモするとき、文を書くとき、それぞれどんなことに気を付けてきたかな？」と補助発問を投げかける。
- T 「かんさつ名人」になるために大切なことはなんでしたか？
- ・大きさや色、形などをよく見て、何かに例えたり、詳しく書いたりすることが大切だと思いました。
- ・いつ観察したかを書くこと。いつ観察したかを書いておくと、どれくらいの間に変わったのかがよく分かるから。

2 「かんさつ名人」について考えたことを発表する 〈15分〉

- T 今学習シートに書いたことをみんなに向けて発表しましょう。
- ・「かんさつ名人」になるために大切なことは、葉っぱの数を数えたり、長さを測ったりすることだと思いました。あと、実際に触ってみたり、匂いをかいでみたりして、具体的に書くことが大切でした。
- ・「かんさつ名人」には、ただ観察したことを書くだけじゃなくて、「〜みたい」とか「ようだ」とか他のものに例えて書くことが大切だと思いました。そうやって書くと、どんなだったのかよく分かったからです。

かんさつ名人に　なろう

1
「かんさつ名人」になるために大せ
つなことはなにか考えよう。

○「かんさつ名人」になるために大せつな
こと

2
①くわしくかんさつする
　↱ちゅうもくするところをきめる
○大きさ、長さ、おもさ、形、色、かず
○さわってみたり、においをかいでみた
　りする

②くわしく書く　⇦
○「～みたい」「～よう」たとえをつかう
○書きたいことの中心、じゅんばんを考
　える

---

3 単元全体を振り返って、
自分の学びを確認する　〈20分〉

T　自分の学びを振り返って書きましょう。
○ p.61の「ふりかえろう」を生かして、次の
　3つについて記入させる。
①ようすやうごきをくわしく書くとき、どんな
　ことばをつかいましたか。
②どんなところを、ていねいにかんさつしまし
　たか。
③ともだちの文しょうを読んで、まねしたいと
　思ったところはどこですか。
○「かんさつ名人」に大切なことについて考え
　たことや、全体共有して友達の意見を聞いた
　ことをつなげたり、生かしたりしながら書く
　ように促す。

よりよい授業へのステップアップ

「かんさつ名人」について具体的に観点
をしぼって振り返る

　「『かんさつ名人』になるために大切
なことはどんなことでしょう？」と問
われてもなかなか考えられない子供が
いる。漠然とし過ぎた質問だと、焦点
化して考えることができない。そんな
ときには、「観察するときに大切なこと
は？」「メモするときは、どんなことに
気を付けた？」「清書したときはどう
だったかな？」と学習してきたステッ
プを分けて思い起こさせることで、自
分が意識してきたことや学んできたこ
とを振り返ることができるであろう。

1 第２時資料　かんさつカード例　A ⬇ **09-01**　B ⬇ **09-02**

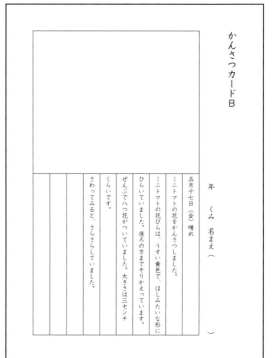

かんさつカードA

年　　くみ　名まえ（　　　　　　）

ミニトマトをかんさつしました。

黄色い花がいっぱいさいていました。

ちょっと大きくて、とてもきれいでした。

ぎざぎざしていました。

かんさつカードB

年　　くみ　名まえ（　　　　　　）

五月十七日（金）晴れ

ミニトマトの花をかんさつしました。

ミニトマトの花びらは、うすい黄色で、ほしみたいな形に

ひらいていました。後ろの方までそりかえっています。

ぜんぶで八つ花がついていました。大きさは三センチ

くらいです。

さわってみると、さらさらしていました。

2 第５時・第６時・第７時・第８時資料　観察カード ⬇ **09-04**

かんさつカード

年　　くみ　名まえ（　　　　　　　　　　）

3 第8時資料　清書チェック表　⤓ **09-05**

かんさつカード　せいしょチェックひょう

き　くみ　名まえ（　　　　　　　　　　）

☆「できた　チェック」から　○を　書いて。

字の　書きまちがいが　ないか、センテンス、てんなどの　書きなおしは　ありませんか。	
文の　おわりの「。」は　わすれずに　書いて　ありますか。	
絵は　ちゃんと　かけましたか。こころの　ぬけは　わすれては　いませんか。	
センテンス、みんなに　見て　もらいますが　かんさつ　こころ　すか。	

4 第10時資料　振り返りワークシート　⤓ **09-06**

ふりかえり

年　くみ　名前（　　　　　）

○「かんさつ名人」になるために大切だと思うこと

①ようすやうごきをくわしく書くとき、どんなことばをつかいましたか。

②どんなところをていねいにかんさつしましたか。

③友だちの文しょうをよんで、まねしたいと思ったところ

いなばの　白うさぎ　（2時間扱い）

単元の目標

知識及び技能	・昔話や神話などの読み聞かせを聞き、我が国の伝統的な言語文化に親しむことができる。（(3)ア）
学びに向かう力、人間性等	・言葉がもつよさを感じるとともに、楽しんで読書をし、国語を大切にして、思いや考えを伝え合おうとする。

評価規準

知識・技能	❶昔話や神話の読み聞かせを聞き、我が国の伝統的な言語文化に親しんでいる。（〔知識及び技能〕(3)ア）
主体的に学習に取り組む態度	❷進んで、昔話や神話の読み聞かせを聞き、これまでの学習を生かして感想を伝えようとしている。

単元の流れ

時	主な学習活動	評価
1	学習の見通しをもつ 今までに聞いたり、読んだりした昔話や神話・伝承について出し合う。 学習課題を設定する。 むかしばなしを聞いて、かんそうを　はっぴょうしよう。 題名や挿絵から話の内容を想像して、発表する。 「いなばの白うさぎ」の読み聞かせを聞く。 登場人物や出来事、結末など話の内容の大体を捉え、感想を伝え合う。	❷
2	「この本、読もう」を参考に、自分で選んだ日本の昔話や神話・伝承を聞いたり、読んだりする。 「お気に入りカード」の書き方を確かめて、カードに感想をまとめる。 学習を振り返る 「お気に入りカード」を読み合い、学習の振り返りを行う。	❶

授業づくりのポイント

〈単元で育てたい資質・能力〉

　本単元のねらいは、昔話や神話・伝承の話のおもしろさや独特の言い回しなどに気付きながら、楽しさを実感して親しむ力を育むことである。そのためには、挿絵を見ながら読み聞かせを聞き、登場人物の行動を追いつつ、場面の様子を想像したり、結末を捉えたりする力が必要となる。そこで、物語の展開を確かめる際、「だれが・どうして・どうなった」話なのかを挿絵を活用してしっかりと押さえながら、子供がイメージをもてるようにしたい。また、自分で選んだ話の感想を交流することで、様々な昔話や神話・伝承に親しめるようにする。

〈教材・題材の特徴〉

　作品は、白うさぎの語り部分を挟んだ3つの場面からできている。教科書の挿絵も、3つの場面に対応して描かれている。挿絵を基に話し合うことは、子供の読み聞かせの導入となるとともに、読み聞かせ後に、登場人物や大まかなあらすじを読み取る際の手立てとなる。

　また、サメのことを指す「わに」などのように伝承文学特有の言い回しがある。このような場合は説明を加え、話を想像するときの妨げにならないように配慮する。

〈言語活動の工夫〉

　読み聞かせを聞いて、内容や感想などを伝え合う活動を設定する。

　第1時では、「いなばの白うさぎ」の読み聞かせを聞いた後に登場人物とあらすじを捉え、お気に入りの場面を発表し合う。

　第2時では、自分で選んだ昔話や神話・伝承を聞いたり、読んだりして、「お気に入りカード」を書き、紹介し合う。選書については、教師側である程度の数に絞ることで、子供同士の交流がしやすくなる。あらかじめ図書の時間や休憩時間を利用して行っておくとよい。「お気に入りカード」を書く際には、同じ話を選んだ子供同士であらすじを確認したり、お気に入りの場面を交流したりしながら対話的に学習を進められるようにする。

[具体例]
○感想を発表する際、「…の場面から〜と思いました。」「○○が…するところから、〜と感じました。」のように、感想の話し方や書き方の例示を示すと、どのように感想を言えばよいのかが分かり、全員が発表できる。
○「お気に入りカード」には、「いなばの白うさぎ」で学習したことを生かして、「題名」「絵」「登場人物」「出来事」「気に入ったところ」を書くようにする。

〈ICTの効果的な活用〉

調査：子供が、第2時で昔話や神話・伝承を一人一人選ぶ際、絵本を読むだけでなく、ICT端末の検索機能を用いて開いた読み聞かせの動画を聞くことも選択できるようにする。その際、視聴する動画についても、教師が事前にいくつかの動画を選び、QRコードなどを作成して簡単に示したり閲覧したりできるようにするとよい。

記録：「お気に入りカード」は、端末のプレゼンテーションソフトや文書作成ソフトを用いてデジタル上で作成するとよい。挿入する絵を、写真撮影機能を用いて画像として取り込むと、絵を描く時間の短縮を図ることができる。また、あらすじや感想を書く際、端末での文字入力について難しさを感じている子供には、紙のワークシートに鉛筆で書いたものを写真撮影機能で画像として挿入したり、録音機能を用いて音声を文字化して挿入したりする方法を示し、子供が選択できるようにするとよい。

共有：作成した「お気に入りカード」は、チャット上などにアップロードして共有するとよい。子供同士の交流の機会が増し、学習後の読書の広がりが期待できる。

いなばの白うさぎ

1/2

本時の目標

・進んで「いなばの白うさぎ」の読み聞かせを聞き、感想を伝え合うことができる。

本時の主な評価

❷「いなばの白うさぎ」の読み聞かせを聞き、これまでの学習を生かして感想を伝えようとしている。【態度】

・進んで「いなばの白うさぎ」の読み聞かせを聞いて、我が国の伝統的な言語文化に親しんでいる。

・登場人物や出来事を、読み聞かせを聞いたり、挿絵を見たりしながら捉えている。

資料等の準備

・教科書の挿絵のコピー
・教科書の動画QRコード

教科書p.63 下段挿絵

・オオクニヌシが、白うさぎをたすけた
・白うさぎの毛がもどった

オオクニヌシは、やさしい

○かんそうのつたえ方
・…のばめんから、〜と思いました。
○が、…するところから、〜とかんじました。

授業の流れ ▷▷▷

1 今までに見聞きした昔話について出し合う 〈5分〉

T 昔話を聞いたり読んだりしたことはありますか。

・あります。

・1年生のときにも読みました。

T どんな昔話を知っていますか。

○子供から出そうな昔話の挿絵の掲示物を用意しておくと、全員が想起しやすい。

・『ももたろう』を知っています。

・『かちかち山』を読みました。

・1年生の学習で『おむすびころりん』を読みました。

T 昔話を読むと、どんな気持ちになりますか。

・楽しい気持ちになります。

・他の昔話も読んでみたくなります。

2 題名と挿絵からどんな話か想像して、発表する 〈10分〉

○学習課題を設定して、板書する。

T 『いなばの白うさぎ』という昔話を知っていますか。

○題名を板書し、3枚の挿絵を掲示する。

T どのようなお話だと思いますか。

・赤い服の人が、うさぎを助けるお話だと思います。

・うさぎが冒険をするお話だと思います。

T 実はこの話は、今から1300年くらい前につくられたお話です。みんなが発表した昔話より、もっともっと昔からあるお話です。この赤い人は、オオクニヌシといいます。昔の人は、このサメをわにと言っていたそうです。

○子供が興味をもてるように、神話の成り立ちや登場人物について簡単に説明する。

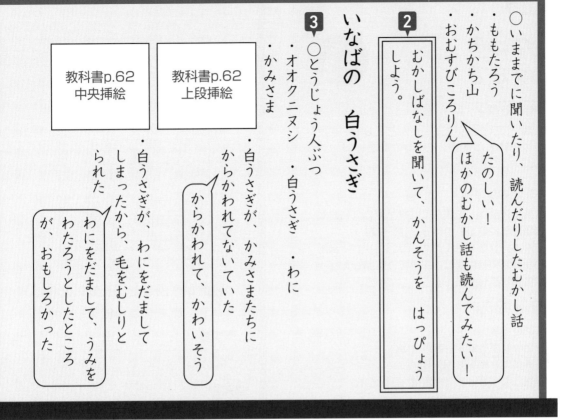

板書例（縦書き）

○ いままでに聞いたり、読んだりしたむかし話
・ももたろう
・かちかち山
・おむすびころりん

2
たのしい！
ほかのむかし話も読んでみたい！

むかしばなしを聞いて、かんそうを はっぴょうしよう。

3
いなばの 白うさぎ

教科書p.62
上段挿絵

○とうじょう人ぶつ
・オオクニヌシ　・白うさぎ　・わに
・かみさま

・白うさぎが、かみさまたちにからかわれていた

からかわれて、かわいそう

・白うさぎが、わにをだましてしまったから、毛をむしりとられた

教科書p.62
中央挿絵

・白うさぎが、わにをだまして、うみをわたろうとしたところが、おもしろかった

3　読み聞かせを聞き、登場人物やあらすじを確かめる　〈15分〉

T　お話を聞きましょう。誰が、どんなことをしたのでしょうか。

○ QRコードを読み取り、動画を視聴する。

T　誰が出てきましたか。

・オオクニヌシ　・白うさぎ
・わに　・80人の神様の兄弟たち

T　誰が、どんなことをしていましたか。

○「誰が・どうして・どうなった」話なのか、挿絵を活用しながら押さえる。

・白うさぎが、神様の兄弟たちにからかわれて泣いていました。

・白うさぎが、わにをだましてしまったから、毛をむしり取られていました。

・オオクニヌシが、白うさぎを助けていました。

4　お気に入りの場面を発表し合う　〈15分〉

T　話を聞いて、おもしろいな、気に入ったなと思った場面はどこでしょうか。

○感想の話し方を例示する。

・白うさぎが、神様たちにからかわれた場面から、かわいそうだなと思いました。

・白うさぎが、わにをだまして海を渡ろうとしたところがおもしろかったです。

T　同じ話を読んでも、いろいろな感想がありましたね。次の時間は、他の昔話を選んで読んで、お気に入りの場面を紹介し合いましょう。

ICT端末の活用ポイント

本時の板書を撮影し、チャット上などにアップロードして共有するとよい。次時における前時の振り返り等に生かすことができる。

いなばの白うさぎ

本時の目標

・昔話や神話を聞いたり、読んだりして、我が国の伝統的な言語文化に親しむことができる。

本時の主な評価

❶昔話や神話などを読んで、我が国の伝統的な言語文化に親しんでいる。【知・技】

・進んで、昔話を読んだり、聞いたりして伝統的な言語文化に親しみ、学習の見通しをもって内容や感想を伝えようとしている。

資料等の準備

・昔話の絵本
・昔話の朗読の動画や音声（QR コード）
・お気に入りカード ⏬ 10-01
・お気に入りカード（掲示用）⏬ 10-02

③お気に入りのばめん

かみさまたちにからかわれて、うみに入った白うさぎが、いたそうにするところが、かわいそうだなと思いました。

オオクニヌシが白うさぎをたすけてあげるばめんが、オオクニヌシはやさしいなと思いました。

ここにしゃしんを入れる。

> 教師が作成した「お気に入りカード」のモデルを拡大して掲示する。

授業の流れ ▷▷▷

1 いろいろな昔話や神話を聞いたり、読んだりする 〈20分〉

○学習課題を板書する。

T 今日は、日本の昔話や神話を聞いたり、読んだりして、お気に入りのお話と場面を友達に紹介しましょう。

T まずは、いろいろなお話を読みましょう。

○事前に、絵本を選書したり、提示する動画や音声サイトを選んだりしておく。

○学級文庫等で、あらかじめ絵本を子供の手に取りやすくしておくとよい。

ICT 端末の活用ポイント

昔話が朗読されている、動画や音声サイトの視聴も選択できるようにすることで、読書に課題のある子供なども伝統的な言語文化に親しむことができる。

2 「お気に入りカード」にあらすじと感想をまとめる 〈15分〉

○教師が作成したカードを提示し、カードの書き方を確かめる。

T 先生が書いたカードを見てください。紹介したいお話の題名、あらすじ、お気に入りの場面を書きます。

○デジタル上で作成するか、紙のワークシートに書くかは、選択できるようにする。

○同じ話を選んだ子供同士で相談ができるスペースを、教室の一角に確保するとよい。

ICT 端末の活用ポイント

プレゼンテーションソフトや文書作成ソフトを用いてデジタル上で作成するとよい。挿入する絵を、画像として取り込むと、絵を描く時間の短縮を図ることができる。

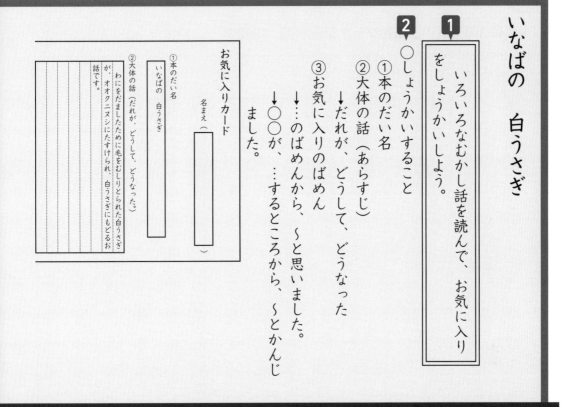

いなばの　白うさぎ

1
いろいろなむかし話を読んで、お気に入りをしょうかいしよう。

2
○しょうかいすること
　①本のだい名
　②大体の話（あらすじ）
　　↓だれが、どうして、どうなった
　③お気に入りのばめん
　　↓…のばめんから、〜と思いました。
　　↓○○が、…するところから、〜とかんじ
　　ました。

お気に入りカード
　　　　　　　　　　名まえ（　　　　　）
①本のだい名
　いなばの　白うさぎ

②大体の話（だれが、どうして、どうなった。）
　が、オオクニヌシにたすけられ、白うさぎにもどるお
　わにをだましたために毛をむしりとられた白うさぎ
　話です。

---

3 友達の「お気に入りカード」を読む　〈5分〉

T　友達と「お気に入りカード」を読み合いましょう。

○紙のワークシートに書いた子供は、写真撮影機能を使い、画像として共有する。

○ICT端末を使って自席で読む。

ICT端末の活用ポイント

チャット上などに、作成した「お気に入りカード」をアップロードして共有するとよい。一人一人のペースで友達のカードを読むことができる。

また、本単元の学習後も、いつでも「お気に入りカード」を見返すことができ、読書の広がりが期待できる。

4 学習を振り返る　〈5分〉

T　友達と「お気に入りカード」を読み合って、どうでしたか。

・同じお話を選んでいても、お気に入りの場面が違っておもしろかったです。

・友達が紹介してくれたお話を読みたくなりました。

・昔話はもっとあるから、これからも他のお話を読みたいです。

T　いろいろなお話を読んで、お気に入りを見つけることができましたね。アップロードした「お気に入りカード」は、いつでも見ることができます。今日、読むことができなかった友達のカードもぜひ読んで、これからも読書を楽しんでくださいね。

1 「お気に入りカード」紙用ワークシート ↓ 10-01

お気に入りカード

名まえ（　　　　）

① 本のだい名

② 大体の話（だれが、どうして、どうなった。）

③ お気に入りのばめん

ここにしゃしんを入れる。

2 「お気に入りカード」児童記入例

お気に入りカード

名まえ（　　　　）

① 本のだい名
ももたろう

② 大体の話（だれが、どうして、どうなった。）
ももから生まれたももたろうは、犬、さる、きじの三人をなかまをつれて、おにがしまへおにたいじに行きました。おにをたおしたももたろうは、村へたからをもちかえり、しあわせにくらしたお話です。

③ お気に入りのばめん
犬、さる、きじをなかまにするときに、きびだんごをあげるばめんがお気に入りです。「これさえたべれば十人力」と言って、どんどんなかまをふやしていくところが、たのしかったです。

ここにしゃしんを入れる。

3 「お気に入りカード」拡大掲示用モデル 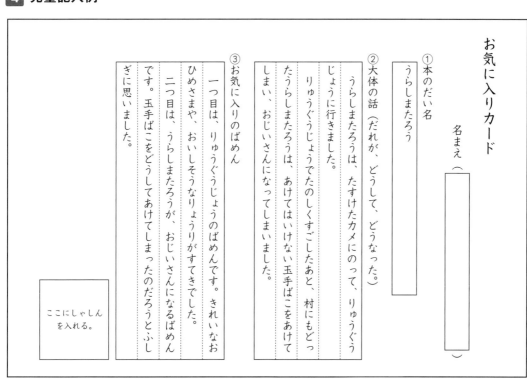 10-02

お気に入りカード

名まえ（　　　）

① 本のだい名
いなばの　白うさぎ

② 大体の話（だれが、どうして、どうなった。）
わにをだましたために毛をむしりとられた白うさぎが、オオクニヌシにたすけられ、白うさぎにもどるお話です。

③ お気に入りのばめん
かみさまたちにからかわれて、うみに入った白うさぎが、いたそうにするところが、かわいそうだなと思いました。
オオクニヌシが白うさぎをたすけてあげるばめんが、オオクニヌシはやさしいなと思いました。

ここにしゃしんを入れる。

4 児童記入例

お気に入りカード

名まえ（　　　）

① 本のだい名
うらしまたろう

② 大体の話（だれが、どうして、どうなった。）
うらしまたろうは、たすけたカメにのって、りゅうぐうじょうに行きました。りゅうぐうじょうでたのしくすごしたあと、村にもどったうらしまたろうは、あけてはいけない玉手ばこをあけてしまい、おじいさんになってしまいました。

③ お気に入りのばめん
一つ目は、りゅうぐうじょうのばめんです。きれいなおひめさまや、おいしそうなりょうりがすてきでした。二つ目は、うらしまたろうが、おじいさんになるばめんです。玉手ばこをどうしてあけてしまったのだろうとふしぎに思いました。

ここにしゃしんを入れる。

同じ　ぶぶんを　もつ　かん字　（2時間扱い）

単元の目標

知識及び技能	・第2学年までに配当されている漢字を読むことができるとともに、文や文章の中で使うことができる。((1)エ)
学びに向かう力、人間性等	・言葉がもつよさを感じるとともに、楽しんで読書をし、国語を大切にして、思いや考えを伝え合おうとする。

評価規準

知識・技能	❶第2学年までに配当されている漢字を読み、文や文章の中で使っている。(〔知識及び技能〕(1)エ)
主体的に学習に取り組む態度	❷積極的に、第2学年までに配当されている漢字の読み書きに取り組み、学習課題に沿って、漢字の同じ部分を意識して読んだり書いたりしようとしている。

単元の流れ

時	主な学習活動	評価
1	学習の見通しをもつ ・教科書の挿絵を基に、漢字の同じ部分を探し、漢字の意味やつながりについて、考えたことや思ったことを出し合う。 ・教科書の例文を音読したり視写したりして、同じ部分を見つけ、つながりを考える。	❶
2	・巻末付録の漢字を使うなどして、同じ部分をもつ漢字探しをする。 学習を振り返る ・「同じ部分」に着目して漢字を学習することのよさに気付き、漢字に親しむ態度を養う。	❷

〈単元で育てたい資質・能力〉

今回の単元は、部首の学習の素地となる重要な単元である。漢字には同じ部分をもつ漢字があることに気付き、漢字に対しての関心を広げられるようにする。これから出合っていく漢字にも、同じ部分がある漢字が多く存在し、それぞれ同じ意味があることを理解する。同じ部分とその意味を関連させることで、漢字に親しみをもてるようにさせたい。

```
［具体例］
○・木…木に関係する漢字        文例：木の下に座って、本を読む。
 ・氵…水に関係する漢字        文例：海は、池より広い。
 ・日…太陽に関係する漢字       文例：お日さまは、晴れていると明るい。
 ・女…女性に関係する漢字       文例：妹と姉はなかよしだ。
などの同じ部分の意味を知り、自分や友達の名前、身近なものにも同じ部分をもつ漢字があることに気付く。また、同じ部分をもつ漢字を2文字以上入れた1文を創作することで、同じ部分の意味理解を深めるとともに、これから習う漢字についても「この漢字には『土』の部分があるから、『土』に関係するのかな」など、漢字の特長を捉えながら出合わせたい。
```

〈言語活動の工夫〉

ゲーム形式で楽しみながら漢字に触れさせたい。教科書の巻末資料「この教科書で習う漢字」や漢字ドリル等を見て漢字を集め、同じ部分をもつ漢字をチームでいくつ集められるかを競い合う。

```
［具体例］
○チーム対抗で「漢字集め大会」を行う。2年生までで習う漢字の中で、同じ部分をもつ漢字が
 3つ以上あるグループを、以下にまとめた。
```

【口グループ】口、右、名、古、合、台、同、鳴	【日グループ】日、早、明、星、春、時、晴、曜
【糸グループ】糸、絵、細、紙、線、組	【弓グループ】弓、引、弟、弱、強
【言グループ】言、計、語、読、話、記	【辶グループ】近、通、週、道、遠
【田グループ】田、男、町、画、番	【亻グループ】休、何、作、体
【雨グループ】雨、雪、雲、電	【囗グループ】回、図、国、園
【氵グループ】海、活、汽、池	【子グループ】子、字、学
【刀グループ】刀、分、切	【宀グループ】家、室、安
【艹グループ】花、草、茶	【土グループ】土、地、場
【王グループ】王、玉、理	【門グループ】門、聞、間 など

上記を参考にしてチームの中で1人2つの漢字の部分を決め、それと同じ部分をもつ漢字を集める。時間を設け、チーム同士で同じ部分をもつ漢字をどれだけ集められたか、数を競う。後ほど黒板に掲示して分類できるよう、ます目を印字した画用紙に1文字ずつ書くようにする。全体で共有する際、それぞれのチームが集めた漢字をます目で切り分け、操作して並び替えができるようにする。同じ部分の漢字で並び変えたり、他のチームが出した同じ漢字をまとめたりすることで、クラスでいくつの漢字が集まったか、視覚的に分かるようにする。たくさんの漢字に触れ、漢字に対する関心を高められるようにする。

同じ　ぶぶんを　もつ　かん字

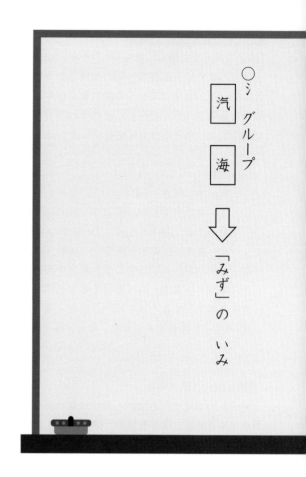

本時の目標

・漢字には同じ部分をもつ漢字があることに気付き、その部分に注意して読んだり書いたりすることができる。

本時の主な評価

❶第2学年までに配当されている漢字を読み、文や文章の中で使っている。【知・技】

資料等の準備

・教科書 p.65、66の漢字のピース ⬇ 11-01
・教科書 p.66の漢字がバラバラに書かれたプリント

授業の流れ ▷▷▷

1 6つの漢字を見て、気付いたことを話し合う　〈10分〉

T　p.65の6つの漢字を読んでみましょう。

T　この6つの漢字を見て、何か気付いたことはありますか。

・全部の漢字に「木」が入っています。

・「森」「林」は「木」がたくさん生えているという意味です。

T　「本」「休」は「木」に関係あるのでしょうか。

・「本」は「木」がもとでできあがっているし「休」は人が木に寄りかかっているから関係がありそうです。

T　では、黒板に書いた漢字をノートに写して、同じ部分を赤でなぞりましょう。この6文字のグループに名前を付けましょう。

○同じ部分を視覚的に分かりやすくするため、「木」の部分に色を付けてノートに書かせる。

2 p.66の漢字を音読し、同じ部分をもつ漢字があることに気付く　〈25分〉

○漢字ピースをバラバラにして黒板に貼る。子供にも同様のプリントを配り、マークを付けたり線で結んだりすることで、個人追究ができるようにする。

T　新しく出てきた漢字もあるので、すべての漢字を読んでみましょう。

T　同じ部分をもつ漢字を集めて、ノートに写してみましょう。

T　どんなグループができましたか。

・「姉」「妹」、「線」「絵」、「刀」「切」

○子供に黒板の漢字ピースを操作させ、残っている漢字に目を行きやすくさせる。

○同じ部分に注目できるように同じ部分を赤でなぞり、それぞれのグループに名前を付ける。

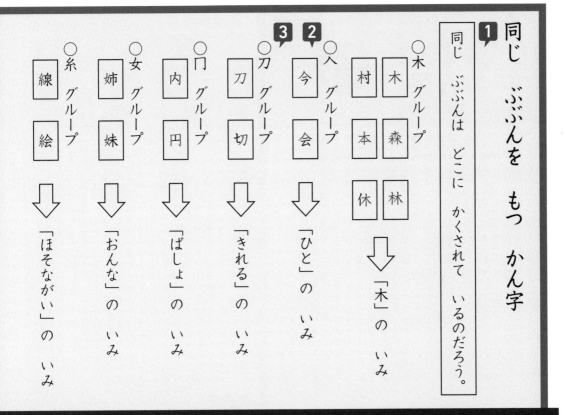

1 同じ ぶぶんを もつ かん字

同じ ぶぶんは どこに かくされて いるのだろう。

○木 グループ

| 木 | 森 |
| 村 | 本 | 林 | 休 |

⬇

「木」の いみ

2
○人 グループ

今 会

⬇

「ひと」の いみ

3
○刀 グループ

刀 切

⬇

「きれる」の いみ

○冂 グループ

内 円

⬇

「ばしょ」の いみ

○女 グループ

姉 妹

⬇

「おんな」の いみ

○糸 グループ

線 絵

⬇

「ほそながい」の いみ

---

3 同じ部分をもつ漢字の意味を考え、漢字に関心をもつ 〈10分〉

T 漢字の同じ部分に、意味が隠されています。「刀」「切」のグループの名前は「刀」ですが、そこにはどんな意味があると思いますか。

・「刀」も「切」も両方「切る」という意味がありそうです。

・「姉」「妹」は女の子の意味があると思います。

○意味を想像しにくい漢字については、教師から教えてあげてもよい。

T 自分の名前の漢字の中に、この黒板にある漢字と同じ部分がある人はいますか。

T 今日出なかった漢字の中でも、同じ部分をもつ漢字はたくさんあるので、自分でも探してみましょう。

よりよい授業へのステップアップ

漢字の幅を広げる

　1年生から漢字の学習が始まり、漢字に対して関心の高い子供は多いだろう。プリントに載せなかった漢字や未習の漢字からも探そうとする子供が出てくることも想定される。それも大いに認めて板書し、同じ部分に注目させる。同じ部分をもつ漢字があることや、他にも「言」「雨」などのグループをつくることができることにも気付かせられるとよい。この気付きを、次時の「漢字集め大会」につなげるとともに「この漢字も！」と漢字に対する興味をさらに高くもてる子供を増やしたい。

同じ ぶぶんを もつ かん字

本時の目標

・「かん字あつめ大会」を通して、同じ部分を もつ漢字を多く集め、読んだり書いたり文の 中で使ったりすることができる。

本時の主な評価

❷積極的に第2学年までに配当されている漢 字の読み書きに取り組み、学習課題に沿って 漢字の同じ部分を意識して読んだり書いたり しようとしている。【態度】

資料等の準備

・ます目（10cm四方）を印字した画用紙
・太ペン
・タイマー

4

「女」→お姉さんと「妹」は、女の子です。

「辶」→近い 道を 通ります。

「日」→晴れた 日は 星が きれいです。

日			
早	明	星	晴
春	曜	時	

田			
田	男	町	番

授業の流れ ▷▷▷

1 「かん字あつめ大会」のやり方を 知る 〈5分〉

T 漢字には同じ部分をもつものがあること、 そして同じ意味があるということを学習しま した。今日はこのことを使って、「かん字あ つめ大会」をしましょう。

○チーム対抗戦（各チーム3～5人程度）

○制限時間は15分程度（実態に合わせて）

○1人2つの漢字の部分を決め、それと同じ 部分をもつ漢字を集めていき、一番多く集め られたチームが優勝となる。

○巻末資料やドリル等を参照しながら探しても よいこととする。

○後ほど黒板に掲示して分類できるよう、ます 目を印字した画用紙に一文字ずつ書く。

2 チームで協力しながら、同じ部分 をもつ漢字を集める 〈15分〉

○部分を意識して捉えにくい子供がいた場合、 ページを絞ったり、部分に色を付けたりする などの支援をする。

○友達が見つけている部分の漢字を見つけた ら、仲間に教えて協力して取り組めるように する。

T チームでいくつ集められましたか。

○書き出せた漢字の数で優勝を決める。

○数だけに注目するのではなく、教え合ってい たチームや、まだ習っていない漢字からも進 んで探していたチームなど、全チームの頑張 りを認められるようにする。

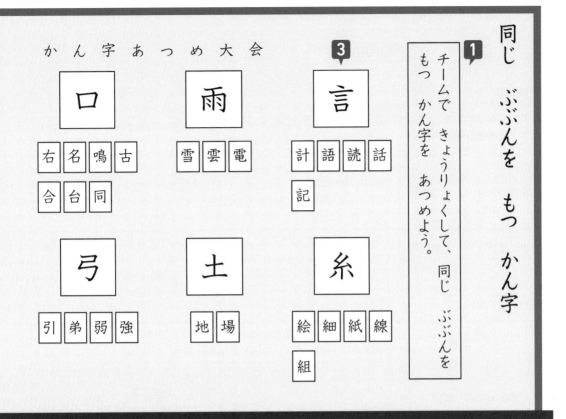

1 同じ ぶぶんを もつ かん字

チームで きょうりょくして、同じ ぶぶんを もつ かん字を あつめよう。

3

言　計 語 読 話
　　記
糸　絵 細 紙 線
　　組

雨　雪 雲 電
土　地 場

かん字あつめ大会

口　右 名 鳴 古
　　合 台 同
弓　引 弟 弱 強

---

3 集めた漢字を、全体で共有する 〈10分〉

T　今度はクラスで何個の漢字を集めることができたか、全員の漢字を並べてみましょう。

○漢字をます目で切り分け、自分の分を黒板に貼らせる。その際、同じ漢字を重ね、同じ部分をもつ漢字は近くに貼るようにさせ、同じ部分の漢字に全員が注目できるようにする。

○少数の人しか見つけられなかった漢字や、同じ部分の漢字かどうか意見が分かれた漢字などは、同じ部分を赤でなぞるなどし、判別できるようにする。

T　このクラスでは、同じ部分をもつ漢字を●●つ集めることができました。たくさんありましたね。

4 同じ部分をもつ2つ以上の漢字を入れて創作文を作り、同じ部分をもつ漢字に親しむ 〈15分〉

T　みんなが集めた同じ部分をもつ漢字を2つ以上使って、1つの文を作ってみましょう。

・お「姉」さんと「妹」は「女」の子です。
・「近」い「道」を「通」ります。
・「晴」れた「日」は「星」がきれいです。

T　「かん字あつめ大会」をやってみて、おもしろかったことや発見したことは、ありますか。

・漢字には同じ部分をもつ漢字がたくさんあるということがおもしろかったです。
・同じ部分をもつ漢字は、同じ意味をもっているんだなと思いました。

お話を　読み、すきな　ところを　つたえよう

スイミー　9時間扱い

知識及び技能	・身近なことを表す語句の量を増し、話や文章の中で使うことで、語彙を豊かにすることができる。((1)オ)
思考力、判断力、表現力等	・場面の様子に着目して、登場人物の行動を具体的に想像することができる。(C エ) ・場面の様子や登場人物の行動など、内容の大体を捉えることができる。(C イ)
学びに向かう力、人間性等	・言葉がもつよさを感じるとともに、楽しんで読書をし、国語を大切にして、思いや考えを伝え合おうとする。

評価規準

知識・技能	❶身近なことを表す語句の量を増し、話や文章の中で使うことで、語彙を豊かにしている。((知識及び技能)(1)オ)
思考・判断・表現	❷「読むこと」において、場面の様子に着目して、登場人物の行動を具体的に想像している。((思考力、判断力、表現力等)C エ) ❸「読むこと」において、場面の様子や登場人物の行動など、内容の大体を捉えている。((思考力、判断力、表現力等)C イ)
主体的に学習に取り組む態度	❹粘り強く場面の様子に着目して登場人物の行動を想像し、学習課題に沿って自分の好きな場面を伝え合おうとしている。

単元の流れ

次	時	主な学習活動	評価
一	1	学習の見通しをもつ 「スイミー」を読み、どんなところが心に残ったのか、感想を書く。 初発の感想を交流して、それぞれ好きな場面に違いがあることを知り、学習課題を設定する。 お話を読み、すきなところをしょうかいしよう。	
二	2	5つの場面があることを確かめ、それぞれの場面でどんな出来事が起こったのかをまとめる。	❸
	3 〜 7	それぞれの場面の様子を思い浮かべ、スイミーの行動を具体的に想像する。 言葉に着目して、場面の様子について話し合う。 スイミーがしたことや話したことから、行動を具体的に想像してまとめる。	❶❷
三	8	好きな場面とそのわけをまとめる。 好きな場面について、感想をまとめ、友達と伝え合う。	❹

9	学習を振り返る
	「レオ＝レオニ」の他の作品を読んで、読書への意欲をもつ。
	学習を振り返り、学んだことを整理する。

授業づくりのポイント

〈単元で育てたい資質・能力〉

　本単元の主なねらいは、場面の様子に着目して、登場人物の行動を具体的に想像する力を育むことである。そのためには、言葉に着目して感じたり考えたりしたことを交流していくことが大切である。具体的に想像するためには、作品の世界を多角的に捉えていくことが必要である。

[具体例]

　最初の場面では、スイミーと「きょうだいたち」を比較することで、スイミーの特徴を具体的に想像できるようにしたい。文章には「みんな　赤い」に対して、スイミーは「一ぴきだけは」「まっ黒」と書かれている。それもただの「まっ黒」ではなく「からす貝よりも」と修飾されている。「からす貝よりも　まっ黒」という言葉から、どのような想像ができるだろうか。他にも「およぐのは、だれよりも　はやかった」ことや、「みんな」に対して「スイミー」だけは名前が書かれていることから、「きょうだいたち」の中におけるスイミーの特異性を捉えられるようにしたい。

〈教材・題材の特徴〉

　本教材は、見開き１ページで１つの場面が構成されている。各ページには、レオ＝レオニの挿絵も配置されており、お話の大体の内容が捉えやすくなっている。場面の構成が捉えやすいことは、子供たちにとって「この場面が好きだな」と、心に残った場面を選択しやすいことにつながるだろう。

　また、言葉による豊かな表現が随所に見られることも大きな特徴である。これらの言葉は、場面の様子や登場人物の行動を具体的に想像するための良質な手がかりとなるだろう。

〈言語活動の工夫〉

　学習課題を設定するときには、初発の感想に書かれた心に残ったところを交流する活動を大事にしたい。子供たちの心に残ったところを、板書に整理することで、子供たちは友達が自分とは違うところが心に残ったことに気付いていくだろう。子供によっては、友達の感想を聞いて、「その場面もいいと思ったんだよな」等の発話をすることも想定される。このような発話は、各場面のよさを感じている子供たちの思考の表れであり、そうしたことを価値付けていくことで、それぞれの場面をもっと詳しく読んでいこうという意欲をもたせたい。

　各場面にはそれぞれ素敵なところがある。場面ごとの読み取りを通して、それに気付いていくことが、好きな場面を伝え合う活動の質を高めていくことにつながる。書かれている言葉に着目しながら、作品の世界を豊かに読めるようにしたい。

〈ICT の効果的な活用〉

共有：作品を読んで最後に感想をまとめる際に、それまでの学習を振り返ることが大切である。そうすることで、それまでの学びを生かした感想へとつながっていくと考えられる。そこで本単元では、最初に書いた感想や、毎時間の振り返りを写真に撮って学級の共有フォルダに入れるなどして、毎時間の学びを ICT を活用して記録していくようにする。

スイミー

本時の目標
・初発の感想を交流して、それぞれ心に残った場面に違いがあることを知り、学習課題を設定することができる。

本時の主な評価
・粘り強く場面の様子に着目して登場人物の行動を想像し、学習課題に沿って自分の好きな場面を伝え合おうとしている。

資料等の準備
・扉ページを大きくしたもの

お話をよみ、すきなところをしょうかいしよう。

← ・さいごに、大きな魚をおいだすところ
・スイミーが海の中でおもしろいものにであうところ
・スイミーがこわがっているきょうだいのためにいっしょうけんめい考えるところ

授業の流れ ▷▷▷

1 扉ページや題名から、どんなお話か想像を広げる〈10分〉

○扉ページを提示しながら題名を伝え、どんなお話か想像したことを発表する。

T　これから「スイミー」というお話を読みます。題名や扉のページからどんなことを考えますか。想像したことを話してみましょう。

・「スイミー」ってスイミングみたいです。
・魚が見えるので海のお話かな。
・赤い魚が多いです。
・１匹だけ黒い魚がいます。
・どうして１匹だけ離れているのかな。
○本時のめあてを板書する。

2 範読を聞き、どんなお話か振り返り、感想をまとめる〈25分〉

○範読を行い、初発の感想をまとめる。範読後、挿絵を使って簡単にどんなお話だったかを振り返り、好きなところを書くとよい。

T　どんなお話でしたか。絵を見ながら簡単に振り返ってみましょう。

・スイミーだけ色が違いました。
・まぐろにみんな食べられてしまいました。
・スイミーだけ生き残りました。
・海にはきれいなものがいっぱいありました。
・岩陰にいた兄弟たちに出会いました。
・兄弟たちは大きな魚をこわがっていました。
・スイミーが目になって、兄弟たちで大きな魚のふりをして泳ぎました。

T　心に残ったことを書きましょう。

スイミー

❶

「スイミー」はどんなお話でしょう。

「スイミー」ってスイミングみたい。

魚が見えるよ。海のお話かな。

扉ページの絵

1ぴきだけ黒い魚がいるよ。

どうして1ぴきだけはなれているのかな。

❸

○すきなところ

---

3 感想を交流し、学習課題を設定する 〈10分〉

○感想を交流し、それぞれ好きなところが違うことに気付けるようにする。その上で、お話の好きなところを伝える学習課題を設定する。

T　心に残った好きなところを紹介しましょう。

・さいごに大きな魚を追い出すところがおもしろかったです。

・スイミーが、海の中でおもしろいものに出会うところが好きです。

・スイミーが、こわがっている兄弟たちのために一生懸命考えるところがいいなと思いました。

T　それぞれ好きなところが違いますね。これからそれを伝える学習をしていきましょう。

よりよい授業へのステップアップ

扉ページや題名から想像を膨らませる工夫

　扉ページを大きくしたものを掲示すると、話をしやすくなるだろう。発言をする際には、見つけたものと、そこから想像したことを話していくとよい。気付きを板書していくことで、これから読むお話に対して、わくわくするような気持ちがもてるだろう。

　また絵だけではなく、「スイミー」という題名からも想像を広げたい。扉のページにある説明も踏まえて、「スイミー」という魚に注目して読んでいこう、ということも確認できるとよい。

スイミー

②/9

本時の目標

・5つの場面があることを確かめ、それぞれの場面でどんな出来事が起こったかをまとめることができる。

本時の主な評価

❸場面の様子や登場人物の行動など、内容の大体を捉えている。【思・判・表】

資料等の準備

・場面ごとの挿絵を大きくしたもの
・ワークシート①：場面ごとのようすをまとめる ⬇ 12-01

スイミーはどうすればいいか

考えた

五ばめん

みんなで力をあわせて

大きな魚をおいだした

五場面の挿絵

どんなお話かまとめよう

スイミーが

する話

授業の流れ ▷▷▷

1 前時を振り返り、学習課題と本時のめあてを設定する 〈5分〉

○学習課題について確認し、今日からスイミーをくわしく読んでいくことを伝える。

T 今日は「スイミー」がどんなお話かまとめていきます。どんなお話だったか覚えていますか。

・スイミーだけ色がちがった

・スイミーがひとりぼっちになる

・スイミーが兄弟たちと大きな魚を追い出す

T いくつのまとまりでお話ができていましたね。場面ごとにまとめていきましょう。

○本時のめあてを板書する。

2 それぞれの場面の出来事についてまとめていく 〈30分〉

○場面ごとに、どのようなことが書かれているのかをまとめていき、お話の大体の内容をつかめるようにしたい。

T 最初の場面ではどんなことが書かれていますか。

・小さな魚たちが楽しそうにくらしている。

・スイミーだけ黒くて、泳ぐのが早い。

T 次の場面ではどうですか。

・まぐろが兄弟たちを食べてしまった。

・スイミーだけ生き残った。

○登場人物や出来事に着目しながらまとめていくようにする。

スイミー

①

お話を読み、すきなところをしょうかいしよう。

どんなお話か、ばめんごとにまとめよう

②

一ばめん

[一場面の挿絵]

きょうだいたちがたのしそうにくらしている

二ばめん

[二場面の挿絵]

まぐろがきょうだいを食べたスイミーだけ生きのこった

三ばめん

[三場面の挿絵]

スイミーが海にあるすばらしいものにであったスイミーが元気になった

四ばめん

[四場面の挿絵]

スイミーがきょうだいたちを見つけたきょうだいたちは、こわがっていた

ICT 等活用アイデア

板書の保存と好きな場面の投票

　この時間の板書は、今後の学習でも「スイミー」がどんなお話であったかを確認する資料になると考えられるため、写真に撮って、学級の共有フォルダに入れて、いつでも見返すことができるようにしたい。

　また、場面ごとの出来事が整理できたところで、自分が好きな場面をフォームアプリ等を使って、一度投票すると、子供たちの関心を把握しやすいだろう。

3　学習を振り返る　〈10分〉

○学習を振り返り、スイミーはどんなお話だったかまとめる。「スイミーが〜する話」という文型を与えると書きやすいだろう。一文でまとめるのが難しければ、文章が複数になってもよいことを認めていくようにする。

T　今日は、スイミーがどんなお話かを学習しました。最後に「スイミーが〜する話」という形で、お話をまとめてみましょう。難しければ形を変えても構いません。

・スイミーが兄弟を助ける話。

・スイミーと兄弟が力を合わせて大きな魚を追い出す話。

スイミー

本時の目標
・一場面の様子を具体的に想像することができる。

本時の主な評価
❶場面の様子について想像するなかで語彙を豊かにしている。【知・技】
❷場面の様子に着目して、登場人物の行動を具体的に想像している。【思・判・表】

資料等の準備
・一場面の挿絵を大きくしたもの
・ワークシート②：想像したことをまとめる
　⬇ 12-02

---

③

○わかったこと　考えたこと　すきなところ
・スイミーはたくさんきょうだいがいて、たのしそうだな
・広い海のどこかって、どこかな
・スイミーはきょうだいたちの中でとくべつな魚なんだ

授業の流れ ▷▷▷

1 前時を振り返り、本時のめあてを確認する 〈5分〉

○前時の板書を振り返り、今日から好きなところを紹介するために、一つ一つの場面を読んでいくことを確認する。

T　お話の好きなところを紹介するために、今日から場面ごとの様子をみんなで想像していきましょう。
　　一の場面はどんな場面でしたか。

・小さな魚たちが楽しそうにくらしています。
・スイミーだけ黒くて、泳ぐのが早いです。

○本時のめあてを板書する。

2 一場面の様子について具体的に想像する 〈30分〉

○スイミーや兄弟たちが生きている世界について確認する。

T　スイミーたちはどこで、どのようにくらしていますか。

・広い海のどこかです。
・兄弟たちで楽しく暮らしています。

○スイミーの特徴を読み取る。

T　スイミーはどんな魚ですか。

・兄弟たちは赤いけど、スイミーだけは黒いです。
・からす貝よりも真っ黒です。
・泳ぐのが誰よりも速かったです。

スイミー

1 一の場面のようすを　そうぞうしよう。

2

```
┌─────────────────────┐
│                     │
│     一場面の挿絵      │
│                     │
└─────────────────────┘
```

○スイミーたちはどこで、どのようにくらしていますか
・広い海のどこか
・兄弟たちで楽しく暮らしている

> どんなことをしていたのかな?

○スイミーはどんな魚ですか
・兄弟たちは赤いけど、スイミーだけは黒い
・からす貝よりもまっ黒
・およぐのがだれよりもはやかった

---

3 学習を振り返る　〈10分〉

○学習を振り返り、今日分かったことや考えたこと、この場面のよさについてまとめる。

T　今日は、一の場面について、みんなで読んでいきました。分かったことや考えたこと、この場面のよさについて振り返りましょう。

・スイミーはたくさん兄弟がいて、楽しそうだなと思いました。
・広い海のどこかって、どこかなと考えました。
・スイミーは兄弟たちの中で特別な魚なんだと思いました。

ICT端末の活用ポイント

学習の振り返りを、写真に撮って投稿するなどして共有したい。それによって学びの更なる広がりが期待できる。

よりよい授業へのステップアップ

言葉から広がる想像を楽しむ

　一の場面は作品の設定に関わる場面である。スイミーたちが生きている世界について、みんなで想像を広げられると、この後の学習に生きてくるだろう。

　例えば「小さな魚のきょうだいたちが、たのしくくらしていた」から、兄弟たちは具体的にどんなことをして楽しんでいたのか、を考えてみるとよい。子供たちは小さな魚になって、できる遊びを考えるだろう。また、スイミーもそのような兄弟たちと楽しく暮らしていた、ということも味わえるようにするとよい。

スイミー

本時の目標
・二場面の様子を具体的に想像することができる。

本時の主な評価
❶場面の様子について想像する中で語彙を豊かにしている。【知・技】
❷場面の様子に着目して、登場人物の行動を具体的に想像している。【思・判・表】

資料等の準備
・二場面の挿絵を大きくしたもの
・ワークシート②：想像したことをまとめる
　⤓ 12-02

4

○わかったこと　考えたこと　すきなところ
・「ミサイルみたいに」やってきたまぐろはこわかった
・たのしくくらしていたぶん、スイミーは一人になってかなしかったし、さびしかった

授業の流れ ▷▷▷

1 前時を振り返り、本時のめあてを確認する 〈5分〉

○前時の板書を振り返り、スイミーや兄弟たちが生きている世界、またスイミーの特徴について確認する。
T　前回は一の場面を読みました。どんなことをみんなで考えましたか。
・スイミーたちは広い海のどこかで楽しそうに暮らしています。
・兄弟たちは赤いけど、スイミーだけは黒くて、泳ぐのがはやかったです。
○本時のめあてを板書する。
T　今日は二の場面を読んでいきましょう。

2 まぐろがおそってきた場面について様子を想像する 〈15分〉

○まぐろがおそってきた様子について、具体的に想像する。
T　まぐろはどのようにおそってきましたか。
・まぐろはおなかをすかせていました。
・すごいはやさでやってきました。
・ミサイルみたいにやってきました。
・一口で1匹残らず食べてしまいました。
T　「ミサイルみたいに」という言葉から、どんな想像ができますか。
・すごくはやい様子です。
・大きかったと思います。
・音もしたんじゃないかな。
・兄弟たちはこわかったと思います。

スイミー

1 二の場面のようすを そうぞうしよう。

2
○まぐろは、どのようにおそってきましたか

・まぐろはおなかがすいていた
・すごいはやさ
・一口で一ぴきのこらず食べた

ミサイルみたいに
→ はやい
　大きい
　音もする

二場面の挿絵

3
○にげたスイミーはどんなようすですか

・およいだ
・くろい、海のそこを

一人になってさびしい

きょうだいたちが食べられてかなしい

---

3 スイミーの様子について想像する 〈15分〉

○生き残ったスイミーの様子について、具体的に想像する。

T にげたスイミーの様子はどうですか。

・泳いでいます。
・暗い海の底を泳いでいます。

T どうしてスイミーは暗い海の底を泳いでいるのでしょう。またどんな気持ちでしょう。

・大きな魚から逃げるためです。
・暗くて、底の方だからこわかったと思います。
・楽しく暮らしていた兄弟たちがいなくなってさびしかったと思います。
・それにかなしかったと思います。

---

4 学習を振り返る 〈10分〉

○学習を振り返り、今日分かったことや考えたこと、この場面のよさについてまとめる。

T 今日は、二の場面について、みんなで読んでいきました。分かったことや考えたこと、この場面のよさについて振り返りましょう。

・「ミサイルみたいに」やってきたまぐろはこわかったと思います。
・楽しく暮らしていた分、スイミーは1人になってかなしかったし、さびしかったと思います。

> **ICT 端末の活用ポイント**
> 学習の振り返りを、写真に撮って投稿するなどして共有したい。それによって学びの更なる広がりが期待できる。

スイミー

本時の目標
・三場面の様子を具体的に想像することができる。

本時の主な評価
❶場面の様子について想像する中で語彙を豊かにしている。【知・技】
❷場面の様子に着目して、登場人物の行動を具体的に想像している。【思・判・表】

資料等の準備
・三場面の挿絵を大きくしたもの
・ワークシート②：想像したことをまとめる
　⤓ 12-02

○スイミーはどんなようすですか。
・だんだん元気になった
・海の生きものたちに、はげまされた気もちになった

・うなぎ。スイミーから見たら、すごく長い
・いそぎんちゃく。
・海の中で風はふかないけど、気もちよさそうな風だな

授業の流れ ▷▷▷

1 前時を振り返り、本時のめあてを確認する 〈5分〉

○前時の板書を振り返り、おそってきたまぐろの様子や、スイミーの様子について確認する。

T　前回は二の場面を読みました。どんなことをみんなで考えましたか。

・まぐろが、ミサイルのようにやってきて、兄弟たちを残らず食べてしまいました。

・スイミーは1人で暗い海の底を泳いでいました。

・スイミーは、こわかったし、さびしかったし、悲しかった。

○本時のめあてを板書する。

T　今日は三の場面を読んでいきましょう。

2 三場面の様子を具体的に想像する 〈25分〉

T　スイミーが海の中で出会ったものとは何ですか。またどんな様子ですか。

・虹色のゼリーのようなくらげ。やわらかくて、きれいでした。

・水中ブルドーザーみたいないせえび。ブルドーザーみたいに力持ちなのかな。

・見たこともない魚たち。見えない糸で引っ張られているみたいです。

・ドロップみたいな岩。なんだかおいしそうです。スイミーから見たら、わかめやこんぶは林に見えたと思います。

・うなぎ。スイミーから見たら、すごく長いと思います。

・いそぎんちゃく。海の中で風は吹かないけど、気持ちよさそうな風です。

スイミー

1 三の場面のようすを　そうぞうしよう。

2 ○スイミーが海の中で出あったものはなんですか。またどんなようすですか。

・にじ色のゼリーのようなくらげ

・水中ブルドーザーみたいないせえび

・見たこともない魚たち。見えない糸でひっぱられているみたい

・ドロップみたいな岩。なんだかおいしそう。スイミーから見たら、わかめやこんぶは林に見える

・ブルドーザーみたいに力もちな

・やわらかくて、きれい

三場面の挿絵

ICT等活用アイデア

海の生き物の動画と本文の描写を結び付けて読む

　三場面には、たくさんの海の生き物が登場する。それらの描写は非常に豊かで映像的である。そこでICTを活用して、登場する生き物の動画を視聴すると、描写から想像を広げやすくなる。

　しかし動画に引っ張られすぎて、描写を読み落とさないように注意したい。例えば、クラゲの動画を見れば「ゼリーのような」という描写には目がいきやすくなるが、「にじ色」という描写は感じにくいことが考えられる。大切なのはあくまで言葉から様子を豊かに想像していくことである。

---

3 学習を振り返る　　〈15分〉

○学習を振り返り、三場面で出会ったものは、スイミーから見た世界であることを押さえたい。スイミーはこれらのものに出会って、どんな様子であるか、話し合ってまとめる。

T　今日は、三の場面について、みんなで読んでいきました。スイミーはたくさんのすてきなものに出会いましたね。スイミーはどんな様子でしょうか。

・だんだん元気になった。

・海の生き物たちに励まされた気持ちになった。

ICT端末の活用ポイント

学習の振り返りを、写真に撮って投稿するなどして共有したい。それによって学びの更なる広がりが期待できる。

スイミー

本時の目標
・四場面の様子を具体的に想像することができる。

本時の主な評価
❶場面の様子について想像する中で語彙を豊かにしている。【知・技】
❷場面の様子に着目して、登場人物の行動を具体的に想像している。【思・判・表】

資料等の準備
・四場面の挿絵を大きくしたもの
・ワークシート②：想像したことをまとめる
　⬇ 12-02

○わかったこと　考えたこと　すきなところ
　スイミーはまたみんなとたのしく、くらしたい
　からさくせんを考えた

・いつまでもじっとしているわけ
　にはいかないと思っている
・だから、岩かげから出るさくせ
　んを考えている
・スイミーはまたみんなとたのしく、くらしたい

授業の流れ ▷▷▷

1 前時を振り返り、本時のめあてを確認する 〈5分〉

○前時の板書を振り返り、スイミーが出会った生き物たちや、スイミーの様子について確認する。
T　前回は三の場面を読みました。どんなことをみんなで考えましたか。
・海にはたくさんの生き物たちがいました。
・スイミーは、そういうものたちに出会って、元気になりました。
・海の生き物たちに、スイミーは元気をもらいました。
○本時のめあてを板書する。
T　今日は四の場面を読んでいきましょう。

2 スイミーが兄弟たちを見つけたときの様子を想像する 〈15分〉

○スイミーが岩かげで兄弟たちを見つけたときの様子を具体的に想像する。
T　岩かげで兄弟たちを見つけたときのスイミーの様子を想像しましょう。
・また兄弟たちに会えてうれしいと思います。
・おもしろい海の生き物たちのことを教えてあげたいと思ったと思います。
・一緒に遊びたいと思っていると思います。
○「きょうだい」という言葉についても立ち止まって考えてみたい。ここでの兄弟とは、同じ母親から生まれた魚ではなく、同じ種類の魚だと考えられる。親が違っても「きょうだい」と表していることから感じることを話し合ってみるとよい。

スイミー

1 四の場面のようすを そうぞうしよう。

四場面の挿絵

2 ○岩かげできょうだいを 見つけたときのスイミーの ようす
・またきょうだいたちに会えてう れしいと思う
・おもしろい海の生きものたちの ことを教えてあげたい
・いっしょにあそびたいと思って いる

「きょうだい」＝おなじ魚のこと
なかまというかんじ

3 きょうだいたちは大きな魚に食べら れるのがこわい

○スイミーのようす ←

3　一生懸命考えるスイミーの様子に ついて想像する　〈15分〉

○大きな魚をこわがって、兄弟たちが岩かげか ら出てこないことを確認し、そのときのスイ ミーの様子について具体的に想像する。

T　兄弟たちはどうして岩かげから出てこない のでしょうか。

・大きな魚に食べられるのがこわいからです。

T　それを知って、スイミーはどんな様子です か。

・いつまでもじっとしているわけにはいかない と思っています。

・だから、岩かげから出る作戦を考えていま す。

4　学習を振り返る　〈10分〉

○学習を振り返り、今日分かったことや考えた こと、この場面のよさについてまとめる。

T　今日は、三の場面について、みんなで読ん でいきました。分かったことや考えたこと、 この場面のよさについて振り返りましょう。

・スイミーはまたみんなと楽しく暮らしたいか ら、作戦を考えたと思います。

・スイミーはおもしろい海の生き物を見せてあ げたくて、うんと考えたんだと思います。

> **ICT 端末の活用ポイント**
>
> 学習の振り返りを、写真に撮って投稿するなど して共有したい。それによって学びの更なる広 がりが期待できる。

スイミー

本時の目標
・五場面の様子を具体的に想像することができる。

本時の主な評価
❶場面の様子について想像する中で語彙を豊かにしている。【知・技】
❷場面の様子に着目して、登場人物の行動を具体的に想像している。【思・判・表】

資料等の準備
・五場面の挿絵を大きくしたもの
・ワークシート②：想像したことをまとめる
　⬇ 12-02

○わかったこと　考えたこと　すきなところ
スイミーはきょうだいたちにがんばって教えて、一ぴきの大きな魚みたいになれたから、うれしかったと思う。

・あさもひるも、がんばっておよいだ
・大きな魚をおい出すぞ、と思っている
・きょうだいたちといっしょにおよげてうれしいなと思っている

授業の流れ ▷▷▷

1 前時を振り返り、本時のめあてを確認する 〈5分〉

○前時の学習を振り返り、スイミーが兄弟たちのために一生懸命考えていたことを確認する。
T　前回は四場面を読みました。どんなことをみんなで考えましたか。
・スイミーはまたみんなと楽しく暮らしたいから、作戦を考えました。
・スイミーはおもしろい海の生き物を見せてあげたくて、うんと考えたんだと思います。
○本時のめあてを板書する。
T　今日は五の場面を読んでいきましょう。

2 スイミーが教えているところまでの行動を想像する 〈15分〉

○「みんなが、一ぴきの大きな魚みたいにおよげるようになったとき」から、それまでに時間の経過があったことに気付かせ、スイミーと兄弟たちが練習している様子を想像していく。
T　1匹の大きな魚みたいに泳げるようになるまで、どれぐらいかかったでしょうか。
・1日はかかったと思います。
・1か月ぐらい練習したと思います。
T　練習しているときのスイミーについて想像してみましょう。
・離れ離れにならないように、それからもちばをまもることを教えていると思います。
・兄弟たちに頑張れって応援していると思います。

スイミー

1 五の場面のようすを　そうぞうしよう。

2

○一ぴきの大きな魚みたいにおよげるようになるまで、どれぐらいかかったでしょう。

・一か月ぐらいれんしゅうした
・一日はかかった
・一日はかかった

←そのときのスイミーは……

・はなればなれにならないように、それからもちばをまもることを教えている

○スイミーが「ぼくが、目になろう」と言ったときのようす

・一ぴきだけ黒いから、ちょうど目になれる

五場面の挿絵

○およいでいるときのスイミーはどんなようすでしょうか。

---

3 スイミーが目になるときの
行動について想像する　〈15分〉

○スイミーの「ぼくが、目になろう」というセリフを確認し、スイミーが目になって1匹の大きな魚みたいに泳ぐ様子を想像していく。

T　スイミーが「ぼくが、目になろう」と言ったときの様子について想像してみましょう。

・1匹だけ黒いから、ちょうど目になれました。

・練習している兄弟たちを見ていて、思いついたと思います。

T　泳いでいるときのスイミーはどんな様子でしょうか。

・朝も昼も、頑張って泳いだと思います。

・大きな魚を追い出すぞ、と思っていると思います。

・兄弟たちと一緒に泳げてうれしいなと思っていると思います。

---

4 学習を振り返る　〈10分〉

○学習を振り返り、今日分かったことや考えたこと、この場面のよさについてまとめる。

T　今日は、五場面について、みんなで読んでいきました。分かったことや考えたこと、この場面のよさについて振り返りましょう。

・スイミーは兄弟たちに頑張って教えて、1匹の大きな魚みたいになれたから、うれしかったと思う。

・大きな魚を追い出したから、また兄弟たちと楽しく暮らしていくと思う。

ICT 端末の活用ポイント

学習の振り返りを、写真に撮って投稿するなどして共有したい。それによって学びの更なる広がりが期待できる。

スイミー

8/9

本時の目標
・好きな場面について、感想をまとめ、友達と伝え合うことができる。

本時の主な評価
❹粘り強く場面の様子に着目して登場人物の行動を想像し、学習課題に沿って自分の好きな場面を伝え合おうとしている。【態度】

資料等の準備
・これまで撮りためた学習の振り返り等の画像
・ワークシート③：好きな場面をまとめる
　⬇ 12-03
・「すきな場面」と話型の掲示 ⬇ 12-04
・「そのわけ」と話型の掲示 ⬇ 12-05

【板書】

思ったことをつけたしてもよい

❸
○かんそうを書いて…ともだちとこうりゅうして
…思ったこと
・さいしょに書いたかんそうよりも長く書けてうれしかった
・ともだちは、わたしとはちがうかんそうを書いていた
・でもそれもいいなと思った

❹

授業の流れ ▷▷▷

1 これまでの学習を振り返り、本時のめあてを確認する 〈5分〉

○初発の学習やこれまでの学習を振り返り、お話の好きな場面について感想をまとめることを確認する。

T　前回の学習で全ての場面についてみんなで読みました。どの場面が心に残っていますか。最初に書いた感想を読み返して、考えてみましょう。

・最初は4場面が好きだったけど、今は3場面がいいなと思っています。

T　今日はお話を読んだ感想を伝え合いましょう。

○本時のめあてを板書する。

ICT端末の活用ポイント
振り返りには、撮りためてきた写真を活用するとよい。

2 好きな場面とそのわけをまとめる 〈20分〉

○感想は「好きな場面の紹介」と「その理由」の2つで構成する。

T　まずは、好きな場面を紹介しましょう。「○場面の、〜ところが好きです」の形でまとめてみましょう。

・3場面の、海の中のいろいろな生き物に出会うところが好きです。

・5場面の、スイミーが目になるところが好きです。

T　次に、そのわけを書きましょう。

・なぜかというと、海の中の生き物に出会って、スイミーが元気を取り戻したからです。

・なぜかというと、スイミーが目になって、1匹の大きな魚が完成したからです。それで大きな魚を追い出せました。

スイミー

1 お話をよんだかんそうを書いて、ともだちとつたえあおう。

かんそう＝①すきなばめん ②そのわけ

2 ①すきなばめん
わたしは、□ばめんの、〜ところがすきです

・三ばめんの、海の中のいろいろな生きものに出あうところがすきです
・五ばめんの、スイミーが目になるところがすきです

②そのわけ
なぜかというと 〜 からです。

・なぜかというと、海の中のいろいろな生きものに出あってスイミーが元気をとりもどしたからです。
・なぜかというと、スイミーが目になって、一ぴきの大きな魚がかんせいしたからです。それで大きな魚をおい出せました

---

3 書いた感想を友達と伝え合う 〈10分〉

○感想を交流する際は、最初に同じ場面を選んだ友達と交流し、次に違う場面を選んだ友達と交流する。こうすることで、様々な感想に触れられるだろう。

T それでは書いた感想を交流します。まずは同じ場面を選んだ友達と交流しましょう。次に違う場面を選んでいる友達と交流しましょう。

○ICTを使って、フォーム等のアプリで好きな場面を投票し、誰がどの場面を選んでいるのか可視化すると、活動が進めやすくなる。

4 学習を振り返る 〈10分〉

○学習を振り返り、感想を書き、友達と交流して感じたことについてまとめる。

T 今日は、好きな場面を選んで、そのわけをまとめました。それから友達と感想の交流もしましたね。感じたことを振り返りましょう。

・最初に書いた感想よりも、たくさん書けてうれしかった。

・友達は、私とは全然違う感想を書いていた。でもそれもいいなと思った。

○学習を重ねて、最初に書いた感想よりもよく考えて書けたことや、感想を交流することで学びを広げようとしていることを価値付けたい。

スイミー

本時の目標
・レオ＝レオニの他の作品を読んで、好きなところを伝え合うことができる。

本時の主な評価
・粘り強く場面の様子に着目して登場人物の行動を想像し、学習課題に沿って自分の好きな場面を伝え合おうとしている。

資料等の準備
・教科書 p.80「この本、読もう」に紹介されている作品の表紙のコピー
・ワークシート④：絵本の好きなところをまとめる 🔽 12-06
・「すきなところ」の掲示 🔽 12-07
・「そのわけ」の掲示 🔽 12-05

3

```
②そのわけ
　なぜかというと～からです。
```

☆学しゅうをふりかえって
・みんなでたくさんそうぞうしたことで、スイミーのことがよくわかった
・書いてあることからそうぞうすると、書いてないことも考えられてたのしかった
・みんなでたくさん考えたから、さいしょのかんそうよりも長くかんそうが書けてうれしかった

授業の流れ ▷▷▷

1 学習を振り返り、本時のめあてを確認する 〈5分〉

○前時の学習で、好きな場面とそのわけを交流したことを確認し、本時ではレオ＝レオニの他の作品を読んで、感想を交流することを伝える。

T　前回は、「スイミー」の好きな場面とそのわけを友達と伝え合いましたね。どんなことが心に残っていますか。

・最初に書いた感想よりも長く書けてうれしかったです。

・友達は自分とは違う感想を書いていたけど、それもいいなと思いました。

T　今日はレオ＝レオニさんの他の作品を読んで感想を交流しましょう。

○本時のめあてを板書する。

2 読み聞かせを聞き、感想を書いて交流する 〈30分〉

○教科書 p.80「この本、読もう」に紹介されている作品の読み聞かせを行う。その後、前回の学習を生かして感想をまとめ、交流する。

T　どのお話が気に入りましたか。お話を選んで、前回のように感想を書きましょう。
「（絵本の題名）の～ところがすきです。なぜかというと～からです。」の形でまとめてみましょう。

T　書いた感想を友達と交流しましょう。前回のように、まずは同じ作品を選んだ友達と、次に違う作品を選んだ友達と交流しましょう。

スイミー

1

レオ＝レオニの絵本を読んで、かんそうを
こうりゅうしよう

2

○かんそう

① すきなところ
わたしは（絵本の題名）
の〜ところがすきです。

教科書p.80「この本、読もう」に
紹介されている作品の表紙のコピー

---

3 学習を振り返る 〈10分〉

○様子を思い浮かべながらお話を読み、好きな
場面の感想をまとめる学習を振り返る。みん
なで場面の様子を想像する学習を通して、最
初の感想よりも長く、詳しく感想が書けるよ
うになったことを価値付けていく。

T 今回の学習では、場面の様子をみんなで想
像し、お話の世界を広げていき、最後に好き
な場面について感想を書きました。どんなこ
とが楽しかったですか。

・みんなでたくさん想像したことで、スイミー
のことがよく分かりました。

・書いてあることから想像すると、書いてない
ことも考えられて楽しかったです。

・みんなでたくさん考えたから、最初の感想よ
りも長く感想が書けてうれしかったです。

よりよい授業へのステップアップ

**絵本を1人1冊用意し、読書活動へつ
なげる工夫**

　図書館を活用して、レオ＝レオニ作
品を1人1冊用意する展開も考えられ
る。その場合、最初に教師による、そ
れぞれの本の簡単な紹介を行ってか
ら、本を選ばせるとよい。1人1冊用
意できなくても、2人で1冊などの形
態も可能である。

　教師の読み聞かせではなく、自分で
読んで感想をまとめていく活動は、今
後の読書活動へとつながっていくだろ
う。

1 第2時資料　ワークシート①：場面ごとの様子をまとめる 🔽 12-01

スイミー

二年（　　）くみ　名まえ（　　　　　　　　　　　）

どんなお話か、ばめんごとにまとめよう

	一ばめん 教科書p.68,69 イラスト	二ばめん 教科書p.70,71 イラスト	三ばめん 教科書p.72,73 イラスト	四ばめん 教科書p.74,75 イラスト	五ばめん 教科書p.76,77 イラスト

2 第3〜7時資料　ワークシート②：各場面を読んで、想像したことをまとめる 🔽 12-02

スイミー

二年（　　）くみ　名まえ（　　　　　　　　　　　）

ばめんのようすを　そうぞうしよう。

日にち ページ	ばめん	そうぞうしたこと		

3 **第8時資料　ワークシート③：好きな場面をまとめる** ⬇ **12-03**

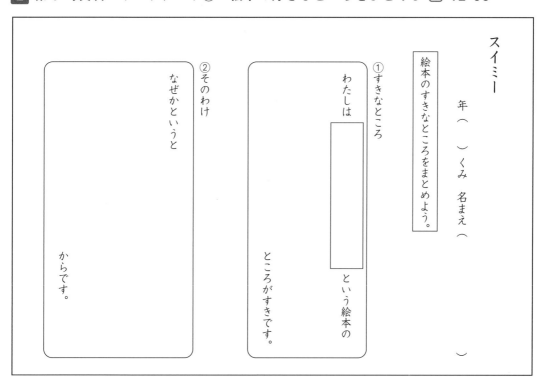

スイミー

年（　）くみ　名まえ（　　　　　　　　　）

すきなばめんをまとめよう。

①すきなばめん

わたしは 　ばめんの

ところがすきです。

②そのわけ

なぜかというと

からです。

2 **第9時資料　ワークシート④：絵本の好きなところをまとめる** ⬇ **12-06**

スイミー

年（　）くみ　名まえ（　　　　　　　　　）

絵本のすきなところをまとめよう。

①すきなところ

わたしは 　という絵本の

ところがすきです。

②そのわけ

なぜかというと

からです。

かん字の　ひろば① 〔2時間扱い〕

単元の目標

知識及び技能	・第1学年に配当されている漢字を書き、文や文章の中で使うことができる。（(1)エ） ・助詞の「は」「へ」「を」の使い方、句読点の打ち方を理解して、文や文章の中で使うことができる。（(1)ウ）
思考力、判断力、表現力等	・語と語の続き方に注意することができる。（B ウ）
学びに向かう力、人間性等	・言葉がもつよさを感じるとともに、楽しんで読書をし、国語を大切にして、思いや考えを伝え合おうとする態度を養う。

評価規準

知識・技能	❶第1学年に配当されている漢字を書き、文や文章の中で使っている。（〔知識及び技能〕(1)エ） ❷助詞の「は」「へ」「を」の使い方、句読点の打ち方を理解して、文や文章の中で使っている。（〔知識及び技能〕(1)ウ）
思考・判断・表現	❸「書くこと」において、語と語の続き方に注意している。（〔思考力、判断力、表現力等〕B ウ）
主体的に学習に取り組む態度	❹進んで第1学年に配当されている漢字を使い、これまでの学習を生かして絵を説明し、文を書こうとしている。

単元の流れ

時	主な学習活動	評価
1	学習の見通しをもつ p.81の挿絵に出てくる漢字の読み方を確認し、海に囲まれた島の様子を想像する。 学習課題を設定する。 絵の中のしまのようすをあらわす文を書こう。 絵の中の言葉（漢字）を使い、島の様子を表す文を作る。 ・助詞「は」「へ」「を」を正しく使う。 ・句読点の打ち方に気を付ける。 ・語と語のつながりに気を付ける。 ・文の終わりには句点を打つ。	❶ ❷ ❸
2	書いた文を友達と読み合う。 学習を振り返る 学習を振り返り、同じ漢字を使って、いろいろな文ができることを理解する。	❹

〈単元で育てたい資質・能力〉

　本単元のねらいは、これまでに学習した漢字を文の中で使うことができる力を養うことである。そのためには、自分が考えたことや想像したことを伝える活動を通して、漢字を使って文を書くことのよさや喜びを味わわせることが大切だろう。日常的に文や文章の中で進んで漢字を使おうとする態度を、低学年のこの時期から育んでいきたい。

〈教材・題材の特徴〉

　本教材では、１年生までに学んだ漢字とその漢字を表す挿絵がかかれている。低学年の子供は、この挿絵を見ただけで、「王さまが森の中にすんでいるよ」「二人の子供が赤い夕日をながめているね」と想像を広げることだろう。また、「王さまは、青いやねのおしろに住んでいるんだね。」「２人の子供がかよう学校もあるね。」など、友達との語り合いへと発展させていくことも考えられる。子供が自ら発見したことを文や文章に表し、友達ともっと交流したいという思いを高めていけるようにしたい。文を書いたり、友達と文を読み合ったりする活動を通して、これまでに学習した漢字を使うだけでなく、主語と述語、句読点の打ち方等、これまでに学習してきた知識や技能を使う場にもなる。

〈言語活動の工夫〉

　子供によっては、教科書に書かれている漢字から文や文章を考えようとする場合もあれば、絵から想像を膨らませて文や文章を考えようとする場合もあるだろう。一人一人の学びの過程を大切にし、挿絵に書かれている漢字を使うことだけでなく、書いた文の中にこれまで学んだ漢字がないかを子供自身が振り返ることができるような場をつくることが大切だろう。また、漢字の定着については、毎日の生活の中で子供が漢字に触れる機会を増やし、漢字に対する関心を高め、漢字を書こうとする意欲や態度を養っていくことが大切である。

　［具体例］
　○教科書の「これまでにならったかん字」や「この本でならうかん字」のページなどを活用し、
　　学んできた漢字を振り返らせる。「もっと漢字を使いたい」「こんな漢字も使ってみよう」という思いを醸成していくことも大切である。
　○教材を拡大コピー（できればカラーで）したものを教室に掲示する。常に子供がその漢字に触れている状況をつくり出す。子供から出た文を短冊に書き、拡大した絵のそばに貼っていくと、内容を正しく表すことができているかが確かめやすくなる。また、日頃から絵を眺め、友達と交流する場面が生まれやすくなり、文を書く材料を集めることもできるだろう。

〈ICT の効果的な活用〉

調査：教師が ICT を用いて１学年で学んだ漢字のフラッシュカードを作成しておき、子供が授業の隙間時間等に読んだり書いたりすることができるようにしておく。１枚１枚のフラッシュカードに、漢字と漢字の意味を表すイラストや写真などをセットで表示しておくと、子供が漢字の意味をイメージしやすくなる。また、子供がフラッシュカードの一覧を見られるようにしておくと、学んだ漢字を調べる際に役立てることができる。

本時案

かん字の ひろば①

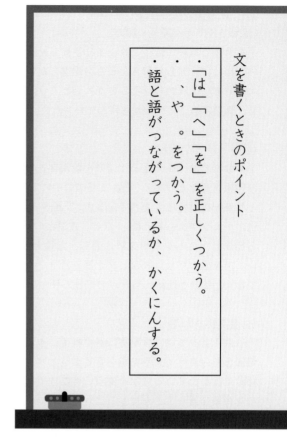

（右側の掲示板・縦書き）

文を書くときのポイント

・「は」「へ」「を」を正しくつかう。
・「、」や「。」をつかう。
・語と語がつながっているか、かくにんする。

本時の目標

・絵に描かれた島での様子を想像し、提示された漢字を使って文を書くことができる。

本時の主な評価

❶前学年や当該学年で配当されている漢字を読み、文の中で使っている。【知・技】
❷助詞「は」「へ」「を」の使い方、句読点の打ち方を理解して文の中で使っている。【知・技】
❸語と語の続き方に注意しながら、内容のまとまりが分かるように書き表している。【思・判・表】

資料等の準備

・P81挿絵拡大コピーもしくは投影機でテレビに映し出す。
・言葉の短冊 ⤓ 13-01〜14

授業の流れ ▷▷▷

1 教科書 p.81の言葉を音読し、学習課題を確認する 〈5分〉

T 出てくる言葉をみんなで読みましょう。
・ 夕日、赤い、田んぼ、山、王さま…
○ p.81の絵を投影機等を使って映し、出てくる言葉の短冊を黒板に提示する。言葉と漢字とを結び付けるようにする。
T この言葉を使って、絵の中の島の様子を表す文を書きます。
○学習課題を確認するとともに、漢字を使って文を書くことを意識できるようにする。

2 絵を見て島の様子で分かることを発表する 〈15分〉

T 絵を見て、島の様子で分かることを友達同士でお話してみましょう。
・青い屋根のお城に王さまがいます。
・王さまは、森の中に住んでいます。
・赤い車が橋を渡ろうとしています。
・砂浜にきれいな貝がたくさん落ちています。
○絵を指しながら話し合わせ、挿絵と言葉を対応させて想像を膨らませるようにする。
T 友達同士で話したことを発表しましょう。
・男の子がきれいな夕日を見て、喜んでいます。
・島には、町と学校と村があります。
○発表された文をいくつか板書し、教科書の中の漢字を使うこと、その他の漢字で書ける字も漢字で書くことを確認する。

かん字の ひろば①
176

かん字の　ひろば①

1

絵の　中の　しまの　ようすを　あらわす　文を　書こう。

2

赤い　青い

夕日　貝　車　王さま

学校　村　町　田んぼ

山　川　森　林

3

・文の　れい

・しまから　見える　夕日は、赤くて、とてもきれいです。

みんなの　お話から　できた　文

・男の子がきれいな夕日を見て、よろこんでいる。

・しまに、町と学校と村がある。

3　絵の中の言葉を使って、文を書く〈25分〉

T　絵の中の言葉を使って、ノートに文を書きましょう。

・森の中のお城に王さまが住んでいる。

・青い海では、魚がたくさん泳いでいる。

T　文を書くときには、このことに注意しながら書いてみましょう。

○1つ書けたら、絵の中に出てくる14の言葉を全て使うように促す。

○2年生で習った漢字も積極的に使うように促す。

T　書いた文の中でお気に入りのものを短冊に書きましょう。

○短冊に書く前に、習った漢字を使えているか、文の終わりには丸がついているかを子供と一緒に確認する。

よりよい授業へのステップアップ

絵の中に出てくる漢字以外の漢字や、学んでいない漢字を使う子供も積極的に認めていきたい。短冊に書くときには、習った漢字が使えているかを教師が見るのではなく、子供自身が振り返り、修正していくことができるようにしたい。その際に、教科書の「これまでにならったかん字」や「この本でならうかん字」のページを活用させるとよい。教師が子供と一緒にそのページを見て、書ける漢字を探していくなど、確認の仕方を教えていくことが大切だろう。

かん字の ひろば①

2/2

本時の目標
・絵に描かれた島での様子を想像し、提示された漢字を使って書いた文を読み、互いの表現のよさや違いに目を向けることができる。

本時の主な評価
❹進んで漢字を使い、学習課題に沿って、文を書こうとしている。【態度】

資料等の準備
・p.81挿絵拡大コピー（できればカラー）をグループの数
・言葉の短冊

❹
◎これからの学しゅうに生かそう
・ならったかん字をつかっていきたい
・ものがたりを書くときに、たくさんかん字を入れる
・もっとかん字をおぼえたい

授業の流れ ▷▷▷

1 本時のめあてを確認する 〈5分〉

T 前回は、絵の中の言葉を使って文を書きましたね。今日は、書いた文を発表しましょう。

○本時のめあてを板書する。

○事前に、子供に文を短冊に書かせて、可視化できるようにする。

2 自分が作った文を グループで発表する 〈25分〉

T どんな文を書きましたか。グループで発表しましょう。

・男の子と女の子が赤い夕日を見ています。

・海には、赤い魚と黄色い魚と青い魚がいます。

・森の中には青いやねのおしろがあります。

○書いた文を声に出して読むなどして、「は」「へ」「を」などの基本的な助詞を正しく使うことができているか確認する。

○互いの表現のよさや違いなどに目を向けさせるようにする。

○子供の書いた短冊を、グループごとに配付した絵のそばに貼らせる。

かん字の　ひろば①

1 書いた文をはっぴょうしよう。

2 グループごとにイラストに短冊を貼り、黒板に貼って紹介したり、見合ったりする時間をとる。

教科書 p.81 のイラスト

村の家は、ぜんぶ赤いやねです。

男の子と女の子が赤い夕日を見ています。

海には、赤い魚と、黄色い魚と、青い魚がいます。

町には、ビルがたくさんあります。

森の中には、青いやねのおしろがあります。

---

3 互いの表現のよさや違いに目を向ける　〈10分〉

T　友達の文章で、自分と違ったところやよいと思ったことを発表しましょう。

・「町には」や「村には」と書いてある人の文を見てぼくも場所を入れようと思いました。

・「男の子が〜」や「車が〜」と主語が入っていると読みやすいです。

・同じ言葉を使っても、違う文章ができておもしろいと思いました。

○よいと思った友達の文章を子供に発表させ、教師が板書することで、互いに認め合うことができるようにする。

○自分のグループでも、似ている文がないか問い掛け、発表させることで様々な表現に使えることを知る。

4 学習を振り返る　〈5分〉

T　自分が書いた文を発表したり、友達のよい表現に気付いたりすることができましたね。これからの学習にどのように生かしていきますか。

・習った漢字をたくさん使って文を書いていきたいです。

・自分で物語を考えて、漢字を使って文章を書きたいです。

・もっといろいろな漢字を覚えたいです。

○自分が文を書くときに生かしていけるようにする。

あつめる　ときに　つかおう

【じょうほう】メモを　とる　とき　3時間扱い

単元の目標

知識及び技能	・言葉には、事物の内容を表す働きがあることに気付くことができる。（(1)ア）
思考力、判断力、表現力等	・経験したことなどから書くことを見つけ、必要な事柄を集めたり確かめたりして、伝えたいことを明確にすることができる。（Bア）
学びに向かう力、人間性等	・言葉がもつよさを感じるとともに、国語を大切にし、思いや考えを伝え合おうとする。

評価規準

知識・理解	❶言葉には、事物の内容を表す働きがあることに気付いている。（〔知識及び技能〕(1)ア）
思考・判断・表現	❷「書くこと」において、経験したことから書くことを見つけ、必要な事柄を集めたり確かめたりして、伝えたいことを明確にしている。（〔思考力・判断力・表現力等〕B(1)ア）
主体的に学習に取り組む態度	❸積極的に必要な事柄を集め、これまでの学習を生かして知らせたいことをメモに取ろうとしている。

単元の流れ

時	主な学習活動	評価
1	学習の見通しをもつ 学習課題を設定する。 学校の中にあるものを、おうちの人に伝えるためにメモをとろう。 教科書に提示されている挿絵とメモの例を読み、どのようにメモを取ったらよいのか考える。 学校の中にあるものの中から、家の人に伝えたいものを決める。	❶
2	ようすをくわしく知らせるためのメモをとる。 友達とメモを見せ合い、お互いのよいところを伝え合う。	❷❸
3	学習を振り返る メモをとるときに気を付けたいことをまとめる。 この後の書くことの単元でも活用することを確かめる。	

授業づくりのポイント

〈単元で育てたい資質・能力〉

　本単元のねらいは、経験したことや誰かに知らせたいことなどを大事なことを落とさずに、短い言葉でメモにまとめることである。そのためには、文章を短い言葉に書き直すことを意識できるようにすることが大切である。また、必要な事柄（「いつ」「どこ」「何が」「どんな」「どのように」など）を

押さえて、自分の伝えたい内容をメモに書くことも併せて指導していく。

[具体例]
○教科書の町たんけんの4コマまんがの場面に着目させる。教師のスピーチを聞いて、自分なり
　の簡単なメモを作らせ、教科書のメモと比べさせることで振り返ることができ、メモに必要な
　「短く書く」という意識をもつことができる。
○教科書のメモの例から「いつ（6月12日（水））」「どこ（パンやさん）」「どんな（どうぶつの
　形のパン、くま、うさぎ）」を確認させることが大切である。また、それ以外に付け加えるとよ
　いこと（数、色など）も考えさせることで、より正確なメモができることに気付かせる。

〈他教科との関連〉
　子供は生活科の学習で、学校探検や公園探検をした経験がある。また、2年生になって、学校のこ
とを1年生に伝える活動を行ったり、町探検をしたりしていることであろう。本単元は、そのような
体験を想起させることで、より正確に伝えたり、簡単なメモを取ったりするよさに気付かせる活動を
行いたい。

[具体例]
○生活科の学校探検で1年生に説明を行った原稿などがあったら、それと教科書の例示を比較す
　る。そうすることで、主語と述語のある原稿と短い言葉で書かれたメモの違いを考え、メモを
　使う利点を考えるきっかけをつくることができる。

〈言語活動の工夫〉
　学校（教室など）にあるものの中から、誰（友達や家の人）にどんなもの（学校や教室にあるもの）
を知らせたいのかをはっきりさせる。そのことによって学習の見通しをもち、相手意識や目的意識を
明確にして主体的に学習に取り組めるようになる。
　また、調べるものを取材してメモを取るだけで終わりにせず、友達と取材したり、メモを読み合っ
たりする対話的な活動を入れることで、新しい視点やよい書き方に気付くことができるようにする。

[具体例]
○実際に学校（教室）の中の家の人に知らせたいものを観察し、メモにまとめる活動を行う。そ
　の際には、ペアで活動することで、1人でメモを取るのではなく、友達の視点や意見も取り入
　れることができる。
○ペアの友達に伝えることで、自分のメモを振り返ったり、友達のよいところから学んだりする
　ことができる。

〈ICTの効果的な活用〉
　調査：取材の際に、自分が伝えるものを端末で写真や動画に撮影する。

【じょうほう】
メモを　とる　とき (1/3)

本時の目標

・メモの取り方を知り、短い言葉を使ってメモ
　を取ることができる。

本時の主な評価

❶言葉には、事物の内容を表す働きがあること
　に気付いている。【知・技】

資料等の準備

・教科書 p.82の挿絵の拡大
・教科書 p.83のメモの拡大
・ワークシート①：メモ　⤓ 14-01
・「メモをとるときに大切なこと」掲示 ⤓ 14-02

教しつにあるもので、メモを取ることができそうなものを子供から出させて、板書する。

③
教しつの　中に　あるもので　メモを　つくろう
・水そう
・図こうのさくひん
・本だな
・テレビ

せいかくな　メモ
・いつ
・大きさ
・色
・かず

教科書以外の視点が出てきたら、その都度追加する。

授業の流れ ▷▷▷

1 p.82の挿絵を参考にしながら教師の話を聞いて、自分なりのメモを取る 〈10分〉

T　この学習では、学校のことをおうちの人に
　伝えるためのメモの取り方について学習しま
　す。

○学習課題を板書する。

T　まず、先生の話を聞いて、ワークシートに
　メモを取りましょう。

○「ぼくは 6月12日（水）にパン屋さんに行
　きました。パン屋さんには動物の形のパンが
　ありました。くまやうさぎの形のパンもあり
　ました。」など、教科書のメモを参考に教師
　が話をする。

○メモを取り終わった後、ペアでメモを見せ合
　い、自分のメモと比べる。友達のよい書き方
　を見つけることで、自分の書き方を振り返る
　ことができる。

2 自分のメモと教科書のメモを比べて、どのような内容をメモしたらいいのか考える 〈15分〉

T　教科書のメモと自分のメモを比べて、同じ
　ところや、違うところを探しましょう。

T　メモをするときに大切なことはなんでしょ
　う。

○正確に書けているか。

・いつ　　　→　日にちや曜日
・場所　　　→　パン屋さん
・どのような形　→　動物の形のパン
・種類（何）　→　くま、うさぎ

のように、メモの内容を5W1Hに当てはめる。

○短い言葉で書くよさについて気付かせる。

○本時のめあてを板書する。

メモを とる とき

学校の中にあるものを おうちの人につたえるために メモを とろう。

かんたんな ことばで メモを とり、ともだちに つたえよう。

①

教科書の
4コマまんが

教科書
p.83のメモ

②
メモの とり方

みじかい ことば で書く

×ぱんやさんに〜
行きました ← ○ぱんやさん

メモをとるとき
に大切なこと
・いつ
・どこ
・どんな形
・なにがあるか
} せいかくにメモする

観点は、短冊を作っておくと、他の学習でも使える。

---

3 教室の中にあるもので、友達に伝えたいものを
決め、様子をくわしく伝えるメモを取る〈20分〉

○教科書のメモを参考にさせる。
T　教室の中にあるものを友達に伝えるために
メモを取ります。教科書を参考にしてメモを
取りましょう。教室の何を伝えたいですか。
○自分の興味のあるものを選ばせる。
T　ペアの友達とメモの紹介をし合い、他に書
いておくとよいことはないか、確かめましょ
う。
・色を入れるといいかも。
・数を書くといいね。

よりよい授業へのステップアップ

**子供自身でメモのよさに気付ける授業
の工夫**

　教師がいきなり子供にメモの取り方
を指導するのではなく、子供自身がメ
モの取り方に気付くことができるよう
に導入を工夫する。
　自分のメモと友達のメモを比べる交
流をしたり、教科書のメモと自分のメ
モを比べたりすることで、短い言葉で
正確に書くよさに気付かせる。もし、
その際に指導内容が子供から出なかっ
た場合は、教師が補足する必要がある。

メモを　とる　とき

本時の目標

- メモの取り方を知り、短い言葉を使ってメモを取ることができる。

本時の主な評価

❷経験したことから書くことを見つけ、必要な事柄を集めたり確かめたりして、伝えたいことを明確にしている。【思・判・表】

❸積極的に必要な事柄を集め、これまでの学習を生かして知らせたいことをメモに取ろうとしている。【態度】

資料等の準備

- 教科書 p.83のメモの拡大
- 「メモをとるときに大切なこと」掲示物
  ⤓ 14-02
- ワークシート②：取材メモ ⤓ 14-03

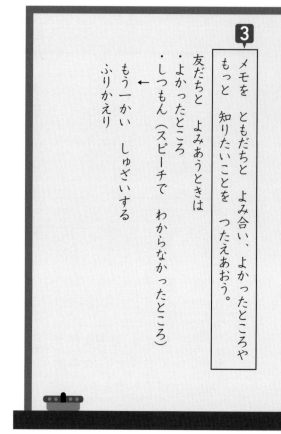

③
- メモを　ともだちと　よみ合い、よかったところや
  もっと　知りたいことを　つたえあおう。
- 友だちと　よみあうときは
  ・よかったところ
  ・しつもん（スピーチで　わからなかったところ）
    ← もう一かい　しゅざいする
  ・ふりかえり

授業の流れ ▷▷▷

1 学校の中で、家の人に伝えたいものを決める 〈第2時：10分〉

T　おうちの人に学校にあるものを伝えます。何を伝えたいか、考えましょう。
- 音楽室
- 校長室
- 校ていの桜

○学習課題を板書する。

○学校たんけんで1年生に学校のことを伝えた活動を振り返らせて、その中から自分の伝えたい場所を決めさせる。

○実際に取材に行く場所は、事前に許可を取っておく。その時間に取材に行けない場合、休み時間などを活用して行くようにする。

2 自分の伝えたいものについて、ペアで取材に行く 〈第2時：35分〉

○取材に行く前に、前時の振り返りをし、メモの取り方を確認する。
- 正確に書くこと（いつ、どこ、どんな、色、形、数など）
- 短い言葉で書くこと

T　自分の伝えたいものをペアの友達と取材に行きます。

○取材のルールを確認する。
- 廊下は走らない。
- 大きな声を出さず、静かに見る。
- ペアの友達の紹介したいものも取材し、一緒にメモの取り方を考える。

ICT 端末の活用ポイント

取材の際に、端末の写真や動画で撮影することで、メモを見直す際に活用できる。

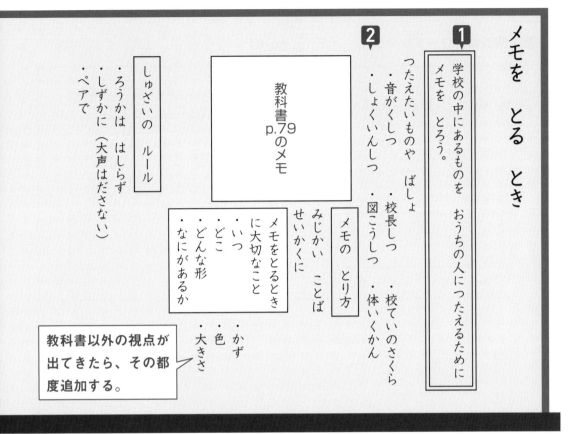

メモを　とる　とき

1

学校の中にあるものを　おうちの人につたえるために　メモを　とろう。

2

つたえたいものや　ばしょ
・音がくしつ　・校長しつ
・しょくいんしつ　・図こうしつ　・校ていのさくら
・体いくかん

メモの　とり方
みじかい　ことば
せいかくに
・いつ
・どこ
・どんな形
・なにがあるか

・かず
・色
・大きさ

メモをとるとき
に大切なこと

教科書
p.79のメモ

しゅざいの　ルール
・ろうかは　はしらず
・しずかに　（大声はださない）
・ペアで

教科書以外の視点が
出てきたら、その都
度追加する。

---

3 取材したことを友達に伝え、さらに必要な情報を集める　〈第3時：35分〉

○本時のめあてを板書する。

T　調べたことを友達に伝えましょう。

○違う場所に行った友達にメモを使ってスピーチさせる。よかった点を伝え合う。

・交流のポイント
　→よかった点や感想を伝える。
　　質問をする。

○交流で出た質問を書き足したり、再取材に行ったりする。
　→早く終わったら別の場所を取材したり、絵を描いたりする。

ICT端末の活用ポイント

友達に紹介する際に写真を見せながら交流させる。写真を見ることで聞き手側の質問などが出やすくなる。

---

4 自分のメモを見直し、学習の振り返りをする　〈第3時：10分〉

T　メモするときにどのようなことに気を付けましたか。

・短い言葉で書いたよ。

・色や数を書いたよ。

T　今回の学習で分かったことや頑張ったことを振り返りましょう。

○ノートなどに学習の振り返りをまとめさせる。

○調べたことを家の人にも伝える宿題を出すことで、子供の意欲も高められる。

1 第1時資料　ワークシート①：メモ　⬇ 14-01

メモを とる ひみつ

月　日（　）　名前

○ めあて

学校の中に ある ものを おうちの 人に つたえるための メモを かこう。

○学校の中に ある ものを メモして つたえよう。

・なにを　　　　　書くと

○ ピアノ 1だい

○ ドラム 大だいこ キーボード

○ こまが □の形

○ リコーダーがいっぱい

○ おうちの 人に つたえよう。

【じぶんの かんそう】

ドラムやメモがたくさん あって すごかったです。メモをとってとりくみ ておもしろかったです。など

【おうちの 人から】

学校の中のことが よく わかったよ。

こんな　もの、見つけたよ／【コラム】丸、点、かぎ　(10時間扱い)

単元の目標

知識及び技能	・長音、拗音、促音、撥音などの表記、助詞の「は」「へ」「を」の使い方、句読点の打ち方、かぎ（「　」）の使い方を理解して、文や文章の中で使うことができる。((1)ウ)
思考力、判断力、表現力等	・自分の思いや考えが明確になるように、事柄の順序に沿って簡単な構成を考えることができる。(Bイ)
学びに向かう力、人間性等	・言葉がもつよさを感じるとともに、楽しんで読書をし、国語を大切にして、思いや考えを伝え合おうとする。

評価規準

知識・技能	❶長音、拗音、促音、撥音などの表記、助詞の「は」「へ」「を」の使い方、句読点の打ち方、かぎ（「」）の使い方を理解して、文や文章の中で使っている。(〔知識及び技能〕(1)ウ)
思考・判断・表現	❷「書くこと」において、自分の思いや考えが明確になるように、事柄の順序に沿って簡単な構成を考えている。(〔思考力、判断力、表現力等〕Bイ)
主体的に学習に取り組む態度	❸事柄の順序に沿った構成を粘り強く考え、学習の見通しをもって、読み手に分かりやすく伝える文章を書こうとしている。

単元の流れ

次	時	主な学習活動	評価
一	1	学習の見通しをもつ 生活科の町探検などで見つけた「いいな」と思ったものを話し合う。 学習課題を設定し、学習計画を立てる。 「いいな」が伝わるように、組み立てを考えて書こう。	
	2	知らせたい事柄について、決める。	
	3	教科書p.85を参考にして、見つけたことや分かったことなどをメモに取る。	
	4	再取材して、インタビューをする。	
	5	メモを見返して、「いいな」「すてきだな」と思ったことを伝えるのに必要なことを付け加える。	
二	6	教科書p.87のモデル文を読み、組み立てを考える。	❷
	7	文章の組み立てを考え、「はじめ」「中」「おわり」の構成メモに整理する。	
	8	教科書p.89【コラム】「丸、点、かぎ」を読み、表記について知る。 読む人に伝わるように、書く事柄の順序によって整理し構成を考えて文章を書く。	❶❸

三 ・	9	できあがったものを読み合い、感想を伝え合う。	
		学習を振り返る	
	10	学習を振り返り、文章の組み立てを考える際に大事なことを確認する。	

授業づくりのポイント

〈単元で育てたい資質・能力〉

　本単元のねらいは、自分の伝えたいことを明確にして、簡単な「はじめ」「中」「おわり」の文章構成を考え、文章を書くことである。伝えたいもののよさが伝わるように、構成をしっかりと考えることが必要である。そのため、文章がどのように構成されているかを子供自身が見つけたり、考えたりすることができるようにしたい。

　また、文章を表現する際の技能を身に付けることも必要である。句読点やかぎ（「　」）の正しい使い方を知り、文中で使うことも同時にねらっている。特に会話文の書き方は、これからの「書くこと」の基本にもなるので、丁寧に指導する必要がある。

```
［具体例］
○教科書の例文から、内容が3つ（「はじめ」「中」「おわり」）に分かれていること、「中」で会
　話文を使っていることなどに気付くことで、子供自身が「文章構成とは何か」を考えるきっか
　けをつくることができる。その際、モデル文に書き込みができる学習シートを使用するとよい。
○実際に文章を書く際に、p.89「丸、点、かぎ」を活用して、句読点やかぎ（「　」）が正しく書
　けるようにする。実際に原稿用紙に視写させると効果的である。また、朝の時間や日常の授業
　の5分間、宿題などの時間を使って視写の活動を取り入れることで、原稿用紙の使い方や句読
　点の打ち方、会話文の書き方などが定着できる。
```

〈既習学習の活用〉

　子供は今までに様々な「書くこと」の活動を行っている。直近では「メモをとるとき」でメモの取り方を学習している。既習学習の振り返りを効果的に単元の中に入れることによって、既習学習の定着を図り、本単元で取り組む活動の内容も充実したものとなる。

```
［具体例］
○「メモをとるとき」で学習した内容を振り返り、メモに書く内容（「いつ」「どこ」「何が」「ど
　んな」「どのように」など）を確認する。また、「どんな」「どのように」にあたる内容（大き
　さ、形、色、数→視覚（目）の情報、音、会話→聴覚（耳）の情報、さわった感じ→触覚（手）
　の情報、におい→嗅覚（鼻）の情報、味→味覚（口）の情報）などに気付かせることで、より
　具体的なメモを作ることができるようにする。
```

〈ICT の効果的な活用〉

記録：自分の伝えたいものを、端末のカメラ機能や録音・録画機能を用いて、画像や動画として保
　　　存しておく。その際、自分の伝えたい部分を明確にしてアップで撮ったり、全体を撮ったり
　　　できるように写真の撮り方を事前に指導するとよい。

こんな もの、見つけたよ 1/10

本時の目標

・「いいな」「すてきだな」と思うものを、文章にすることに興味をもち、学習の見通しを立てることができる。

本時の主な評価

・「いいな」「すてきだな」と思うものを出し合い、学習の見通しをもとうとしている。

資料等の準備

・教科書 p.84 の学習の進め方の拡大
・生活科で行った町探検の写真や生活科の記録カードなど
・ワークシート①：学習計画表 ⬇ 15-01

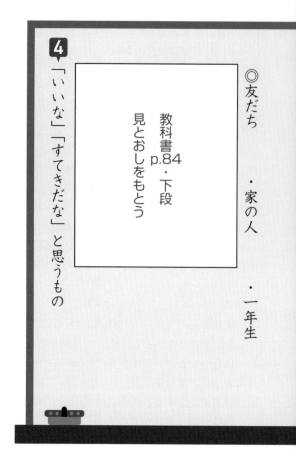

◎友だち　・家の人　・一年生

「いいな」「すてきだな」と思うもの

④
「いいな」「すてきだな」と思うもの
教科書 p.84・下段
見とおしをもとう

授業の流れ ▷▷▷

1 町たんけんなどの日常生活を振り返り、見つけたものを出し合う〈10分〉

○本時のめあてを板書する。

T　普段の生活や町たんけんで見つけた、「いいな」「すてきだな」と思った場所はありますか？

・公園のブランコです。
・お花屋さんにたくさんお花がありました。
・パン屋さんにベンチがありました。

○子供にとって身近な生活（町たんけん、日常の生活、行事など）の中から「いいな」「すてきだな」と思った場所を出させる。

ICT 端末の活用ポイント

町探検などで撮影した写真が端末に保存されている場合、どのような場所に行ったのか思い出す手がかりにさせる。

2 学習課題を設定する　〈10分〉

T　みなさんの出してくれた場所のどのようなところが「すてきだな」と思いますか。

・花の色がきれいだった→色
・おいしそうなパンがいっぱいあった
　→数、どのような味、形

○子供から出た意見を、教師が「数」や「大きさ」などの観点に整理するとよい。

T　この学習は、みんなが「いいな」と思うものを伝える文章を書く学習です。どのように書いたら、自分の思いが伝わるか考えて学習しましょう。

○学習課題を板書する。

ICT 端末の活用ポイント

子供が選んだ写真を電子黒板などに投影させると、クラス全体に共有させることができる。

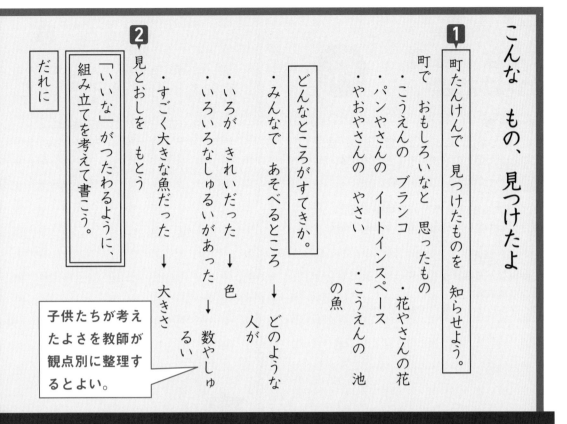

こんな もの、見つけたよ

1 町たんけんで 見つけたものを 知らせよう。

町で おもしろいなと 思ったもの

・こうえんの ブランコ　・花やさんの 花
・パンやさんの イートインスペース
・やおやさんの やさい　・こうえんの 池
　　　　　　　　　　　　　　の魚

どんなところがすてきか。

・みんなで あそべるところ　→　どのような
　　　　　　　　　　　　　　　　　人が
・いろが きれいだった　→　色
・いろいろなしゅるいがあった　→　数やしゅ
　　　　　　　　　　　　　　　　　　るい
・すごく大きな魚だった　→　大きさ

2 「いいな」がつたわるように、組み立てを考えて書こう。

見とおしを もとう

だれに

> 子供たちが考えたよさを教師が観点別に整理するとよい。

3　教科書を読み、学習の進め方を知る　〈15分〉

T　誰に「いいな」を伝えたいか考えましょう。

・友達　・家族　・1年生

○学級の実態や学校行事に応じて、誰に向かって書くのか（相手意識）をはっきりさせる。

T　教科書を読んで、学習の計画を立てましょう。

○教科書を通読させて、学習の進め方を捉えせる。

○p.84の「見とおしをもとう」を参考にして、学習計画を子供とともにワークシートに書きこむ。

4　「いいな」「すてきだな」と思ったものを書き出す　〈10分〉

T　町たんけんで見つけた、「いいな」「すてきだな」と思ったものを書きましょう。

○1つに絞るのではなく、どんどん出させる。

○なかなか思いつかない子供には、生活科で使った町探検カードや見つけたよカード、町探検のときの写真などを参考にさせる。

○ペアで話しながら書いてもよい。

○思い出せない子供がいた場合、宿題で町の様子を見て、伝えたいことを探すように助言する。

ICT 端末の活用ポイント

友達の撮影した写真なども参考にさせて、「いいな」と思う場所を決めさせてもよい。

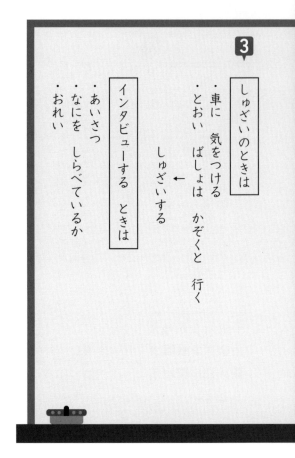

本時案

こんな もの、見つけたよ ②/10

本時の目標
・「すてきだな」と思うものを話し合い、自分が知らせたいものを決めることができる。

本時の主な評価
・「すてきだな」と思うものの理由を紹介し、自分が伝えたいものを決めようとしている。

資料等の準備
・生活科などで撮影した写真
・見つけたよカード
・ワークシート②：取材メモ ⬇ 15-02

授業の流れ ▷▷▷

1 「いいな」「すてきだな」と思ったものを発表する 〈10分〉

○本時のめあてを板書する。

T 前回の学習で書いた、「いいな」「すてきだな」と思うものを発表しましょう。

○前時に書いた「いいな」「すてきだな」と思うものを参考にさせる。

・公園にアスレチックがあったよ。
・帰り道にお花が咲いていたよ。
・和菓子屋さんの和菓子がおいしそうだったよ。
・公園の池にコイがいたよ。

ICT 端末の活用ポイント

ICT 端末の交流ツールに写真を撮っている場合、電子黒板に投影して、視覚的に特徴が捉えられるようにする。

2 「いいな」「すてきだな」と思ったものを友達に紹介する 〈25分〉

T 自分が見付けた「すてきだな」と思うものを友達と紹介し合いましょう。

○ペアをつくって交流させる。途中でペアを変え、いろいろな人と交流させる。

○交流の観点を示す。

「どこで見つけたのか」

「どこがすてきなのか（色、形、大きさなど）」

○写真や生活科で記録した「見つけたよカード」などを使ってもよいことを確認する。

（黒板）

③

しゅざいのときは
・車に 気をつける
・とおい ばしょは かぞくと 行く
　　　　　　　しゅざいする ←

インタビューする ときは
・あいさつ
・なにを しらべているか
・おれい

こんな もの、見つけたよ／【コラム】丸、点、かぎ

192

こんな もの、見つけたよ

知らせたいことを決めよう。

1 いいな、すてきだな
- こうえんのアスレチック → ロープがある
- みちにさいていた花 → 黄色くて、小さな花
- わがしやさんのわがし → はっぱの形
- やおやさん → おいしそうなやさい

2 友だちに つたえよう
- すてきなところ→ ・形 ・色 ・大きさ ・数
- どこ

> **1**で出た観点を整理して、交流の視点を示すとよい。出なかった観点は教師側で補足する。

> いいな、すてきだなと思ったものを簡単に発表させた後、どこが素敵だと思ったかも聞き取る。

---

3 知らせたいことを決めて、取材する 〈10分〉

T　1週間ほど期間をとるので、知らせたい場所についてくわしく取材をします。知らせたいことを見つけたら、忘れないようにメモを取りましょう。
○学級の実態に応じて、取材期間を設ける。
○取材の際はその場で簡単にメモを取り、家に帰ってから整理してまとめるようにする。
T　くわしそうな人にインタビューをしたり、おうちの人に聞いたりしてもよいですね。
○インタビューの仕方を簡単に確認する。

ICT 端末の活用ポイント
放課後に写真を撮影させる。特に伝えたい部分はアップで撮るなど、撮り方も工夫させるとよい。

よりよい授業へのステップアップ

学級通信や学年便りの活用
　取材は、校外での活動になるため、安全面の配慮が必要である。
　そのために、事前に保護者の協力を呼び掛けておく。また、休日に取り組めるようにスケジュールを配慮する。
インタビューの取り扱いについて
　教科書の例文 p.87 にもあるように、聞いたことを文章中に書けるように、インタビューをさせる。そのため、第4時にインタビューの活動を行うので、1回目の取材ではインタビューに軽く触れ、子供自身がインタビューの必要性に気付けるようにする。

こんな もの、見つけたよ

（本時の目標）
・メモのとり方を共有し、自分のメモに生かすことができる。

（本時の主な評価）
・自分に必要な情報を、メモに書いている。
・友達のメモのよいところを見つけたり、メモの内容を吟味したりして、さらに取材しようとしている。

（資料等の準備）
・ワークシート②：取材メモ ⬇ 15-02

（黒板）
3 自分のメモを書こう

← もっと しゅざいしたい こと

書き方の観点は、短冊などに書いておくと、次時にも活用できる。

（授業の流れ）▷▷▷

1 教科書の絵を見て、何をメモするとよいのか考える 〈15分〉

T 「メモをとるとき」で学習したことを使って、メモを書きます。どのようなことを書けばよかったですか？
・短い言葉で書きます。
・「だれが、何を、いつ、どこで」を書きます。
・どのような（色、形、数、大きさ）などを書きます。
○前単元の内容を想起させ、必要に応じてp.82に戻って確認する。
T 黒板の絵にある木を紹介するメモを考えよう。
○教科書は見せず、黒板の絵を参考にさせる。ノートに記入後発表する。時間があったらペアで交流させるとよい。
・ぶらんこの近くだよ。
・ピンク色だよ。

2 教科書のメモと、自分たちが作ったメモを比べる 〈15分〉

T 自分たちがノートに書いたメモと教科書の「しもだかほ」さんが作ったメモを比べましょう。
○隣同士などペアで気付いたことを交流させた後に発表させる。
・場所が書いてあるよ。
・色や木の本数は私のメモと同じだよ。
・絵だけだと触った感じは分からなかったな。
・「ぶらんこの後ろ」みたいにどこにあるか書いてあって分かりやすいな。

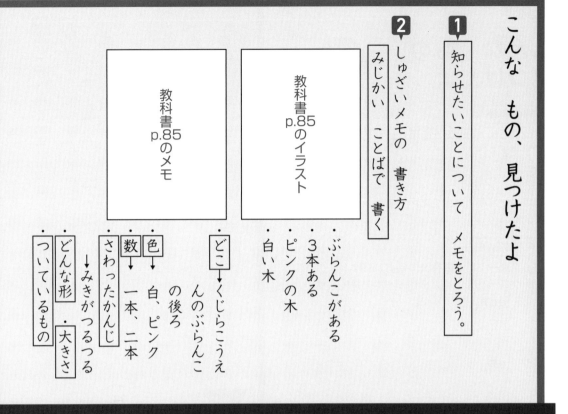

こんな もの、見つけたよ

1 知らせたいことについて メモをとろう。

2 しゅざいメモの 書き方
みじかい ことばで 書く

教科書 p.85のイラスト

- ぶらんこがある
- 3本ある
- ピンクの木
- 白い木

どこ
→ くじらこうえんのぶらんこの後ろ

教科書 p.85のメモ

色
→ 白、ピンク

数
→ 一本、二本

さわったかんじ
→ みきがつるつる

どんな形 ・大きさ

ついているもの

---

3 自分の「すてきだな」と思うもののメモを見直す 〈15分〉

T 自分が紹介したい「すてきだな」と思うもののメモを見直しましょう。

○自分のメモと教科書 p.85のメモを比べて、書き足したり、言葉を短くしたりして、メモの内容を充実させる。

T さらに調べたいことがある人はいますか?

・花の名前が知りたい。

・遊具で遊んだことのある人に感想を聞きたい。

・もう1回、取材したい。

○インタビューや再取材の必要性に気付かせる。

ICT 端末の活用ポイント

ICT 端末で撮影した写真を見ながら記入させることで、より詳しいメモを書くことができる。

よりよい授業へのステップアップ

追加の取材について

追加で取材が必要だったり、交流によって追加取材したいという意欲を新たにもったりすることも考えられる。追加で取材できる子供を教師が評価し、他の子供の意欲にもつながるようにすることが大切である。

会話文を意識して

今回の学習の指導事項に会話文の書き方の指導も含まれている。そのため、取材する際に分からないことを誰かに聞いたり、友達や家族との会話を入れたりできるように、交流活動を意図的に行うことが大切である。

こんな もの、見つけたよ ④/10

本時の目標
・インタビューのしかたを知り、再取材することができる。

本時の主な評価
・自分に必要な情報をインタビューメモに書いている。

資料等の準備
・ワークシート②：取材メモ ⬇ 15-02
・ワークシート③：インタビュー用のメモ（掲示用・配布用）⬇ 15-03

○先生に聞く→ヒャクニチソウ

【なに】

【だれ】

② インタビューのメモ

③ しらべたことを つたえよう

授業の流れ ▷▷▷

1 インタビューすることを決める 〈15分〉

○本時のめあてを板書する。

T 「聞いたこと」を書くために、インタビューをします。「誰」に「どんなこと」を聞きたいか考えましょう。

・お店の人にパンが何種類あるか聞きたいな。

・ブランコで遊んでいる人に、感想を聞こう。

○撮影した写真や取材メモなどを参考にして、質問することを考えさせる。

○インタビューで気を付けることを確認する。

ICT 端末の活用ポイント
インタビュー時に動画を撮影することもできる。その際は、相手の許可を得ることを指導する必要がある。

2 インタビューをする場合の 注意事項を確認する 〈10分〉

T インタビューをするときに気を付けなければいけないことを考えましょう。

・あいさつをします。

・目的（学校の国語の学習で話を聞きたい、など）を伝えます。

・お礼を言います。

○インタビューだけでなく、一緒についてきてくれた家族や友達などに疑問に思ったことを聞いてもよいことも確認する。

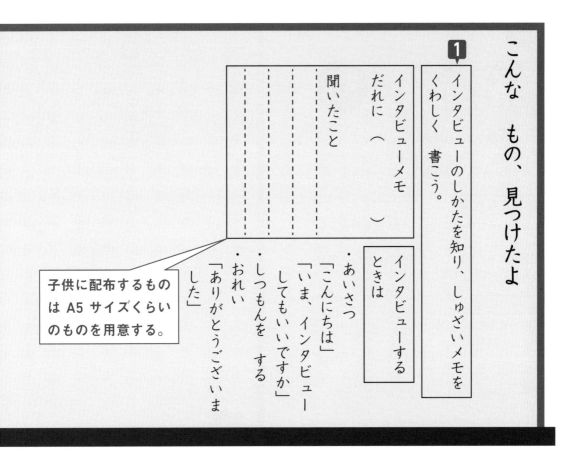

こんな もの、見つけたよ

1 インタビューのしかたを知り、しゅざいメモをくわしく 書こう。

インタビューメモ

だれに（　　　）

聞いたこと

子供に配布するものは A5 サイズくらいのものを用意する。

インタビューするときは

・あいさつ
「こんにちは」
「いま、インタビューしてもいいですか」
・しつもんを する
・おれい
「ありがとうございました」

---

3 交流したことを基に、自分のメモを見直す 〈15分〉

T　インタビューしてきたことを、メモにまとめます。短い言葉で簡単に書きましょう。

・先生に聞いたら、ヒャクニチソウだと教えてくれた。
・お店の人に聞いたら、パンは20種類だと教えてくれた。おすすめはメロンパン。
・友達は、空が近くて楽しいと言っていた。
○聞いたことをメモにする場合、長くなってしまうことがある。そのため、敬体でなく常体で書かせるようにする。

本時案

こんな もの、見つけたよ ⑤/10

本時の目標

- メモを見直し、必要な事柄を書き足して「いいな」が伝わるメモにすることができる。

本時の主な評価

- 自分に必要な情報についてのメモを書いている。
- 友達のメモのよいところを見つけたり、自分のメモの内容を吟味したりしている。

資料等の準備

- 取材メモの拡大
- 手、目、耳のカード

⬇ 15-04、15-05、15-06

板書（右から左）:

4

・しつもん ↓

わからなかった ところ
もっと 知りたい ところ
△△について 書いてあると、もっと よくわかります。 など

・「いいな」がつたわるメモに レベルアップしよう
・まねしたいな
・もっとくわしく 書きたい

授業の流れ ▷▷▷

1 メモの観点を再確認して、自分のメモを振り返る 〈5分〉

○本時のめあてを板書する。

T 今日は取材してきたメモを、よりよいメモにするために、書き足したり、不足がないかを友達と一緒に確かめたりします。

○いつ、だれが、なにを、いつ、どこで、どのような（色、形、数、大きさなど目、耳、鼻、手を使う）といった、メモに必要な事柄が書かれているかを確かめる。

○メモする際の観点を掲示し、振り返ることができるようにする。

2 交流の視点を確認する 〈5分〉

T 友達とメモを読み合うときに気を付けることを確認します。読み終わったら、感想を伝えましょう。どんなことに気を付けて話したり聞いたりしたらいいですか？

・いいな、と思うところをしっかり聞きたい。

・色とか数とか、分かったことを話すといいんじゃないかな。

・分からないところを質問したいな。

T そうですね。友達の話を聞いて、「よかったこと」や「分かったこと」、「質問」などを最後に伝えましょう。

ICT 端末の活用ポイント

今までに撮りためた写真や動画も見せながら交流することで、聞き手も助言や感想が言いやすくなる。

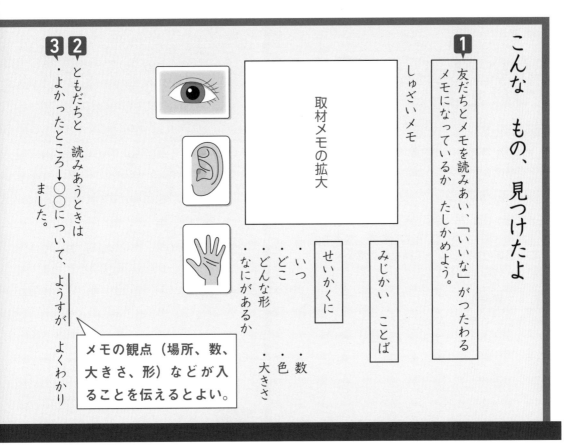

こんな　もの、見つけたよ

1

しゅざいメモ

友だちとメモを読みあい、「いいな」がつたわるメモになっているか　たしかめよう。

みじかい　ことば

せいかくに
・いつ
・どこ
・どんな形
・なにがあるか
・数
・色
・大きさ

取材メモの拡大

2
3

ともだちと　読みあうときは
・よかったところ→○○について、ようすが　よくわかり
ました。

メモの観点（場所、数、大きさ、形）などが入ることを伝えるとよい。

---

3 取材したことをペアで交流する　〈15分〉

T　自分が取材してきたところを簡単にスピーチしましょう。

○メモしてきたことを声に出すことで、自分の取材メモを客観的に見られるようにする。

T　聞き手は、最後に質問するか、感想を言いましょう。

・どこで誰がしたことか、メモしていて分かりやすいです。

・そのときお母さんは、何と言っていたのですか。

○聞き手に視点を示す。
「必要な事柄が入っているか」
「疑問点」など

○ペアを変えて、2・3回交流させるとよい。

4 交流したことを基に、メモを書き足したり、見直したりする　〈10分〉

T　「いいな」「すてきだな」が伝わるようなメモにレベルアップできるように、自分のメモを見直しましょう。
「友達のメモを見て、真似したいところ」
「友達に質問されて思い出したこと」
「友達に言われたこと（会話文）　など」

○書き足すことができた子供のメモを紹介して、友達の意見を聞くよさを感じさせるとよい。

こんな もの、見つけたよ

6/10

本時の目標

・モデル文を参考に「はじめ」「中」「おわり」で文章構成を考えることができる。

本時の主な評価

❷自分が見つけた「いいな」と思うものを伝える文章を、自分の思いや考えが明確になるように、事柄の順序に沿って簡単な構成を考えている。【思・判・表】

資料等の準備

・教科書 p.87のモデル文の拡大
・ワークシート④：モデル文で気が付いたこと ⬇ 15-07

○文しょうを 書く ときの じぶんの
　めあて
・だんらくに 気を つけたい
・見た ことを くわしく 書きたい

「はじめ」・・・知らせたい もの
「中」・・・見た こと・聞いた こと
「おわり」・・・まとめ・よびかけ

> 子供なりの文章に対する思い（めあて）を板書する

授業の流れ ▷▷▷

1 教科書のモデル文を読み、気が付いたことを学習シートに書く 〈15分〉

○本時のめあてを板書する。

T 教科書87ページの例文を読んで、「いいな」と思う書き方を見つけ、サイドラインを引きましょう。気が付いたことを書きましょう。

・段落に分かれている。
・色が詳しく書いてある。
・思ったことが書いてある。
・聞いたことが書いてある。
・最後が呼びかけるようになっている。

○子供自身がモデル文の書きぶりに気付くようにする。

2 気が付いたことをペアで交流し、発表する 〈20分〉

T 気が付いたことを友達と交流しましょう。

○友達の考えがよいと思ったら、書き足してよいことも伝える。

T 気が付いたことを発表しましょう。

・段落が「はじめ（知らせたいこと）」「中（くわしい説明）」「おわり（まとめの言葉）」になっています。
・会話文が入っています。
・様子が詳しく書かれています。

○教師は拡大した文章に、子供から出た内容を書き込んでいく。「はじめ」「中」「おわり」などの必要な事柄が出ない場合は、教師が補足する。

1 こんな もの、見つけたよ

きょうかしょの 文しょうの よい ところを
見つけよう。

3 **2**

教科書p.87の
モデル文の拡大

段落には○
の 印をつけ
たり、会話
「　」を赤で
囲んだり、
よい表現に
はサイドラ
インを引い
たりする

よい ところ

← 分かりやすい 文

・四つ だんらくが ある
「はじめ」「中」「おわり」

・ばしょが 分かる

・色を つかって いる

・聞いた こと
「　」を つかう

・ぜひ 〜 ください

---

3 本文を書くときのポイントを確かめる 〈10分〉

T みなさんから出てきた意見を整理したいと
思います。

○書き方のポイントを教師がまとめ、掲示でき
るようにする。模造紙に書いたり、ICTで記
録しておくとよい。そうすることで、実際に
文章を書くときに掲示を基に書くことができ
る。

T 今回の学習で、特に自分が頑張りたいこと
を決めましょう。

○文章を書く際の自分のめあてを意識させる。

よりよい授業へのステップアップ

モデル文について

子供の実態などに応じて、モデル文
は教師が自作してもよい。その際は、
この単元で「何を指導したいのか」を
はっきりさせてモデル文を作る必要が
ある。今回の単元では、「はじめ」「中」
「おわり」と会話文の書き方を意識して
準備する。

自分なりのめあてを意識させよう

どのような内容（文章構成や会話文
など）で書いたらよいのかを確認した
ら、子供一人一人にめあてをもたせる
ことが主体的な学習になる。

本時案

こんな もの、見つけたよ　7/10

本時の目標

・メモを基に、「いいな」が伝わる文章構成を考えることができる。

本時の主な評価

❷自分が見つけた「いいな」と思うものを伝える文章を、自分の思いや考えが明確になるように、事柄の順序に沿って簡単な構成を考えている。【思・判・表】

資料等の準備

・教科書 p.85のメモ
・教科書 p.86の構成表の拡大
・ワークシート⑤：組み立て表 ☒ 15-08
・付箋紙

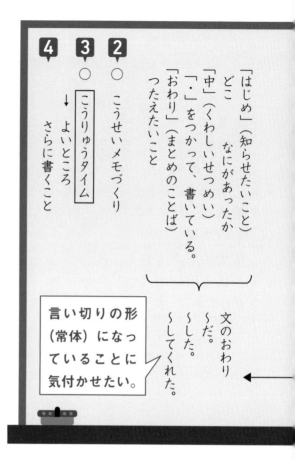

4　○

3　○

　　こうりゅうタイム

　　→　よいところ
　　　　さらに書くこと

2　○

　　こうせいメモづくり

「はじめ」（知らせたいこと）
どこ　なにがあったか

「中」（くわしいせつめい）
「・」をつかって、書いている。

「おわり」（まとめのことば）
つたえたいこと

言い切りの形（常体）になっていることに気付かせたい。

文のおわり
〜だ。
〜した。
〜してくれた。

授業の流れ ▷▷▷

1　構成メモの書き方を知る〈10分〉

T　教科書86ページの組み立て表の例と85ページのメモの例とを比べてみましょう。

・知らせたいこと（はじめ）
　→「どこ」と「なに」を合体させている。

・くわしいせつめい（中）
　→調べた内容や聞いた内容が、箇条書きになっている。

・まとめのことば（おわり）
　→自分の気もち、伝えたい事柄に対する呼びかけになっている。

○文末の表現にも着目させ、メモとの違いを比べさせる。

2　構成メモを作る〈20分〉

○本書のめあてを板書する。

T　「いいな」が伝わるような順番を考えて組み立て表を作ります。はじめが「青」、中が「黄色」、おわりが「ピンク」の付箋紙を使って書きましょう。

○「はじめ」「中」「おわり」を意識させるために、色分けをする。付箋紙だと、書く分量が少ないので、長くだらだらと書いてしまうことが防げる。

T　付箋紙に書いたら、自分が伝えたい事柄の順序を考えて、組み立て表に貼りましょう。

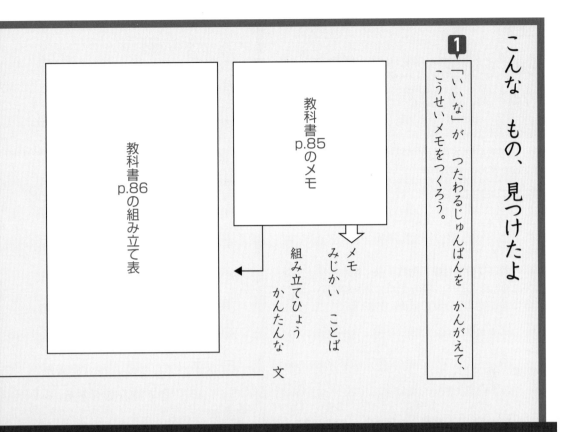

こんな もの、見つけたよ

1

「いいな」が つたわるじゅんばんを かんがえて、こうせいメモをつくろう。

教科書 p.85 のメモ

↓

メモ
みじかい ことば
組み立てひょう
かんたんな 文

教科書
p.86 の組み立て表

←

---

③ 友達と交流する 〈10分〉

T　友達のメモと自分のメモを比べて読みましょう。友達のよいところやまねしたいところを見つけましょう。

○ペアで組み立て表を読み合い、自分の考えを説明することで、考えを整理することができる。また友達の組み立て表のよいところを知ることができるようにする。

T　さらに書いたほうがよいことがあったら、付箋紙に書き足しましょう。

○交流の途中でも、メモを書き足してよいことを伝える。

④ 構成メモを見直し、順序を変えたり、付け足したりする 〈5分〉

T　友達と交流したことを基に、自分の組み立てメモの順序を見直しましょう。

○聞いたことが書けていない場合は、この時間に書き足させる。

よりよい授業へのステップアップ

付箋紙・短冊の使い方

　付箋紙や短冊は順序の入れ替えがしやすいが、小さすぎると子供は書きにくい。付箋紙にこだわらず、短冊状にした画用紙などを使い、並び替えたりテープで貼ったり、つなげたりする方法もある。

こんな　もの、見つけたよ／【コラム】丸、点、かぎ 8/10

本時の目標
・組み立て表を参考にして、「いいな」が伝わる文章を書くことができる。

本時の主な評価
❶長音、拗音、促音、撥音などの表記、助詞「は」「へ」「を」の使い方を理解して文中で使っている。【知・技】
❸事柄の順序に沿った構成を粘り強く考え、学習の見通しをもって、読み手に分かりやすい文章にまとめようとしている。【態度】

資料等の準備
・ます目黒板
・教科書 p.87 の拡大
・目、耳、手のカード
　　　　　　　　　　　⬇ 15-04、15-05、15-06
・ワークシート⑥：作文用 ⬇ 15-09

❸
文しょうを　読みなおし、だい名を考えよう。

【おわり】
・よびかけ
ている

「」を使わないときの書き方も指導する。

授業の流れ ▷▷▷

1 コラム「丸、点、かぎ」を読んで、句読点や会話文の書き方を知る〈10分〉

○本時のめあてを板書する。

T　「いいな」を伝える文章の書き方を学習します。教科書89ページを読んで、丸、点、かぎを使って、正しい文章が書けるようにしましょう。

○ます目黒板を用意して、丸や点をどの位置に書いたらよいかを確認できるようにする。

2 文章を書き進める 〈30分〉

T　組み立て表を参考にして、書きましょう。前時の文章も読み直して、付け足したり、変えたりしてもいいですね。

○子供が前時までに書いた文は、教師も事前に読み、誤字脱字、段落などを個別に指導するとよい。

○机間を回り、子供それぞれの進み方に応じた助言をしていく。

○写真や見つけたよカードなども参考にさせる。

ICT 端末の活用ポイント
書き終わった文章を写真に撮って、ICT 端末の共有できるソフトに送信することで、友達の書き方も参考にできる。

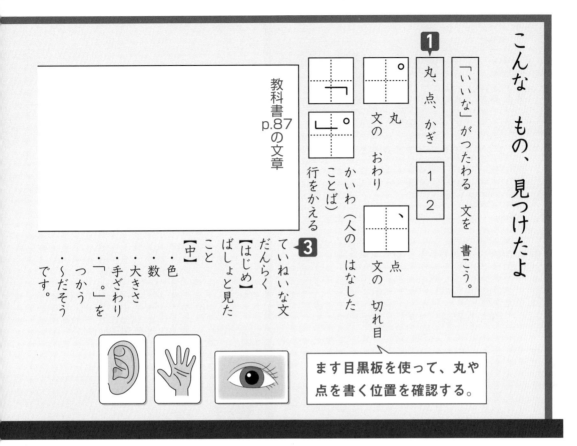

こんな もの、見つけたよ

「いいな」がつたわる 文を 書こう。

1 丸、点、かぎ

丸、点、かぎ | 1 | 2 |

丸
文の おわり

点
文の 切れ目

かいわ（人の はなした ことば）

行をかえる

教科書 p.87の文章

3

ていねいな文
だんらく
【はじめ】
ばしょと見た こと
【中】
・色
・数
・大きさ
・手ざわり
・「。」を
・つかう
・〜だそう
です。

ます目黒板を使って、丸や点を書く位置を確認する。

---

3 書いた文章を読み直す 〈10分〉

T　自分の文章をよりよくするために、読み直しをします。書いた文章を音読しましょう。隣の友達にも聞いてもらいましょう。

○声に出して読むことで、誤字や書き飛ばしなどの間違いが見つけやすくなる。また、友達に文章を見せながら音読することで、友達からも助言がもらえるようにする。

T　読み返した文章の間違いを直したり、さらによい文章にするために書き足したりしましょう。また、題名も考えましょう。

よりよい授業へのステップアップ

個人差に対応しよう
　書くスピードは子供によって異なる。そのため、個人差に対応することが必要になる。
[文章を書くことが得意な子供]
　見直しや書き足しをする。他の子供と交流などができるようにする。など配慮する。
[文章を書くことが苦手な子供]
　書き終わった子供と対話させながら書かせる。教師が一対一で対応する。などどの子供も「書き切った！」と感じられるように時間を確保できるように配慮することが必要である。

こんな もの、見つけたよ

本時の目標

・友達と文章を読み合い、よさや感想を伝え合い、振り返ることができる。

本時の主な評価

・友達と感想を伝え合い、自分の文章のよさに気付いている。
・学習を振り返り、学習のまとめをしようとしている。

資料等の準備

・ICT 端末（実物投影機、タブレットなど）

※実物投影機やタブレットPCなどで黒板に投影可能な場合、子供の作品を投影して、共有してもよい。

授業の流れ ▷▷▷

1 完成した文章を友達と読み合う〈30分〉

T 友達の文章を読んで、「いいな」「すてきだな」と思うところを「いいねカード」に書いて伝えましょう。

○感想が書けるような、B6程度のカードを準備し、読んだ作品にコメントを入れて渡すようにする。

○友達の文章で「分かりやすい表現」や「書き手の伝えたかったこと」を探しながら読み、感想を伝え合わせる。

○読み終わったら、「いいねカード」に感想を書いて、渡す。

2 友達の作品でよかったところを発表し、どのような書き方がよかったのか、共有する〈30分〉

T 「これはすてきだな」と思った友達の作文はありましたか。

・会話を入れている。
・話しかけるように書いている。
・伝えたいものの様子をくわしく書いている。
・読んで、「なるほど」と思った。など

○「みなさんも〜してください。」「ぜひ」など、注目させたい言葉を板書する。

> **ICT 端末の活用ポイント**
>
> 子供の作文を ICT（実物投影機やタブレット、PC など）で提示すると共有が容易になり、比較した発言が出やすくなる。

こんな もの、見つけたよ

1
ともだちの文しょうを読んで、かんそうを つたえあおう。

こうりゅうタイム

3

よかったところ

なるほどなと 思ったところ

はじめて 知ったこと

分かりやすかったところ

「おわり」にたいするところ かんそう ⎫
⎬ いいねカード
⎭ に書く

教科書 p.87 の文章

---

3 振り返りをする　〈30分〉

T　作文を書く活動を通して、どのような書く力が身に付きましたか。この学習で学んだことを振り返りましょう。

○教科書 p.88 の「ふりかえろう」を読んで、振り返りの 3 つの視点を確認する。

○前時にもらった「いいねカード」を参考にさせるとよい。

T　振り返りを発表しましょう。

○会話文や語尾などについて感想を書いている子、交流について書いている子など、事前に机間を回って把握して、意図的に指名できるようにする。

よりよい授業へのステップアップ

交流（共有）について

　文章の感想を伝え合うことを通して、自分の文章のよいところを見つけられるようにすることが目的になる。ただの間違い探しにならないように注意し、交流の視点（伝えたいことが分かる、すてきだと思ったことなど）をはっきり示すことが必要である。

　また、ペアやグループの友達には必ず「いいねカード」を書いてから自由に読み合うなど、カードが 1 枚ももらえない子供が出ないように配慮する。

1 第1時資料　ワークシート①：学習計画表 ⬇ 15-01

こんな　もの、見つけたよ　　月　　日（　）名前 ⬜

学しゅうけいかくを　立てよう。

月日	学しゅう		ふりかえり
	学しゅう（学しゅうけいかく）		
	学しゅうの　すすめ方を　知る		
	知らせたいことを　きめる	しゅざい（しゅざいメモつくり）	
	しゅざいメモの　書き方を　知る		
	インタビューを　する		
	しゅざいメモを　見なおす		
	こうせいメモを　つくる	組み立て表つくり	
	文しょうの書き方を知る	文しょうを書く	
	文を書く		
	ともだちと　読みあう	つたえあう	
	ふりかえりをする		

2 第2・3時資料　ワークシート②：取材メモ ⬇ 15-02

こんな　もの、見つけたよ　　月　　日（　）名前 ⬜

○ しゅざいメモ

ばしょ　　こうえん

【見えた　もの】【聞こえた　音・聞いた　こと】【さわった　かんじ】

○ ぷらんこの　後ろ

○ 赤い　リンゴの　み

○ 三こ

○ 小さい

○ つるつるして　いた

○ あまい　におい

おじさんに　聞いた　→　ひめりんご　たべられない

3 第6時資料　ワークシート④：モデル文で気が付いたこと ⬇ 15-07

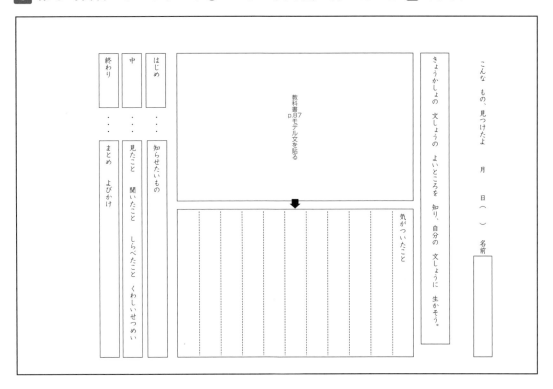

4 第7時資料　ワークシート⑤：組み立て表 ⬇ 15-08

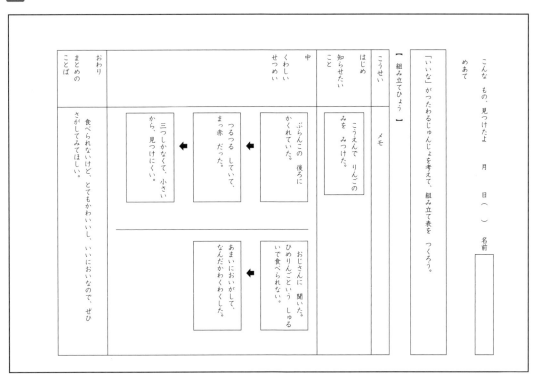

あったらいいな、こんなもの　(7時間扱い)

単元の目標

知識及び技能	・身近なことを表す語句の量を増し、話や文章の中で使うことで、語彙を豊かにすることができる。（(1)オ）
思考力、判断力、表現力等	・話し手が知らせたいことや自分が聞きたいことを落とさないように集中して聞き、話の内容を捉えて感想をもつことができる。（A エ） ・身近なことや経験したことなどから話題を決め、伝え合うために必要な事柄を選ぶことができる。（A ア）
学びに向かう力、人間性等	・言葉がもつよさを感じるとともに、楽しんで読書をし、国語を大切にして、思いや考えを伝え合おうとする態度を養う。

評価規準

知識・技能	❶身近なことを表す語句の量を増し、話や文章の中で使うとともに、語彙を豊かにしている。（〔知識及び技能〕(1)オ）
思考・判断・表現	❷「話すこと・聞くこと」において、話し手が知らせたいことや自分が聞きたいことを落とさないように集中して聞き、話の内容を捉えて感想や質問をもっている。（〔思考力、判断力、表現力等〕A エ） ❸「話すこと・聞くこと」において、身近なことや経験したことなどから話題を決め、伝え合うために必要な事柄を選んでいる。（〔思考力、判断力、表現力等〕A ア）
主体的に学習に取り組む態度	❹粘り強く話し手が知らせたいことを落とさないように聞き、学習課題に沿って、質問をし合って考えをまとめようとしている。

単元の流れ

次	時	主な学習活動	評価
一	1	学習の見通しをもつ 教師が例示する「あったらいいなと思うもの」を聞き、質問をする。 質問をし合うと友達の考えを詳しく知ることができることに気付き、学習課題を設定し、学習の進め方を確認する。 「あったらいいな、こんなもの」発表会を開こう。	
	2	あったらいいなと思うものを、絵に描き、できることを考える。	❸
二	3	教科書に載っているQRコードを読み取り、質問や答えの内容を全体で交流し、相手の考えを詳しく知るための質問の仕方を考える。	❶
	4	考えた道具のつくりや働き、あったらいいなと思ったわけなどについて、二人で質問し合う。	❷
	5	2人組の組み合わせを変えて、再度質問し合う。 質問に対して答えたことを、付箋紙に書き、自分の絵に付けておく。	

三	6	「あったらいいな、こんなもの」発表会に向けて、発表メモをつくる。	❸
	7	「あったらいいな、こんなもの」発表会を開き、自分の考えたものを発表する。 友達の発表を聞いて、感想を伝える。 [学習を振り返る] 学習を振り返り、質問したり、発表したりするときに大事なことを確認する。	❹

授業づくりのポイント

〈単元で育てたい資質・能力〉

　本単元のねらいは、相手が知らせたいことや、相手の考えを詳しく聞くために大事なことは何かを考えて質問する力を高めることである。どのような質問をすると、考えを引き出したり、明確にしたりすることができるのか、具体的なやり取りを通して気付かせていく。質問することや質問してもらうことのよさを実感させ、互いに質問し合うことで考えをよりよくしていこうとする態度を育みたい。

〈学習場面設定の工夫〉

　本教材は、質問し合うことに重点を置く教材である。友達が考えた「あったらいいなと思うもの」について、子供が「もっと詳しく知りたい」と思える場面を設定することが重要である。最初から多くの情報を十分に説明してしまうと、質問する側は知りたいことがなくなり、質問する必要感が減ってしまうことになるだろう。そこで、説明する際には、話す内容にあえて制限をかけ、質問をして答えるという場面を設定することが大切である。また、子供には形式的な質問のやり取りではなく、自分が知りたいことを知るための質問をさせたい。2人で質問し合う学習場面では、説明のためのメモや台本は用意せず、自由にやり取りをさせていくようにしたい。

[具体例]
○2年生の子供はあったらいいなと思うものについて、豊かに想像を広げて絵を描く。最初に描く絵は説明するためのものというよりも、自分の考えを掘り起すためのものである。その段階では、まだ言葉にされていない考えが溢れている。そのため、友達への説明もつたないものになるだろう。そうした状態だからこそ、友達は質問したくなり、子供は質問されることを通して自分の考えを言葉にしていくことができる。

〈ICTの効果的な活用〉

（調査）：教科書に載っているQRコードを読み取り、質問や答えの内容を全体で交流する。どのような質問をすればよいのか、どのような言葉を使うとよいのか等に気付かせていきたい。

（記録）：ICT端末の録音・録画機能を用いて、2人でのやり取りを振り返る機会を設けることも考えられる。自分はどのような質問をすることができたのか、どのような言葉を使ったから相手の考えを引き出すことができたのかなど言葉に着目して活動を振り返ることができる。一方で、低学年の子供の場合、振り返る活動に時間を多くとることよりも、たくさんの相手と質問し合う活動の場を十分にとりたい。活動を通して質問の仕方や言葉の使い方を体得していくことが重要であると考えるが、教師がよいと思った2人組のやり取りを学級全体で共有し、振り返るなど、指導の手立てを工夫していきたい。

あったらいいな、こんなもの ①/7

本時の目標
・「あったらいいな、こんなもの」の学習内容について興味をもち、学習の見通しをもつ。

本時の主な評価
・学習内容について興味をもち、学習の見通しをもっている。

資料等の準備
・猫と話している挿絵
・空を飛ぶ靴の挿絵

②どんなしつもんをしたらよいか、たしかめる。

③しつもんをしあって、くわしく考える。

④はっぴょうし、かんそうをつたえあう。

授業の流れ ▷▷▷

1 教師の発表を聞き、質問する 〈10分〉

○「あったらいいな、こんなもの」という単元名を板書する。

T 「今はないけれど、こんなものがあったらいいな」と思うものはありますか。私は、これがあったらいいなと思います（ヘッドホンの絵を提示する）。

・何ができるんですか。

・どうして、あったらいいなと思ったんですか。

○導入では、楽しい雰囲気を演出したい。教師が作成した絵などを見せながら、楽しく発表することで、子供たちのわくわく感が増すだろう。

○もっと知りたいという思いが質問につながるという経験を導入場面でさせておきたい。

2 あったらいいなと思うものを考える 〈15分〉

T これは、「猫と話せるヘッドホン」です。このように、「今はないけれど、こんなものがあったらいいな」と思うものはありますか。

・お茶が減らない水筒

・好きなおやつを出してくれるお皿

・どこでもテレビが見られるめがね

○隣同士で話す時間を設けるなどして、楽しく考えられるようにする。

○道具の名前だけではなく、できることや使用場面を想起させることで、話題についてのイメージを具体的にもたせる。

あったらいいな、こんなもの

1 **2**

・ねことおしゃべりができる（なにができるか）

・ねこの気持ちが知りたいと思ったから（どうして、かんがえたのか）

子供たちから出た質問をもとに、板書をする。

◎あったらいいなと思うもの
・おちゃがへらない水とう
・すきなおやつを出してくれるおさら
・どこでもテレビが見られるめがね

3
「あったらいいな、こんなもの」はっぴょう会をひらこう。

4
①学しゅうのすすめ方
あったらいいなと思うものを、絵にかく。

---

3 学習課題を設定する 〈5分〉

T　この時間だけでもたくさんの考えが出ましたね。まだまだ楽しそうなものがありそうです。もっと考えて、「あったらいいな、こんなもの」発表会をしましょう。

○本単元の学習課題「『あったらいいな、こんなもの』はっぴょう会をひらこう」を板書する。

T　誰に発表したいですか。

・学習参観のときに、おうちの人に聞いてもらいたいな。

・隣のクラスの友達に発表したいな。

○発表会に向けて意欲が高まるように、発表する相手を明確にしたり、場の設定を工夫したりするとよい。

4 学習の進め方を確かめる 〈15分〉

T　よい発表会にするために、学習の進め方を確かめましょう。発表会までに、準備が必要なことや不安なことはありますか。

・先生のように、あったらいいなと思うものを考えて、絵に描くといいと思います。

・あったらいいなと思うものが思い浮かぶか心配です。友達と相談したいです。

・どんなふうに発表すればよいか、みんなと確認したいです。

○ p.90の「見とおしをもとう」を参考にしながら、子供たちの考えを基に、発表会までの進め方を話し合う。

○一つ一つの学習に必然性が生まれるように、発表会までの学習の進め方を子供たちと一緒に考えていくとよい。

あったらいいな、こんなもの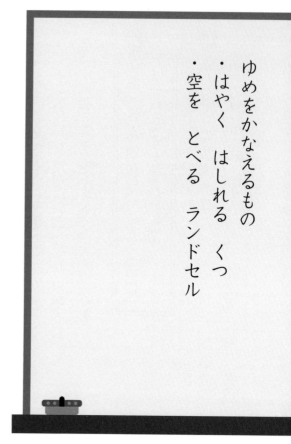

2/7

本時の目標

・身近なことや経験したことから想像を広げ、「あったらいいな」と思うものについて考えることができる。

本時の主な評価

❸伝え合うために必要な事柄を選んでいる。【思・判・表】

・「あったらいいな」と思うものについて伝えるために、様々な語句があることに気付いている。

資料等の準備

・p.90挿絵
・第１時で作成した「がくしゅうのすすめ方」⤓ 16–01
・ワークシート①：絵にかいてみよう⤓ 16–02

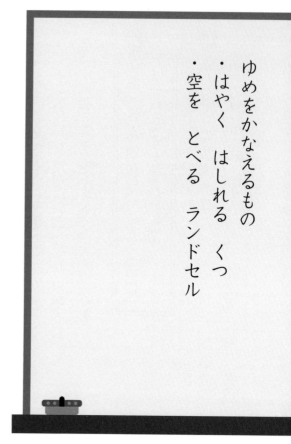

（ホワイトボード縦書き）

ゆめをかなえるもの
・はやく はしれる くつ
・空を とべる ランドセル

授業の流れ ▷▷▷

1 本時のめあてをつかみ、今の生活を振り返る　〈10分〉

○本時のめあてを板書する。

T　今日は、「あったらいいな」と思うものを考えて、絵に描いてみましょう。

T　まずは、１日の生活を思い出して、あったらいいなと思うものを探しましょう。困ったことやこうなりたいという願いを思い出すとよいかもしれませんね。

・この前、水筒の中身がなくなってしまい、困りました。

・そうじの時間に、床を拭くのがもっと楽にできるといいと思います。

・もっと速く走れるようになりたいです。

○子供から出された考えを用途ごとに分けて板書する。多様な意見を認めていく。

2 「あったらいいな」と思うものを話し合う　〈15分〉

○子供から出された考えの中から１つを取り上げ、例として考えていく。

T　拭き掃除が大変だという意見が出たけれど、どんなものがあったら、楽になりそうですか。

・靴の裏が雑巾になっている上靴がいいと思います。歩くと床がきれいになります。

・雑巾を絞るのが大変だから、すぐにちょうどよく乾く雑巾があると便利だと思います。

・汚れたところだけ、はがすことができる床があれば、ずっと新品の床になります。

T　いつも使っているものや困っているものなどで変えたいものを考えるとよいですね。

○困ったことや願いをかなえるものをどのように発想すればよいかを全体で確認する。

あったらいいな、こんなもの

1 「あったらいいな」と思うものを 考えて、絵にかこう。

2
べんりになるもの
・くつのうらが　ぞうきんになっている　上ぐつ
・えんぴつを　入れると、　けずってくれる　ふでばこ

こまったときにつかうもの
・まいごに　なったときに、名前が　わかるようふく
・かけざんが　わからないときに、こたえが　出てくるノート

---

3 「あったらいいな」と思うものを 個人で考えて絵に描く　〈5分〉

T　みなさんが考えたアイデアを参考にして、今度は、自分で「あったらいいな」と思うものを考えて絵に描きましょう。

○「あったらいいな」と思うものが思い浮かばない子供には、普段の生活を思い出させる質問をするなどして、教師が一緒に考えていく。

○絵に表すのが苦手な子供は、タブレットの絵を参考にさせるなどして、絵を描くことが主な指導にならないように留意する。

○ p.90の絵は、自分が使っている場面の絵が描かれているが、人が入っていなくてもよいことを確認する。

○絵を描き終わった子供から、友達と見合わせるなど、次の活動に移らせる。

4 本時の学習を振り返り、次時の見通しをもつ　〈15分〉

T　発表したいものを考えることができましたか。

・よい考えが浮かんだので、早く友達に見せたいです。

・みんなの前で発表するのは、自信がないです。友達と相談したいです。

・友達がどんなものを考えたか知りたいです。

T　では、次の時間には、考えたものについて、友達に相談したりして、もっと詳しく考えていきましょう。

○この段階では、「できること」や「わけ」などが明確でなくてよい。友達と質問し合う活動を通して、だんだん明確になっていくよさを味わうことができるようにする。

あったらいいな、こんなもの ③/7

本時の目標

・友達の「あったらいいな」と思うものについて、より詳しく知るための質問の言葉や対話の言葉を見つけることができる。

本時の主な評価

❶友達の考えを詳しく知るための言葉や、自分の感想を伝えるための言葉を見つけている。【知・技】

・「あったらいいな」と思うものについて、詳しく知るための質問の仕方や対話の仕方を考えている。

資料等の準備

・動画のやり取りの拡大コピー、配付資料
・掲示用「学しゅうのすすめ方」⏬ 16-01

動画の様子を文字起こししたものの拡大コピー

・ほかには
・どれくらい
・どんな

授業の流れ ▷▷▷

1 本時のめあてを確認する 〈5分〉

T 前の時間で、「あったらいいな」と思うものを決めることができましたね。すぐに発表できるという人もいれば、これから詳しく考えようとしている人もいますね。また、友達の考えを聞きたいという人もいましたね。

T では、どのように話し合えばよいか考えていきましょう。

○本時のめあてを板書する。

○子供全員が同じ段階でなくても、個々の学習過程の中で質問し合うことを通して、新たな考えが浮かんだり、より詳しく考えたりすることができるよさを実感させたい。

2 動画を見て、よいところを確認する 〈15分〉

T 今からある2人の話合いの様子を見ます。いいなと思ったところや、真似をしてみたいところを考えながら見ましょう。

○QRコードを読み取り、2人の対話を見る。

T いいなと思ったところや、真似をしてみたいところはありましたか。

・「どうして」と理由を聞くと、友達の考えがよく分かってよいと思いました。

・「とっても楽しそう」と感想を伝えていて、真似したいなと思いました。

・名前など、考えていなかったことも、一緒に考えていたのがいいなと思いました。

○全部の質問の答えが準備できていなくても、話合いを通して考えが明確になればよいことを確認する。

あったらいいな、こんなもの

1 ともだちの「あったらいいな」と思うものを、くわしく知るためのしつもんを考えよう。

2 ◇どうがを見て、いいなと思ったこと
・くわしくするためのしつもんをしていた。
・かんそうを　つたえていた
・いっしょに　考えていた

> 感想の言葉には青で、質問の言葉には赤で線を引き、言葉の違いや頻度等に目を向けさせる。

3
かんそう
・うわあ
・楽しそう
・いいね

しつもん
・どうして

---

3 詳しくするための質問を整理する 〈25分〉

T　もう一度、動画を見たり、話合いの内容を読んだりして、どんなことを、どんな言葉で質問しているか、整理してみましょう。

○話合いの様子を文字起こししたものを配付し、質問の言葉や感想の言葉など、色を変えて線を引かせると、言葉に着目できる。

T　どんなことを、どんな言葉で質問していましたか。

・「どうして」と理由を聞いていました。

・「ほかには、なにが」と他にできることも聞いていました。

・「どのくらい」や「どんな」と聞くと、大きさや形、色がはっきりとします。

・「どんな名前がいいかな」と聞き返していました。

よりよい授業へのステップアップ

対話の基本

動画を見て、そのよさを確認するときには、聞いているときの態度についても気付かせるようにしたい。「わあ、おもしろそう」「楽しそうだね」など、共感や受け止めを表す言葉によって、相手が話しやすくなることに気付かせ、意識できるように促していく。また、「ええと」や「そうだなあ」など、考えながら話している様子にも気付かせたい。すらすらと話すことがめあてではないことを、子供と確認したい。

あったらいいな、こんなもの ④/7

本時の目標
・友達の「あったらいいな、こんなもの」について、感想や質問を伝えることができる。

本時の主な評価
❷話の内容を捉えて感想や質問を考えている。
【思・判・表】
・質問をし合って、友達の「あったらいいな」と思うものについて、詳しく知ろうとしたり、自分の考えたものをより詳しく考えて伝えようとしたりしている。

資料等の準備
・掲示用「学習の進め方」⬇ 16-01
・掲示用「話し合うときの言葉」⬇ 16-03
・掲示用「話合いの進め方」⬇ 16-04
・ワークシート②：話合いメモ ⬇ 16-05

・名前はなんていうの
・話しあいが　おわったら
・くわしくなったことを、ふせんに書く。
・話す人と聞く人をこうたいする。

授業の流れ ▷▷▷

1 本時のめあてを確認する 〈5分〉

T　前の時間は、友達の「あったらいいな」と思うものを詳しく聞くための質問の仕方を考えましたね。今日は、質問をしたり答えたりすることで、「あったらいいな」と思うものについて詳しく考えましょう。

○本時のめあてを板書する。

○質問をすることのみを目標とするのではなく、話合いを楽しみながら、内容を詳しくしていけるようにする。その過程において、質問の仕方や質問したりされたりすることのよさに気付かせるようにする。

○必要な場合は、前時に見た動画を、全体でもう一度見直し、話合いの様子や進め方を子供たちが想起できるようにする。

2 話合いの進め方を確認する 〈10分〉

T　話合いの進め方を確認しましょう。話す順番を決めて、相手に自分が考えたもののことを伝えます。聞く人は、相手のものについて質問したり、感想を言ったりしましょう。こうしたほうがもっといいと思うことがあったら、アドバイスしてもいいですね。もしも、自分が考えていなかったことを聞かれたときは、相手に聞いてみたり、一緒に考えてもらったりしてもよいですね。

○席を隣同士にして、おしゃべりをするような距離で行わせる。

○話合いの内容の順番は、動画どおりでなくてよいことを確認する。

あったらいいな、こんなもの

1 ともだちと　しつもんしあって、「あったらいいな」と思うものをくわしく考えよう。

2 みんなが　見つけた　話しあうときの　ことば

○かんそうの　ことば
・・・うわあ
・・・おもしろそう
・・・すごく　はやいね
・・・たのしそうだね
・・・いいね

3
○しつもんの　ことば
・・・どうして　（りゆう）
・・・ほかには
・・・どれくらい　（はやさ、大きさなど）
・・・どんな　（色、形など）

3　２人組になって、話合いを行う　〈25分〉

T　では、隣の人とペアになって、考えたものについて、話し合いましょう。

○話合うときに参考になるように、前時に子供たちと見つけた質問の言葉や感想の言葉、考えているときの言葉などを掲示しておく。

T　話合いが終わったら、友達に話してよかったことや、新しく考えたことを付箋にメモしておきましょう。

T　話す人と聞く人を交代して、話し合いましょう。

○付箋紙を何枚かずつ配付しておき、話合いが終わった後に、新しく思いついた考えや、友達からのアドバイスをメモさせる。

4　学習を振り返る　〈5分〉

T　自分たちの話合いを振り返りましょう。よかったことや、次はこうしてみたいと思うことはありますか。

・Aさんが「楽しそう」と感想を言ってくれたので、これでいいんだなと思いました。

・Bさんに、「他に、どんなときに使いたいですか」と聞かれて、もっと詳しく考えることができました。次の話合いで、私も聞いてみたいと思います。

○本時では、友達に聞いてもらったり、質問してもらったりすることのよさを実感できるとよい。次時で質問の内容や言葉、態度について、詳しく振り返らせたい。

あったらいいな、こんなもの 5/7

本時の目標
・質問をし合って、友達の質問を参考にしながら、自分が考えたものについてより詳しく考えることができる。

本時の主な評価
❷話の内容を捉えて感想や質問を考えている。【思・判・表】
・質問をし合って、友達の「あったらいいな」と思うものについて、詳しく知ろうとしたり、自分の考えたものをより詳しく考えて伝えようとしたりしている。

資料等の準備
・掲示用「学しゅうのすすめ方」⬇ 16-01
・掲示用「話し合うときの言葉」⬇ 16-03
・ワークシート②：話合いメモ ⬇ 16-05

4

☆学しゅうの　ふりかえり

・しつもんのことばやかんそうのことばをつかうと、ともだちの考えをくわしく知ることができました。

・話しあいをすると、考えをくわしくすることができる。

・分かりやすく　はっぴょうが　できそう。

・はっぴょう会が　楽しみになった。

授業の流れ ▷▷▷

1 本時のめあてを確認し、1回目の話合いを行う 〈15分〉

T　前の時間の続きです。今日は、ペアを変えて、質問をしたり答えたりすることで、「あったらいいな」と思うものについて、詳しく考えましょう。

○本時のめあてを板書する。

○前時では、話合いの進め方を確認するために、ペアを変えずに、丁寧に話し合わせた。本時は、ペアを2回くらい変えながら、よりよい話合いの仕方を考えさせる時間とする。本時では、質問をすることができたかどうかについて、子供自身が振り返る時間をとるとよい。

T　では、1回目の話合いを行いましょう。

○ICT端末を使い、話合いの様子を各自で録画しておく。

2 全体で振り返る（途中指導） 〈15分〉

T　1回目の自分たちの話合いの様子を、動画を見て振り返りましょう。自分の言葉でいいなと思ったところや、友達の質問で真似をしてみたいところはありましたか。

・「どんな」という言葉を使うことができました。違う質問の言葉も使ってみたいです。

・Cさんが、「他にどんなときに使うの？」と聞いてくれたので、他に使うときを新しく考えることができました。真似してみたいです。

○友達のよいところだけでなく、自分のよいところを見つけられるように促す。

ICT端末の活用ポイント
自分たちの話合いの様子を録画させ、それを見て振り返ることができるようにする。使っている言葉や態度などに着目させるとよい。

あったらいいな、こんなもの

1 ともだちと しつもんしあって、「あったらいいな」と思うものをくわしく考えよう。

2 みんなが 見つけた 話しあうときの ことば

○ かんそうの ことば
- うわあ
- おもしろそう
- すごく はやいね
- たのしそうだね
- いいね

3 ○ しつもんの ことば
- どうして （りゆう）
- ほかには
- どれくらい （はやさ、大きさなど）
- どんな （色、形など）
- 名前はなんていうの

> 子供たちのペアでの話合いの中で新たに出てきた言葉を書き加えていく。

---

3 振り返りを生かして、2回目の話合いを行う 〈10分〉

T　1回目の話合いをしてみて、分かったことを基に、2回目の話合いをしてみましょう。

T　話合いをしたことで、考えたものがだんだん詳しくなっていきましたね。話合いによって、詳しくなったことを、付箋に書いたり、絵を描き足したりしておきましょう。

○付箋紙には短い言葉で書かせる。

○付け足した内容については、次の話合いで、随時紹介していくようにする。

○机間指導しながら、座席型評価補助簿などを活用し、評価を行う。

4 学習を振り返る 〈5分〉

T　話合いをしてどうだったか、ノートに書きましょう。

○質問できたか、答えることができたかについて、自己評価をさせるとともに、話合いをしてみて分かったことやよさ、次時への意欲なども自由に記述させるようにする。

T　ノートに書いたことを発表しましょう。

・質問するときの言葉や、感想を言うときの言葉が分かりました。

・話合いをすると、考えを詳しくすることができる。

・たくさん質問をしてもらったから、分かりやすい発表ができそうです。

・発表会が楽しみになりました。

あったらいいな、こんなもの 6/7

本時の目標
・「あったらいいな」と思うものについて、発表の組み立てを考えて、発表の準備をすることができる。

本時の主な評価
❸伝え合うために必要な事柄を選んでいる。
【思・判・表】

資料等の準備
・掲示用「学しゅうのすすめ方」⤓ 16-01
・ワークシート③：発表メモ ⤓ 16-06

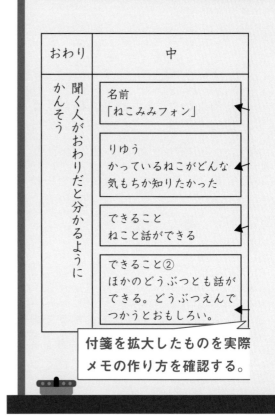

付箋を拡大したものを実際　メモの作り方を確認する。

授業の流れ ▷▷▷

1 教師の発表を聞き、本時のめあてを確認する 〈10分〉

T　今日は、発表の準備をしましょう。まずは、私が発表してみます。発表のために、どのような準備が必要か考えてみましょう。

○「あったらいいな、こんなもの」発表会で発表するように、教師が発表する。

・友達と話し合ったら、たくさん発表したいことが出てきたので、何を話すか選びたいです。（話す内容）

・どんな順序で話すとよいか、考えたいです。（構成）

・付箋のメモを基に、はっきり話すことができるように、練習をしたいです。（話し方）

T　では、今日は、自分の必要なところを中心に、発表の準備を進めていきましょう。

○本時のめあてを板書する。

2 発表する内容と順序をどのように考えるか、話し合う 〈15分〉

T　私が作った付箋メモです。どれを選んで、どんな順序で発表していましたか。

・最初に名前を言っていました。

・次に、考えたわけとできることです。

・最後に、使い方や使う場面でした。

○教師の付箋メモの操作を実際に行いながら、話し合うことで、発表に必要な事柄を選んだり、順序を考えたりする過程を全体で確認する。

T　伝える必要がないものは、使わなくてもいいんですね。また、分かりやすい順番であれば、この順番でなくてもよいですね。

○絵を見せながら話すことを想定し、必要な情報を取捨選択させる。

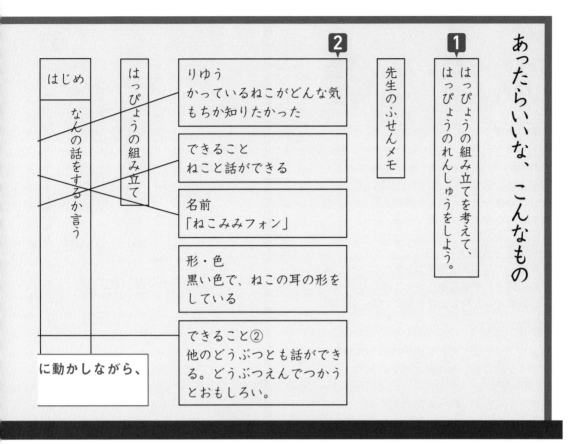

あったらいいな、こんなもの

1 はっぴょうの組み立てを考えて、はっぴょうのれんしゅうをしよう。

先生のふせんメモ

2

りゆう
かっているねこがどんな気もちか知りたかった

できること
ねこと話ができる

名前
「ねこみみフォン」

形・色
黒い色で、ねこの耳の形をしている

できること②
他のどうぶつとも話ができる。どうぶつえんでつかうとおもしろい。

はっぴょうの組み立て

はじめ
なんの話をするか言う

に動かしながら、

---

3 自分の発表で話す内容や構成をまとめ、練習する 〈20分〉

T　自分の話す内容について、何を、どの順序で話すか（「中」の部分）を考えてワークシートに発表メモをまとめましょう。

T　終わった人は、「はじめ」や「おわり」に話すことや、聞く人の心を引き付けるような言葉を考えましょう。終わったら、発表メモを見ながら話す練習をしましょう。

○できる限り、発表メモを見て話せるようにする。ただし、どうしても難しい子供の場合は、発表原稿をつくるなどの配慮をする。

よりよい授業へのステップアップ

本単元の重点目標

　本単元の重点目標は、「話すこと・聞くこと」の「話題の設定、情報の収集、内容の検討」である。そのため、「構成の検討、考えの形成」については、教師から基本の型を与え、それを基に発表させてもよい。ただし、自分で考えられる子供については、基本の型を変えてもよいことを確認する。また、発表の練習をする自分の姿を録画して見直すなどすると、よい発表に向けて主体的に考えて練習することができる。

あったらいいな、こんなもの $\frac{7}{7}$

本時の目標

・声の大きさに注意しながら、「はじめ」「中」「終わり」の順に分かりやすく発表することができる。
・友達の発表を聞き、進んで質問をしたり、感想を述べたりすることができる。

本時の主な評価

❹粘り強く、話し手の話を落とさないように集中して聞き、学習課題に沿って感想を述べたり、質問をしたりしようとしている。【態度】

資料等の準備

・掲示用「学しゅうのすすめ方」⤓ 16-01
・ワークシート①：絵に描いてみよう
　⤓ 16-02
・ワークシート③：発表メモ ⤓ 16-06

2
○はっぴょうするとき
・あいてを見て
・絵を見せながら
・聞こえる声で
・ゆっくり、はっきり

授業の流れ ▷▷▷

1 本時のめあてを確認し、発表会の進め方を確かめる〈5分〉

○本時のめあてを板書する。

T　発表メモや考えたものの絵を使って、聞いている人に伝わるような発表をしましょう。

T　発表会の進め方を確かめましょう。発表は、グループごとに行います。

　まず、1人が発表を行います。次に、その発表を聞いた人は質問をしたり、感想を話したりして、発表者はそれに答えます。

　発表が終わったら、その発表を聞いた人はどんなところがよかったか感想を伝えましょう。

○発表に不安をもつ子供がいる場合には、ペア2人組の発表練習をさせてもよい。

2 発表をするときに気を付けることを確認し、自分のめあてを立てる〈5分〉

T　発表するときにどのように発表したいか、どのように発表を聞きたいか、自分のめあてを立てましょう。

・後ろの人にも聞こえるように、大きな声で発表したいです。

・2枚絵を描いてきたので、話の内容に合わせて、絵を見せることができるようにしたいです。

・メモだけでなく、聞いている人の方を見て、発表したいです。

・話している人の方をよく見て、話を聞くようにします。

・できるだけ多く、質問や感想を言えるようにしたいです。

あったらいいな、こんなもの

1

「あったらいいな、こんなもの」
はっぴょう会をしよう。

はっぴょう会のながれ

① きめたじゅんばんで、
はっぴょうをする。

② 一人のはっぴょうが
おわったら、聞いている人に
しつもんや　かんそうを
言ってもらう。

③ しつもんや　かんそうに
こたえる。

④ つぎの人が
はっぴょうをする。

> 発表会の形によって、内容が変わる。

---

3 「あったらいいな、こんなもの」発表会を行う 〈30分〉

T　では、発表会を始めます。1番の人から考えたものを発表してください。発表を聞いた人は、質問をしたり、感想を伝えたりしましょう。

○発表会の場は、「1人が学級全体に発表する方法」「4〜5人のグループをつくって1人ずつグループのメンバーに向けて発表していく方法」「3人くらいのグループをつくり、他学級の子供や保護者が聞く方法」など、学校の実態に応じて工夫できる。

○発表がよかったり、上手だったりした子供を教師が指名し、全体の前で発表させ、そのよさを共有するとよい。

4 単元全体を振り返る 〈5分〉

T　みなさんの考えた「あったらいいな、こんなもの」がいっぱいのすてきな発表会をすることができましたね。できるようになったことや、分かったことなどを振り返ってノートに書きましょう。（自由記述）

・自分の考えたことを、たくさんの友達に聞いてもらえて、うれしかった。

・友達の考えをもっと詳しく聞きたいときの質問の言葉が分かりました。

・感想を言ってもらえたのがうれしかったので、自分が聞くときも、感想を伝えようと思いました。

○話し合うときや質問するときに大切な言葉や態度について書いている感想を取り上げ、紹介するなどし、全体に広げていく。

1 第2時資料　掲示用「学習の進め方」⬇ **16-01**　　**2** 第2時資料　ワークシート① ⬇ **16-02**

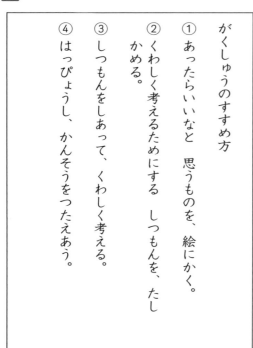

がくしゅうのすすめ方

① あったらいいなと　思うものを、絵にかく。

② くわしく考えるためにする　しつもんを、たしかめる。

③ しつもんをしあって、くわしく考える。

④ はっぴょうし、かんそうをつたえあう。

どうぐの名まえ

絵

年　組　名まえ（　　　　　　　　）

3 第3時資料　掲示用「話し合うときの言葉」⬇ **16-03**

みんなが　見つけた　話しあうときの
ことば

〇 かんそうの　ことば
・ うわあ
・ おもしろそう
・ すごく　はやいね
・ たのしそうだね
・ いいね

〇 しつもんの　ことば
・ どうして　（りゆう）
・ ほかには
・ どれくらい（はやさ、大きさなど）
・ どんな（色、形など）
・ 名前はなんていうの

話しあいのすすめ方

① あいさつをする。

② 話すじゅんばんをきめる。

③ 話す人が、「あったらいいな」と　思うものについて　せつめいする。

④ 聞く人が、しつもんを　言ったり、かんそうを　言ったりする。

⑤ 話す人は、しつもんに　こたえる。

⑥ 話す人と　聞く人を　こうたいする。

⑦ ③〜⑤を　おこなう。

話しあいが　おわったら

・くわしくなったことを　ふせんに　書きくわえる。

・話す人と、聞く人を　こうたいする。

あったらいいな、こんなもの

年　組　名まえ（　　　　　）

どんなときにつかうか

どうぐの名まえ

できること　　　形・色・大きさ

考えたわけ

はっぴょうメモ

はじめ	中	おわり

※ワークシート①の裏にはっぴょうメモを貼って
　発表するようにする

きせつのことば2

夏がいっぱい （2時間扱い）

単元の目標

知識及び技能	・言葉には、事物の内容を表す働きや、経験したことを伝える働きがあることに気付くことができる。（(1)ア） ・身近なことを表す語句の量を増し、話や文章の中で使うとともに、言葉には意味による語句のまとまりがあることに気付き、語彙を豊かにすることができる。（(1)オ）
思考力、判断力、表現力等	・経験したことなどから書くことを見つけ、必要な事柄を集めたり確かめたりして伝えたいことを明確にすることができる。（B ア）
学びに向かう力、人間性等	・言葉がもつよさを感じるとともに、楽しんで読書をし、国語を大切にして、思いや考えを伝え合おうとする。

評価規準

知識・技能	❶言葉には、事物の内容を表す働きや、経験したことを伝える働きがあることに気付いている。（〔知識及び技能〕(1)ア） ❷身近なことを表す語句の量を増し、話や文章の中で使うとともに言葉には意味による語句のまとまりがあることに気付き、語彙を豊かにしている。（〔知識及び技能〕(1)オ）
思考・判断・表現	❸「書くこと」において、経験したことから書くことを見つけ、必要な事柄を集めたり確かめたりして、伝えたいことを明確にしている。（〔思考力、判断力、表現力等〕B ア）
主体的に学習に取り組む態度	❹積極的に言葉には事物の内容を表す働きがあることに気付き、学習課題に沿って見つけたものをカードに書こうとしている。

単元の流れ

時	主な学習活動	評価
1	学習の見通しをもつ 「みんみん」の詩を読み、夏のイメージを膨らませる。 学習課題を設定する。 夏をかんじることばを見つけよう。 教科書の挿絵を手がかりにして、提示された言葉について知っていることを発表する。	❶
2	生活科の学習や、日常の出来事で見つけた「夏らしいもの」について、文や文章でカードに書く。 ペアでカードを読み合い、感想を交流する。 学習を振り返る 学習活動を振り返り、新しく知った夏を発表して交流する。	❷❸ ❹

〈単元で育てたい資質・能力〉

　本単元のねらいは、季節に関わる言葉を知り、言葉への理解を深めることである。そのためには、季節に関わる言葉と、子供たち一人一人がもっている具体的な体験や思い出を結び付けながら学習することが大切である。「夏」という季節を中心に日頃の経験を交流し、言葉を様々な角度から見つめることで、語彙の拡充を図るとともに、言語感覚を高められるよう指導していく。

〈他教科との関連〉

　教科書 p.94、95には「あさがお」「かぶと虫」「トマト」など、生活科で行った植物や虫の観察の活動などと関連させることができる。校庭や地域の公園などに夏を感じるものを探しに行き、実際に五感を使って自然と触れ合った経験を言葉と結び付けると、語彙の獲得に効果的であろう。また、季節の歌を歌うなど、音楽科と関連させることもできる。地域や学校の特色に合わせて、季節の移ろいを楽しみながら言葉を学べるようにすることが大切である。

〈日常化の工夫〉

　本単元の学習にとどまることなく、日常的に季節の言葉に触れられるようにする。継続的に取り組むことで言語感覚が磨かれていく。

[具体例]

○本単元で書く思い出カードを教室内に掲示したり、学級でまとめて綴じたりするなどして、いつでも見られるようにする。

○朝学習などで「季節の言葉」の時間をつくり、テレビや本で見つけた季節の言葉を交流する。見つけた言葉を季節ごとに教室掲示するなどして、季節ごとの言葉を比較できるようにする。

○夏の生き物や植物に関する図鑑や科学絵本、夏の詩や物語を用意し、夏の本コーナーを作る。学校図書館や地域の図書館を活用するとよい。

〈ICT の効果的な活用〉

記録：１）端末のカメラ機能や録音・録画機能を用いて、生活の中で見つけた「夏らしいもの」を保存しておくと、言葉探しやカードを書く際に活用できる。また、生活科の学習と関連付けて、撮影の機会を設定することも効果的である。

　　　２）４月に学習した単元「春がいっぱい」で作成したカードを写真に撮って保存しておく。「季節の思い出カード」のフォルダを作成し、春夏秋冬のカードを読み返すことができるようにすると、自身の学びをすぐに振り返ることができる。また、共有フォルダに作品の写真を保存しておくと、友達のカードも手元ですぐに見ることができる。互いの作品を読み合う機会を保障できるので、活用したい。

夏がいっぱい

本時の目標
・これまでの経験を思い出しながら、夏を感じるものを探すことができる。

本時の主な評価
❶夏の経験を思い出し、夏を感じる言葉を探している。【知・技】

資料等の準備
・教科書 p.94、p.95挿絵拡大、「みんみん」の詩拡大（デジタル教科書でもよい。）
・動植物の写真や実物

〈板書〉

③
○夏を　かんじる　ものを　ノートに　書こう。

授業の流れ ▷▷▷

1　学習の見通しをもつ　〈10分〉

T　夏が近付いてきましたね。「みんみん」の詩を音読しましょう。
○１人読み、追いかけ読み、一斉読み、指名読みなど、読み方を変えながら何度も声に出して読む。リズムよく読む楽しさを味わわせながら、夏の言葉に気付かせたい。
T　夏を感じるものはありましたか。
・「せみ」は夏の生き物です。
・「せみ」をとるときに「あみ」を使うから、「あみ」という言葉も夏だなあと思います。
T　夏だなあと感じるものを他にも探してみましょう。
○単元の学習課題「夏をかんじることばを見つけよう。」を板書する。

2　挿絵に示された言葉を読み、夏のイメージを広げる　〈10分〉

T　教科書にある夏の絵を見てみましょう。「春がいっぱい」の学習とは違うものがたくさんありそうですね。声に出して読んでみましょう。
・くわがた虫をつかまえたことがあります。
・夏になるとおやつに枝豆が出ます。
・「つゆ草」は初めて聞きました。どんな植物なのか本物を見てみたいです。
○音読しながら、知っていることや経験を発表させ、夏のイメージを膨らませる。
○分からない言葉があった場合は、知っている子供はいないか問い、実物や写真で見せるとよい。

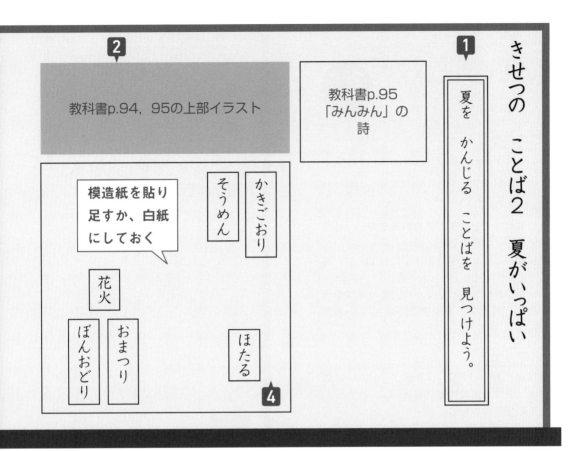

きせつの ことば2 夏がいっぱい

1
夏を かんじる ことばを 見つけよう。

2
教科書p.94，95の上部イラスト

教科書p.95
「みんみん」の詩

模造紙を貼り足すか、白紙にしておく

かきごおり
そうめん
花火
ぼんおどり
おまつり
ほたる

4

---

3 夏を感じる言葉を探し、ノートに書く 〈15分〉

T 他にも夏を感じるものを知っていますか。

・「プール」です。夏になるとプールに入れるからとても楽しみにしています。

・私は「かき氷」かな。

T 他にもたくさんありそうですね。ノートに夏を感じるものを書きましょう。

○ノートには思い付く言葉をたくさん書かせ、夏の言葉をこれまでにも多数知っていたことに気付かせたい。

T 夏の言葉を付箋に書いて黒板に貼りましょう。1人3枚書きます。

○「食べ物」「生き物や草花」「出来事や場所」など色分けして書かせるのもよい。

4 夏を感じる言葉を発表し、そのときの経験を交流する 〈10分〉

T 夏を感じるものを発表しましょう。

・私は「せんぷうき」を書きました。

T どんなときに使いましたか。そのときはどんな気持ちでしたか。

・暑くて眠れないときにつけました。涼しい風がふいて、とても気持ちよかったです。

T 夏は暑い季節ですね。涼しくするために扇風機をつけたのですね。

・ぼくは「かき氷」を食べました。暑い夏に食べると、とてもおいしく感じます。

T かき氷も扇風機も涼しくなるから暑い夏にぴったりですね。

○経験と気持ちを問い、言葉を結び付けながら、夏の言葉について話し合う。

夏がいっぱい ②/②

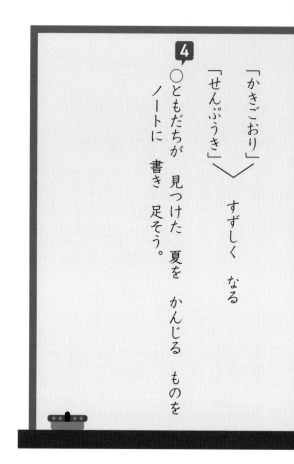

④
「かきごおり」
「せんぷうき」
　すずしく　なる
○ともだちが　見つけた　夏を　かんじる　ものを
　ノートに　書き足そう。

本時の目標

・夏の言葉を経験と結び付けて文章に表すことができる。

本時の主な評価

②夏に関わることを表す語句の量を増し、話の中で使っている。【知・技】

③夏に関わる言葉と経験を結び付けて、文を書こうとしている。【思・判・表】

④前時の学習を思い出しながら、夏の経験を思い出し、進んで文章を書こうとしている。【態度】

資料等の準備

・教科書 p.94「ほたる」「きゅうり」カードの拡大（デジタル教科書でもよい）

・夏を感じるものを書くカード

・「カードの書き方」短冊 ⬇ 17-01

授業の流れ ▷▷▷

1 学習の見通しをもつ　〈5分〉

○本時のめあてを板書する。

T　前回のノートを振り返りましょう。夏を感じるものがたくさん見つかりましたね。

T　教科書の「ほたる」と「きゅうり」のカードを見ましょう。「春がいっぱい」の学習のときも同じようにカードを書きましたね。

T　この2つをお手本にして、夏だなあと感じたものをカードに書きましょう。

ICT 端末の活用ポイント

春がいっぱいのときに書いたカードがあれば配っておき、学習したことを想起できるようにする。写真に撮って各自のタブレットから共有フォルダにアクセスできるようにしてもよい。

2 カードの書き方を確認し、夏の出来事を書く　〈25分〉

T　「ほたる」や「きゅうり」のカードにはどんなことが書いてありますか。

・「いつ」「どこで」見たかが書いてあります。

・「何を見たか」「何を食べたか」です。

・「気持ち」や「話したこと」も書いています。

T　話したことは「かぎ」を使って書いていますね。

○五感を使って書いていること、かぎを使うとそのときの会話を表せることに気付かせる。

T　ノートに書いた「夏だなあ」と思うものの中から1つ選んで、カードを書きましょう。最後に全部まとめて「夏ブック」にして教室に置くとみんなの作品が読めますね。

○言葉が選べない子供には、会話をしながら、経験を思い出せるように支援する。

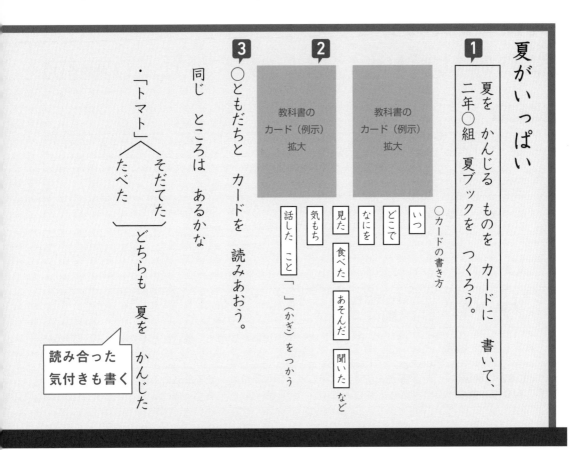

夏がいっぱい

1 夏を かんじる ものを カードに 書いて、二年〇組 夏ブックを つくろう。

〇カードの 書き方
- いつ
- どこで
- なにを　食べた　あそんだ　聞いた　など
- 見た
- 気もち
- 話した こと　「　」（かぎ）を つかう

2 教科書の カード（例示）拡大

教科書の カード（例示）拡大

3 〇ともだちと カードを 読みあおう。

同じ ところは あるかな

・「トマト」〈 そだてた / たべた 〉どちらも 夏を かんじた

読み合った 気付きも 書く

---

3 書いたカードを読み合い、発表する 〈10分〉

T 書いたカードを友達と読み合いましょう。似ているところはありますか。

〇まずは隣の席の子供と読み合う。その後3〜4名のグループにするなどし、友達の書いた文をなるべくたくさん読めるようにする。

〇机間巡視し、同じ言葉を選んだ子供や、違う言葉を選んでいるが経験や気持ちが似ている子供を見つけておく。

T 同じものを選んでカードを書いた友達はいましたか。

・Aさんと同じ「トマト」のことを書きました。私はトマトを食べたときのこと、Aさんはトマトを育てたときのことが書いてあります。

4 学習を振り返る 〈5分〉

T 同じものを「夏だなあ」と感じても、そのときの思い出は様々ですね。

T 友達のカードを読んで、「夏だなあ」と感じるものがさらに見つかりましたか。

〇言葉から思い出した経験を交流することで、夏のイメージをさらに広げ、自分では見つからなかった夏の言葉があることに気付かせる。

T 友達の見つけた言葉もノートに書き足しましょう。

T 書いたカードを集めて「夏ブック」にしましょう。他にも夏を感じるものが見つかったら、カードを足していけるとよいですね。

〇カードをカメラアプリで撮影し、共有フォルダに保存して、見合うこともできる。

お気に入りの本をしょうかいしよう／ミリーのすてきなぼうし 6時間扱い

単元の目標

知識及び技能	・読書に親しみ、いろいろな本があることを知ることができる。((3)エ)
思考力、判断力、表現力等	・文章を読んで感じたことや分かったことを共有することができる。(C カ)
学びに向かう力、人間性等	・言葉がもつよさを感じるとともに、楽しんで読書をし、国語を大切にして、思いや考えを伝え合おうとする。

評価規準

知識・技能	❶読書に親しみ、いろいろな本があることを知っている。(〔知識及び技能〕(3)エ)
思考・判断・表現	❷「読むこと」において、文章を読んで、感じたことや分かったことを共有している。(〔思考力、判断力、表現力等〕C カ)
主体的に学習に取り組む態度	❸進んで読書に親しみ、学習課題に沿ってお気に入りの本を紹介しようとしている。

単元の流れ

次	時	主な学習活動	評価
一	1	学習の見通しをもつ ・読書カードを使って、これまでの読書生活を振り返る。 ・学習課題を知り、学習の進め方を確認する。 これまでに読んだ本の中から、お気に入りの本をしょうかいしよう。	
二	2	「ミリーのすてきなぼうし」を読んで、紹介メモを書く。	
	3	「ミリーのすてきなぼうし」お気に入り発表会をする。	❸
三	4	自分の選んだ本で紹介メモを書く。	❷❸
	5	お気に入りの本発表会に向けて練習する。	
	6	友達と本を紹介し合い、感想を伝え合う。 学習を振り返る ・発表会の振り返りをする。 ・教科書p.100「読書にしたしむために」で、本の読み方を押さえる。	❶❸

授業づくりのポイント

〈単元で育てたい資質・能力〉

　この単元で気を付けなくてはならないのは、「ねらいを明確にする」ということである。単元のタイトルは「本は友だち」である。よって、本（読書）に親しみ、進んで読書をする子を育成する為の、【読むこと】及び【学びに向かう力、人間性等】に重点を置いた単元である。一方で、単元名は「お気

に入りの本を　しょうかいしよう」とあり、本を媒介に自分のことを話したり書いたりする、すなわち【話すこと・聞くこと】もしくは【書くこと】の単元のようにも思える。どちらも魅力的であるが、両方をねらってしまうと、結果として時間数ばかりかかって、学びが焦点化されない。

　そこでこの単元では、【読むこと】と【学びに向かう力、人間性等】を育成する単元として、紹介するポイントはある程度指定して、「紹介カード」の作成に時間をかけ過ぎないように工夫したい。そして、グループ発表会を通して「○○くんが紹介してくれた◇◇という本を読んでみたいなと思いました。なぜかというと、☆☆が気になったからです。」という、読書生活の充実につながる交流を大切にしたいと考える。

※【話すこと・聞くこと】を重視した単元の流れにするなら…

　1次で自分が紹介したい本を見つけて、2次で紹介するポイントを考えて「紹介カード」を作成する。3次の発表に向けて、声についてや「紹介カード」の見せ方などを練習して発表会を行う。発表会の振り返りは、内容面についてよりも、発表の仕方について振り返り、表現力の育成に寄与するものにする。

〈カリキュラム・マネジメントの視点で〉

　この単元になってから「これまでに読んだ本について振り返ろう」と投げかけても、子供たちは振り返ることが難しい。そこで、読書記録を活用するなどしたい。この読書記録は、年間を通して、貯金通帳のような形で残しておくと、子供たちの読書への意欲の持続にもつながる。

　読書記録の例をダウンロード資料として示した。書名だけを書き残しておくのではなく、5冊ごとに振り返って、「特に心に残っている本について、感想を書いておこう」としておくことで、今回の単元にも有益に働くのではないだろうか。

〈司書・司書教諭との連携〉

　紹介したい本をすぐに見つけられる子供もいるが、なかなか見つけられない子もいる。そういった子供のために、教科書のp.98に「ミリーのすてきなぼうし」をはじめ6冊の本が紹介されている。また、教科書p.150〜p.152には「本のせかいを広げよう」と題したページがあり、その中の本をすすめることができる。おそらく、教科書に掲載された本は校内の図書室で手に取って読むことができるはずだ。しかし、1冊ずつしかなかったり、蔵書が少なかったりする場合、地域の公共図書館から団体貸出の制度を利用して、学校単位で借りることができる。手続きについては校内に配置されている司書、あるいは司書教諭が窓口となっているので、積極的に声を掛けて、連携するとよい。

〈ICTの効果的な活用〉

記録：発表会の練習や、発表の際に、ICレコーダー等の録音機器を用いることが考えられる。特に練習で用いることで、自分でも聞き返したり見返したりできるので、技術の向上へと繋がることが期待できる。発表本番を撮っておくことで、この単元の振り返りに加え、今後同じような活動をするときにも、振り返りとして見直すことができる。録音機器の代わりに、1人1台のタブレット端末も活用できる。

お気に入りの本を しょうかいしよう

本時の目標
・これまでの読書経験を振り返ったり、教科書を読んだりして、これからの学習の見通しをもつことができる。

本時の主な評価
・これまでの読書経験を振り返ったり、教科書を読んだりして、これからの学習の見通しをもとうとしている。

資料等の準備
・読書カード（年間を通して使用しているもの）⤓ 18-01
・掲示用「しょうかいするときのポイント」
⤓ 18-02

しょうかいするときのポイント
・書いた人と、本のだいめい。
・どんなとうじょうじんぶつが出てきたか。どんなお話か。
・すきなところや、おすすめしたいところ。

> 拡大したものを準備しておき、次時以降も使用する

授業の流れ ▷▷▷

1 どんな本が好きか考える 〈10分〉

T あなたは、どんな本が好きですか。読書カードを見直して考えましょう。

・わくわくしたり楽しいことがおこったりするお話が好きです。

・虫について詳しく書いてある本が好きです。

○「読書カード」は、授業時間だけでなく、休み時間や家庭で読んだ本についても記録するようにし、1週間に1度程度カードを提出させ、年間を通して読書の実態をつかんでおくようにする。

○「Aくん、読んだことある？」などの、友達と会話しながら振り返っている子供の発言に耳を傾け、そういう発言を拾って、次の活動につなげるようにしたい。

2 紹介する本を選ぶ 〈20分〉

T Aくんは、今、Bくんとどんな話をしていたのですか。

・読書カードを見ていたら、「◇◇◇◇」という本のことを思い出しました。それで、Bくんは読んだことあるかなと思い聞いてみたら「読んだことない」と言ったので、この本のお話を教えてあげました。

T 「読んだことのない」友達に教えてあげたくなったのですね。他のみんなはどうですか。

○学習課題「これまでに読んだ本の中から、お気に入りの本をしょうかいしよう。」を板書する。

○現時点で「紹介したい本がない」という子供は、図書館内の本の中から探してよい。

お気に入りの本をしょうかいしよう

2 これまでに読んだ本の中からお気に入りの本をしょうかいしよう。

板書しながら確認する

・がくしゅうのすすめ方

1 これまでに読んだ本をふりかえり、どんな本がすきか考える。

2 しょうかいする本をえらぶ。

① 「ミリーのすてきなぼうし」
みんなで同じ本を読んでしょうかいのれんしゅうをする。

② 自分でえらぶ。

3 本を読んで、しょうかいメモを書く。

4 本をしょうかいする。

『二年三組　お気に入りの本はっぴょう会』

---

3 今後の学習の見通しをもつ 〈15分〉

T　今回の学習では、みんながこれまでに読んだ本の中からお気に入りの本を選んで、友達に紹介したいと思います。でも、すぐに紹介するのは難しいと思う子が多いと思うので、まずはみんなで同じお話を読んで、紹介の練習をしてみましょう。

○ p.96〜p.100を読んで、学習の見通しをもたせる。

○共通学習材の読みと同時に、自分の本を選び、紹介の準備を進める。

・どんなお話を読むのですか。

T　「ミリーのすてきなぼうし」という題です。

○「しょうかいするときのポイント」を声に出して読んだり、ノートに視写したりして、本を紹介するときのポイントを明確に意識付ける。

よりよい授業へのステップアップ

年間を通した読書指導

子供たちの娯楽は、昔と比べて多種多様で、読書に興じる子が少なくなったといわれる。学校では、魅力的な本を紹介したり、読み聞かせを定期的に行ったりするなど、子供が主体的に読書に臨む取り組みは行われている。

各校においても、朝や昼に15分程度の学習の時間が設けられているのではないだろうか。その時間を読書に使うことを期待するなどして、読書する時間を確保したい。

お気に入りの本をしょうかいしよう/ミリーのすてきなぼうし 2/6

本時の目標

- 「ミリーのすてきなぼうし」を読んで、登場人物を確認したり、話の内容の大体を捉える。

本時の主な評価

- 「ミリーのすてきなぼうし」を読んで、登場人物を確認したり、話の内容の大体を捉えている。

資料等の準備

- 掲示用「しょうかいするときのポイント」 ⬇ 18-02
- ワークシート①：紹介メモ ⬇ 18-03

③ 《しょうかいメモ》 ③

しょうかいメモ　　　　　年　組　名前（　　）
だいめい：ミリーのすてきなぼうし
書いた人：きたむら さとし
とうじょうじんぶつ：ミリー、ぼうしやさん（店長さん）おばあさん、ママ
どんなお話か：ミリーが、そうぞうでいろいろなぼうしをかぶる話。
すきなところ：ミリーが、公園で、みんながいろいろなぼうしをかぶっていることに気づくところ。

資料３を掲示し、前半部分をまとめて表に記入してみる

授業の流れ ▷▷▷

1 学習課題を確認し、「ミリーのすてきなぼうし」の読み聞かせを聞く 〈15分〉

○本時のめあてを板書する。

○前時も読んで確認した、「しょうかいするときのポイント」を再度確認し、その練習のために、みんなで同じ作品を読むことを確認する。

○まずは、子供たちを集めて円型にし、教師による読み聞かせを行う（司書など、ゲストティーチャーにお願いしてもよい）。

○子供たちは何も持たずに集まり、聞き取れたことだけ、読み聞かせの後に確認する。

T　このお話に出てきた人物は？

・ミリー・ぼうしやさん（店長さん）

・おばあさん・ママ

T　どんなお話だったのか、みんなに聞いてみたいので、席に戻って、教科書を開いてみましょう。

2 自分で読み直し、内容の大体を掴む 〈15分〉

T　今度は教科書を開いて、自分でお話を読んでみましょう。読み終わったら、どんなお話だったのか聞きますからね。

○集中して話を読ませる。

○集中力が続かない子は、覚えている範囲でどんな話だったか言わせるように指示する。

T　全部読めた子も、読めなかった子も、そこまででよいので、どんなお話だったか発表してみましょう。

・ミリーが、いろいろな帽子をかぶるお話。

・実際にかぶったんじゃなくて、想像でかぶったんだよ。

お気に入りの本をしょうかいしよう

「ミリーのすてきなぼうし」を読んで
しょうかいメモをかこう。

ミリーのすてきなぼうし
きたむら さとし

1
・書いた人と、本のだいめい。

・どんなとうじょうじんぶつが出てきたか。

ミリー
ぼうしやさん（店長さん）
おばあさん
ママ

2
・どんなお話か。

ミリーが、そうぞうでいろいろなぼうし
をかぶるお話。

3
・すきなところや、おすすめしたいところ。

ミリーが、公園で、みんながいろいろな
ぼうしをかぶっていることに気づくとこ
ろが、たのしい。

3　好きなところも合わせて、紹介メモを書く　〈15分〉

T　紹介メモのプリントを配ります。「登場人物」と「どんなお話か」は、さっきみんなで話しましたね。それを書いてみましょう。「すきなところ」には、自分でここを話したいなと思ったところを見つけて書いてみよう。

○「しょうかいメモ」は、p.99と同じ形式・項目にしてワークシートを作成し、子供たちに配付する。

○「だいめい」「書いた人」「とうじょうじんぶつ」「どんなお話か」までは、黒板に紹介メモの拡大版を貼って、教師も一緒に書くようにする。

○「すきなところ」は各自の個性が表れるように、友達と話さずに書かせたい。

よりよい授業へのステップアップ

魅力的な読み聞かせを
　気持ちを込めて抑揚を付けたり、間違えないように正確に読んだりすることも大切であるが、読後に登場人物について確認したいのであれば、人物名が出てきたところで強調したり立ち止まって子供が分かっているか確認したりするとよい。また、暗記ができていれば大変よいが、暗記でなくても、子供たちに視線を配りながら読めるように、事前に読み聞かせの練習をしてから授業に臨むようにしたい。

本時案

お気に入りの本をしょうかいしよう／ミリーのすてきなぼうし 3/6

本時の目標

・「ミリーのすてきなぼうし」を読んで感じたことや分かったことを、友達と話して交流することができる。

本時の主な評価

❸「ミリーのすてきなぼうし」を読んで感じたことや分かったことを学習課題に沿って紹介しようとしている。【態度】

資料等の準備

・付箋紙（1色あればよい。1人当たり5枚くらいの見当で準備したい）。
・ワークシート②：紹介原稿 ⬇ 18-04

```
2
はっぴょう会のやり方
① はっぴょうタイム （3分）
② かんそうタイム  （2分）
        ①②のじゅんで
        くりかえす

3
☆ふりかえり
きょうがんばったことと、つぎのじかんに
がんばりたいことを書こう。
```

授業の流れ ▷▷▷

1 お話を紹介する練習をする 〈10分〉

○本時のめあてを板書する。

T　今日は、昨日書いた紹介メモを使って、グループで発表会をします。まず、自分のお話の仕方を貼りますので、紹介メモも見ながら練習してみましょう。

○紹介原稿を提示する。短時間で空欄に記入して原稿を準備する。

○【話すこと・聞くこと】の力を付ける単元ではないので、話し方の型（資料参照）を示して、自分の伝えたいことをそこに当てはめればよいことにする。

○黒板に拡大したものを貼り出すが、視力の問題等で手元に見本を置いておきたいという子供用に、B5サイズの物も用意しておく。

2 「ミリーのすてきなぼうし」のお気に入り発表会を行う 〈25分〉

○p.100のような隊形を作る。その際、教室では手狭ならば特別教室を借りて授業を行いたい。

○グループは、各クラスの生活班（1グループ4〜5人）でよい。

○発表会の流れ
①1人目の発表（3分）
②発表の内容や仕方等について周りの子からの感想（2分）
この①②を4人ないし5人繰り返す。

ICT 端末の活用ポイント

ICT 端末で録音・録画しておくとよい。発表内容だけでなく、感想の部分等を後で聞き返すことができ、評価にも生かすことができる。

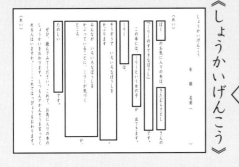

お気に入りの本をしょうかいしよう

「ミリーのすてきなぼうし」のお気に入りはっぴょう会をしよう。

《しょうかいメモ》

しょうかいメモ	年　組　名前（　　）
だいめい	ミリーのすてきなぼうし
書いた人	きたむら　さとし
とうじょうじんぶつ	ミリー、ぼうしやさん（店長さん）おばあさん、ママ
どんなお話か	ミリーが、そうぞうでいろいろなぼうしをかぶる話。
すきなところ	ミリーが、公園で、みんながいろいろなぼうしをかぶっていることに気づくところ。

《しょうかいげんこう》

しょうかいげんこう
年　組　名前（　　）

（れい）
ぼくの、お気に入りの本は「ミリーのすてきなぼうし」で、きたむらさとしさんの本です。

この本には「ミリー」という女の子が出てきます。

（れい）
ミリーは、そうぞうで、いろいろなぼうしをかぶります。

みんなが、いろいろなぼうしをかぶっていることに、ミリーが気づくところが、たのしいところです。

ぜひ、読んでみてください。これで、お気に入りの本のしょうかいをおわります。しつれんがわたってくれる人はいますか？……これでは、ぴょうしをおわります。

○この時間はずっと話していたので、振り返りはノートに書かせる。書く内容について板書する。
○今後の見通しについては口頭で確認する。

T　さて、「ミリーのすてきなぼうし」というお話での発表会は終わりましたが、……。
・今度は、自分で選んだ本の発表会だよね。
・もう本は選んであるよ。
・最初は本が見つからなかったけれど、実は、昨日、紹介したい本が決まったんだ。
T　それでは、次の時間は、自分で決めた本を読んだり、紹介メモに書いたりして、「お気に入りの本発表会」の準備をしましょう。

よりよい授業へのステップアップ

1時間の授業の中でもメリハリを

　子供たちは学習意欲に満ち溢れ、45分全力で活動しようと頑張る。一方で、なかなか学習に手がつかない、飽きてしまう子供がいることも忘れてはならない。できれば、全員が「国語好き」でありたいが、そうではない子供にとって、45分着席して、ずっと書いたり読んだりすることは苦痛である。そこで、姿勢を変えたり、ずっと同じ活動ではなく「読む」→「書く」→「話す」など、短いスパンで活動を変えていくと、そういった子供も取り組みやすい。

お気に入りの本を
しょうかいしよう

本時の目標
・自分が紹介したい本について、紹介メモを作成することができる。

本時の主な評価
❷自分が紹介したい本について、文章を読んで感じたことや分かったことを書き表している。【思・判・表】
❸進んで、読書に親しみ、学習課題に沿ってお気に入りの本を紹介しようとしている。【態度】

資料等の準備
・ワークシート①：しょうかいメモ ⬇ 18-03

> **3**
> つぎのじかんは……
> はっぴょう会のじゅんび・れんしゅう
> もちもの
> メモ、本、
> 「しょうかいしたい」という気もち

授業の流れ ▷▷▷

1 自分が紹介したい本を決定し、本を読む 〈15分〉

○本時のめあてを板書する。

T 今度は自分が選んだ本の紹介に向けて準備をしていきましょう。紹介する本は決まっていますか？

・はい。もうずっと前から決まっていました。

・うん。でも決めたばかりだから、どこを紹介するかは決まっていません。

T では、紹介するところが決まっている人は、本を見ながら、紹介メモを書き始めましょう。まだ、紹介するところが決まっていない人は、本を読んで、決まったら、紹介メモを取りにきましょう。

○子供の実態によって、2種類の活動を提示する。どちらにしても、手元に本を置いて活動するよう、準備を徹底する。

2 紹介メモを書き上げる 〈20分〉

T 紹介メモにまだ入っていない子に、メモ用紙を配ります。あと時間は20分あります。メモが書き終わるように頑張りましょう。

○始めの15分が経ったところで一呼吸おいて、実態把握と、次の活動への見通しを伝える。

○すでにメモを書き終えた子供には、発表の練習ではなく、「2冊目として紹介するとしたらどの本を紹介する？」と尋ね、2冊目の紹介メモを書かせる。時間が少なければ、2冊目を読ませるだけでもよい。

○早くメモを書き終えた子供のメモに目を通し、アドバイスしてあげるとよい。

お気に入りの本をしょうかいしよう

お気に入りの本を しょうかいするための、しょうかいメモを書こう。

☆ 本をえらぶ。
☆ 本を読む。
☆ しょうかいメモを書く。

1 本時の流れを確認

しょうかいメモ	年 組 名前（　　　　　）
だいめい	ミリーのすてきなぼうし
書いた人	きたむら さとし
とうじょうじんぶつ	ミリー、ぼうしやさん（店長さん）おばあさん、ママ
どんなお話か	ミリーが、そうぞうでいろいろなぼうしをかぶる話。
すきなところ	ミリーが、公園で、みんながいろいろなぼうしをかぶっていることに気づくところ。

3 次時の学習の見通しをもつ 〈10分〉

T　さあ、メモが書き終わりました。次は何を
　したいですか。

・発表会！

T　いきなり発表会でもいいですか？

・発表の練習をしないと、うまく言えません。

T　では、次の時間は何をしますか。

・練習！

T　練習のとき必要なものは何ですか。

・メモと、本です。

T　それだけでいいですか？

・紹介してあげたいな、という気持ちが大切で
　す。

○一問一答式にはなってしまうが、教師から一
　方的に次時の活動を伝達するのではなく、子
　供たちが練習に価値を見いだせるようにする。

よりよい授業へのステップアップ

主体的に「練習」に取り組む子供の育成

　本番に対する子供たちのモチベー
ションは高い。しかし、練習となる
と、練習はそこそこで、なんとなく時
間を過ごしてしまうことが懸念され
る。

　そんなとき、「練習は本番のように、
本番は練習のように」という言葉を用
いて指導する。つまり、練習のときか
ら本番の意識をもち、本番と同じ環境
で、同じ時間で、など本番と同じ状況
を設定して練習させることで、子供た
ちが主体的に練習に取り組むことが期
待できる。

本時案

お気に入りの本をしょうかいしよう 5/6

本時の目標
・作成した「紹介メモ」を使って、自分の伝えたいことをはっきり伝えられるように、発表会の練習をすることができる。

本時の主な評価
❷自分が紹介したい本について、文章を読んで感じたことや分かったことを書き表している。【思・判・表】
❸進んで、読書に親しみ、学習課題に沿ってお気に入りの本を紹介しようとしている。【態度】

資料等の準備
・めあてを書くための画用紙を短冊に切ったもの

（板書）

③ はっぴょう会のめあてを書こう。

よかったらほめてあげよう。
なおしたほうがよいところを、教えてあげよう。

授業の流れ ▷▷▷

1 発表会に向けて個人練習をする 〈10分〉

○本時のめあてを板書する。

T　発表会の練習をしましょう。「ミリーのすてきなぼうし」のときのように「しょうかいげんこう」を使う子は前に取りに来てください。使わなくても言える子は「しょうかいメモ」を見て練習しましょう。

○発表の型を示す。その際、少し加工して、自分の言葉に直す部分は空欄にしておく。そこに言葉を当てはめて言えばよいことにする。

○一方で、自分の言葉で述べたいという子供がいれば、その思いを尊重して、型に必ずしもこだわらなくてよいと伝える。

○この10分間は、プリントに記入して終わりではなく、きちんと声を出させて、本を見せるなど、本番を意識した練習をさせる。

2 ペアやグループで発表練習をする 〈20分〉

T　発表会本番とは違うペア、グループで練習しましょう。

○本単元は【話すこと・聞くこと】の力を付けるための単元ではないが、この練習では、実際の発表会の隊形に椅子をセットして、声の大きさや話す速さなど、しっかりと伝わる発表になっているかを評価し、アドバイスするようにする。評価カード等、特に準備せず、口頭でアドバイスする。

○グループは教師が設定して示す。いろいろな子供たちと学習の場で関わらせるために、男女取り混ぜたり、普段よく遊んでいる子供かどうかを考慮したりして、グループを作っておきたい。

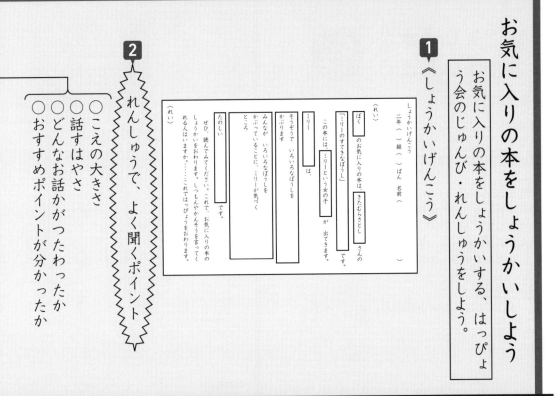

お気に入りの本をしょうかいしよう

1 お気に入りの本をしょうかいする、はっぴょう会のじゅんび・れんしゅうをしよう。

《しょうかいげんこう》

しょうかいげんこう
二年（　）組（　）ばん　名前（　　）

（れい）

ぼく の お気に入りの本は きたむらさとし さんの
「ミリーのすてきなぼうし」 です。
この本には、「ミリーという女の子」 が 出てきます。

ミリー は、
そうぞうで　いろいろなぼうしを
かぶります

みんなが　いろいろなぼうしを
かぶっていることに、ミリーが気づく
ところ

たのしい　です。

（れい）

ぜひ 読んでみてください。これで、お気に入りの本の
しょうかいをおわります。しつもんやかんそうを言ってく
れる人はいますか。……これではっぴょうをおわります。

2

れんしゅうで、よく聞くポイント
○こえの大きさ
○話すはやさ
○どんなお話がつたわったか
○おすすめポイントが分かったか

3 発表会に向けてめあてをもつ　〈15分〉

T　自分で練習したり、友達と練習してアドバイスをもらったりして、発表会の準備はできましたか。
・はい、もう大丈夫です。早く発表会をしたいです。
・うーん、ちょっとまだ心配です。
T　どんなところが心配ですか。
・本を見せるところを間違えないかどうか心配。
・私の紹介で、本当に、みんなが分かってくれるかどうか心配です。
○「しょうかいするときのポイント」をもとに、めあてをもたせるようにして、短冊にめあてを書いて終わる。

よりよい授業へのステップアップ

めあてのもたせ方

　この学習においてめあてを立てると、「友達にしっかり聞こえるように発表したいです」というような、発表の仕方、いわゆる【話すこと・聞くこと】の指導事項に関するめあてを立てる子が多くいるだろう。そのめあて自体は尊重し、ぜひ取り組ませたいのだが、今回は「友達に紹介する」ということを目的にしている。そのため、「自分の伝えたいことがしっかり伝わったか」という内容面を大事にしためあてを立てられるように、適切な助言をするようにする。

お気に入りの本を しょうかいしよう

本時の目標

・発表会を通して、自分の紹介したい本を分かりやすく伝えたり、友達の発表の中から読んでみたい本を見つけたりすることができる。

本時の主な評価

❶読書に親しみ、いろいろな本があることを知ろうとしている。【知・技】
❸進んで読書に親しみ、学習課題に沿ってお気に入りの本を紹介しようとしている。【態度】

資料等の準備

・ワークシート③：発表会評価カード
　⤓ 18-05

ひょうかカードを書こう。

○はっぴょう会 ひょうかカード

年　組　名前（　　）

○友だちのしょうかいしてくれた「本のだいめい」と、「読みたい気もち」を書こう。

友だちの名前	本のだいめい	読みたい気もち すごく読みたい一二三 ここで読みたい一二三 どちらでもない一二三
		☆☆☆
		☆☆☆
		☆☆☆
		☆☆☆

○はっぴょう会のふりかえり
「こころにのこったこと」や「よかったこと」「がんばったこと」などを文で書こう。

授業の流れ ▷▷▷

1 発表会のめあての確認をし、発表会の会場準備を行う 〈10分〉

○本時のめあてを板書する。

T　発表会のめあてを確認しましょう。

○前時に短冊に書いためあてを掲示しておき、そのめあてを見ることで、自分のめあてを確認する。また、発表会を行うグループの友達のめあてもすぐに見られるようにして、発表を聞くときに意識できるようにする。

○教室では少しスペースが狭いので、普通教室の1.5倍から2倍程度ある特別教室を借りて授業を行う。

○ p.100の絵にあるように椅子を配置して、子供たちが協力してグループ発表の会場をつくる。会場ができたグループから順に「ひょうかカード」を配付する。

2 グループごとに発表会を行う 〈25分〉

T　発表のやり方を確認しましょう。

○教師は、タイムキーパーをしたり各グループを回って発表を聞いたりする。時間配分は、

①１人目の発表（３分）

※時間が余ったら、実際に本を見せたり、一部分読み聞かせをしたりする。

②発表の仕方等、周りの子からの感想（２分）

１人当たり５分間の発表を４人ないし５人繰り返す。３分経ったところでベルを１回、５分経ったところでベルを２回鳴らして、次の子と交代させる。

○グループは５人を目安に構成するが、４人グループがある場合、５人目の発表では、５人目の発表があるグループに行って聞く。

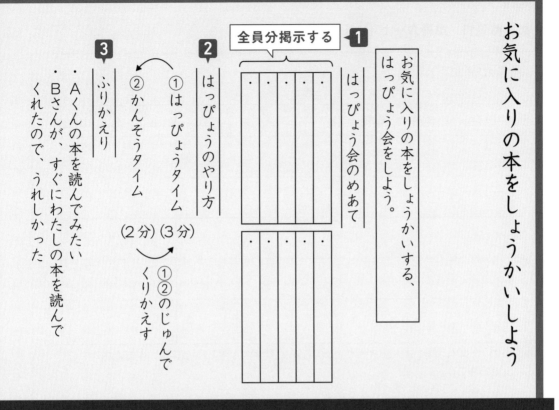

お気に入りの本をしょうかいしよう

お気に入りの本をしょうかいする、はっぴょう会をしよう。

1 はっぴょう会のめあて

【全員分掲示する】

2 はっぴょうのやり方
① はっぴょうタイム （3分）
② かんそうタイム （2分）
  ①②のじゅんでくりかえす

3 ふりかえり
・Aくんの本を読んでみたい
・Bさんが、すぐにわたしの本を読んでくれたので、うれしかった

3 発表会の振り返りをする 〈10分〉

T　グループで発表会を行って、どうでしたか？

・Aくんが紹介してくれた「◇◇◇」という本が、どきどきわくわくする内容だと言っていたので、ぜひ読んでみたいなと思いました。

・私の発表を聞いて、Bさんが、私の持っていた本をすぐに手に取って読んでくれて、すごくにっこりしていたので、うれしかったです。

○代表で2、3人に口頭で聞いた後、評価カードに記入させる。

○今回紹介された本はリストアップして教室にリストを掲示したり、実際に本を集めて学級文庫に入れたりするなどして、読書につなげる。

よりよい授業へのステップアップ

単元の終わり方

　授業の終わりもさることながら、単元の終わり方について、何の気なしに、教師がまとめの言葉を言って、あいさつをして終わるという授業がよく見られる。「次の授業（単元）は、☆☆☆☆をやります」と次回予告をして終わるケースもある。

　しかし、学習は子供主体で行われるものだ。今回の場合であれば、評価カードに記入した振り返りを見取って、子供に発言させて、あいさつして終わるなど、終わり方にも気を配りたい。

1 第1時資料 読書カード ⬇ **18-01**

読書カード

年　組　名前（　　　　　　　　　　　）

	本の 名前	文を 書いた 人の 名前	絵を かいた 人の 名前
1			
2			
3			
4			
5			

☆ この かみに 書いた 5さつの 本の 中で、「すきな本」の 数字に 赤えんぴつで 丸を 書こう。

2 第2時・第4時資料 ワークシート①：紹介メモ ⬇ **18-03**

しょうかいメモ

年　組　名前（　　　　　　　　　　　）

だいめい	『ミリーのすてきなぼうし』
書いた人	きたむら さとし
とうじょう人ぶつ	ミリー、店長さん（ぼうしやさん）、お母さん、など
どんなお話か	ミリーが、すてきなぼうしを見つけるお話。
すきなところ	ミリーが、公園で、みんながすてきなぼうしをかぶっていることに気づくところ。

3 第3時資料　ワークシート②：紹介原稿　⬇ 18-04

しょうかいげんこう

年　組　名前（　　　　　）

〈れい〉
ぼく　のお気に入りの本は、きたむらさとし　さんの
「ミリーのすてきなぼうし」　です。

この本には、ミリー　という女の子　が　出てきます。

ミリー　は、

そうぞうで　いろいろなぼうしを　かぶります

みんなが　いろいろなぼうしを　かぶっていることに、ミリーが気づく　ところ

〈れい〉
たのしい　　　が、　　　です。

ぜひ、読んでみてください。これで、お気に入りの本の
しょうかいをおわります。しつもんやかんそうを言ってく
れる人はいますか。……これではっぴょうをおわります。

4 第6時資料　ワークシート③：発表会評価カード　⬇ 18-05

はっぴょう会　ひょうかカード

年　組　名前（　　　　　　　　）

○友だちのしょうかいをきいて、分かった「本のだいめい」と「読みたい気もち」を書こう。

友だちの名前	本のだいめい	読みたい気もち　すごく読みたい…三つ　すこし読みたい…二つ　あまりよみたくない…一つ
		☆ ☆ ☆
		☆ ☆ ☆
		☆ ☆ ☆
		☆ ☆ ☆

○はっぴょう会のふりかえり「できたこと」「よかったこと」「がんばったこと」などを、文を書こう。

249

雨のうた 〔2時間扱い〕

単元の目標

知識及び技能	・語のまとまりや言葉の響きなどに気を付けて音読することができる。（(1)ク）
思考力、判断力、表現力等	・詩を読んで感じたことや分かったことを共有することができる。（Cカ）
学びに向かう力、人間性等	・言葉がもつよさを感じるとともに、楽しんで読書をし、国語を大切にして、思いや考えを伝え合おうとする。

評価規準

知識・技能	❶語のまとまりや言葉の響きなどに気を付けて音読している。（〔知識及び技能〕(1)ク）
思考・判断・表現	❷「読むこと」において、詩を読んで感じたことや分かったことを共有している。（〔思考力、判断力、表現力等〕Cカ）
主体的に学習に取り組む態度	❸粘り強く語のまとまりや言葉の響きに気を付け、これまでの学習を生かして詩を楽しんで読もうとしている。

単元の流れ

時	主な学習活動	評価
1	学習の見通しをもつ 学習課題を設定する。 詩をたのしもう。 「雨のうた」を読み、繰り返しや対比、擬音語などの表現について、気付いたことや好きなところについて話し合う。	❷
2	リズムのよさや言葉の表現のおもしろさが伝わるように詩を音読する。友達の音読について感想を伝え合う。 学習を振り返る 学習活動を振り返り、詩を読むことのおもしろさを交流する。	❶❸

授業づくりのポイント

〈単元で育てたい資質・能力〉

　本単元のねらいは、語のまとまりや言葉の響き、リズムなどに気を付けて、詩を楽しく音読することである。そのためには、詩の表現のおもしろさに気付き、言葉の意味や想像できる情景をイメージしながら音読し、詩に親しむことが必要である。

　また、詩を読んでいて気付いたことや、詩の音読を聞き合って感じたことを共有することで、互いの思いを分かち合ったり、感じ方や考え方の違いを認め合ったりすることも、本単元のねらいである。どの言葉や表現技法から、どのような感想をもったのかを把握しやすくし、互いの思いや考えを

進んで認め合える雰囲気をつくることが大切である。

〈教材・題材の特徴〉

　雨が降ると、いろいろな「音」がする。子供たちも、雨の日に様々な「音」を聞いたことがあるだろう。その情景を「あめは　ひとりじゃ　うたえない、」「あめは　だれとも　なかよしで、」と表現し、雨が降るときのいろいろな「音」を「雨のうた」として表した詩である。2連からなり、「あめは　ひとりじゃ　うたえない、」「あめは　だれとも　なかよしで、」、「きっと　だれかと　いっしょだよ。」「どんな　うたでも　しってるよ。」と同じ構成で対比的に書かれている。また、第1連では「○○と　いっしょに　○○のうた」と表現されているのに対し、第2連では「○○で　とんとん　○○のうた」と、具体的な擬音語が書かれているという違いもある。この詩と出会った瞬間から、これらの表現の特徴を捉えられる子供も多いことが予想される。

　また、リズムのよさを感じながら音読できる作品である。それは前述した繰り返しの技法や、「とんとん」「ぴちぴち」といった擬音語の他、同じ音数で書かれていることも関係している。音読をすることで、リズムのよさや言葉や表現のおもしろさをより味わうことができる作品であると言える。

> [具体例]
> ○詩に使われている表現技法について話し合う際、詩の構成や表現技法を板書で構造的に示す（本時案参照）。そうすることで、子供が視覚的にも詩の特徴を捉えられるようにする。

〈言語活動の工夫〉

　リズムのよさや言葉や表現のおもしろさが伝わるように、詩をグループで音読し、友達の音読について感想を伝え合う活動を行う。1人で読むだけでなく、一斉読み、部分読み、拍子を取りながら読むなど様々な読み方を味わった後、グループでどのような工夫をして読むか話し合い、練習し、発表する。それぞれのグループの読み方を聞き合い、読み方の工夫のよさを感じられる雰囲気を大切にしたい。

　また、音読以外にも、詩に登場する、「やね」「つち」「かわ」「はな」以外のものが、どんな「うた」を歌うのか考えたり、詩をリライトしたりする活動もできるだろう。

〈ICTの効果的な活用〉

提示：この詩は構成が捉えやすい。一度に全てを子供に提示するのではなく、プレゼンテーションソフト等を活用して1行ずつ提示し、「次にどのような言葉が入りそうか」などと予想させながら提示することで、自然と詩の構成に目を向けながら詩と出会わせることができるだろう。

共有：学習支援ソフト等を用いて、雨のイメージを表す言葉をたくさん出させることで、詩のイメージをより膨らませながら学習に取り組めるようにする。

記録：音読の様子を、端末を用いて録画して記録する。それを見返すことで、様々な音読の工夫に気付いたり、学習の振り返りをしたりできるようにする。

雨のうた

本時の目標
・文章を読んで感じたことや分かったことを共有することができる。

本時の主な評価
❷文章を読んで感じたことや分かったことを共有している。【思・判・表】

資料等の準備
・詩の拡大コピー、またはデジタル教科書の本文画面

・ちがうところ
ひとりじゃ　うたえない　↕　だれとも　なかよし
きっと　だれかと　いっしょだよ　↕　どんな
うたでも　しってるよ
いっしょに　↕　とんとん　ぴちぴち　つんつん
しとしと
・同じことばが　くりかえし出てくる
・「〜のうた」のぶぶんは　まったく同じ

授業の流れ ▷▷▷

1 雨のイメージを出し合い、音を想像する　〈10分〉

○学習課題を板書する。

T　雨の日に、いろんな音を聞いたことはありますか？　どんな音を聞いたことがありますか？
・ぽつぽつ　・ザーザー　・サー

T　（題名のみ板書）「雨のうた」とは、どういう詩だと思いますか。
・雨が降るときの音が出てくると思う。
・雨が降るときの音を「うた」と書いているのだと思う。
・雨がいろいろなものに当たったときの音じゃないかな。

ICT 端末の活用ポイント
学習支援ソフト等を用いて、雨のイメージを表す言葉をたくさん出させることで、詩のイメージを膨らませられるようにする。

2 詩を音読して、好きなところや気が付いたことを発表する　〈25分〉

T　みんなが想像したことが書かれているでしょうか。先生が読むので、どんな場面の詩か想像しながら聞いてください。

T　一度みんなも一緒に読んでみよう。

○詩の全文を掲示する。

T　「雨のうた」の中で、いいなと思うところはどこですか。
・いろいろな音が出てくるところ。
・いろんなものといっしょに歌っているところ。

T　2つの連を比べて、何か気が付いたことはありますか。
・2つの連が似ています。
・「〜のうた」の部分がまったく同じ。
・最初の連は全部「いっしょに」となっているけれど、次の連にはいろいろな音が書いてある。

詩を たのしもう

1
・雨が ふるときの音
・雨が なにかにあたる音

2
雨のうた

つるみ まさお

教科書p.114，115の詩全文

気がついたところ
・二つの連が にている

ICT 等活用アイデア

詩の提示の仕方を一工夫

　一度に全体を見せるのではなく、プレゼンテーションソフトのアニメーション機能を使って1行ずつ提示していく。構成が捉えやすい詩なので、「次にどのような言葉が入りそうか。」などと予想させながら、詩と会わせることができる。興味をもちながら詩を読むことができると同時に、自然と詩の構成に目を向けさせることもできるだろう。

---

3 詩を読んで気が付いたことを発表し合った感想をまとめる 〈10分〉

T　いろいろなことに気が付きましたね。

T　詩を読んだり、気が付いたことを発表し合ったりした感想をノートに書きましょう。

・いろいろな「雨のうた」が出てきておもしろかった。

・2つの連で、似ているところと違うところがあった。

・繰り返し出てくる言葉があった。

・他の音が出てくる詩を作れそう。

T　次の時間は、グループで様々な工夫を考えながら音読の練習をします。

本時案

雨のうた

2／2

本時の目標
・語のまとまりや言葉の響きなどに気を付けて音読することができる。
・言葉がもつよさを感じるとともに、楽しんで読書をし、国語を大切にして、思いや考えを伝え合おうとする。

本時の主な評価
❶語のまとまりや言葉の響きなどに気を付けて音読している。【知・技】
❸粘り強く語のまとまりや言葉の響きに気を付け、これまでの学習を生かして詩のイメージが伝わるように音読しようとしている【態度】

資料等の準備
・ワークシート：読み方の工夫 ⤓ 19-01

┌─────────────────────────────┐
③
○はっぴょう会　よかったところ
・うごき
・声の大きさをかえている
・うたをうたっているよう
・一人、みんなと読むぶぶんがちがう
・れんごとに読み方がちがう
└─────────────────────────────┘

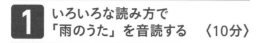

授業の流れ ▷▷▷

1 いろいろな読み方で「雨のうた」を音読する 〈10分〉

○本時のめあてを板書する。
T　いろいろな読み方で「雨のうた」を読みましょう。
○一斉に読む、教師と交互に読む、行ごとに読む人を変えて読む、声の大きさや読む速さを変えて読む、拍子をとりながら読む、など色々なバリエーションの音読の仕方を練習する。
T　どんなふうに読むと「雨のうた」のよいところが伝わるでしょうか。
・うたによって、読み方を変えてみるとおもしろそうだ。

2 グループで音読の仕方を話し合って練習する 〈15分〉

T　グループで読み方の工夫を考えながら、音読の練習をしましょう。
T　先ほどみんなで練習したように、いろいろな読み方の工夫を試しながら音読してみましょう。後で発表するときに、どのような工夫をしたのかも教えてもらいます。
○相談の時間や話合いの仕方の例を示す。
○音読の工夫の例を示す。
・声の大きさを変えて読んでみよう。
・ここは１人で読む、ここは全員で読む、ということにしよう。

┌─ ICT 端末の活用ポイント ──────────┐
音読の様子を、端末を用いて録画して見返すことで、様々な音読の工夫に気付いたり、学習の振り返りに生かしたりできるようにする。
└─────────────────────────────┘

詩を　たのしもう

雨のうた

①
> グループで　くふうして　音読しよう。

②
○くふうのしかた
・声の大きさ
・読むはやさ
・読むじゅんばんをきめる
・うごきをつける
・一人で読んだり、みんなで読んだりする

○れんしゅうのしかた
①どのようなかんじで読みたいか　きめる
②いろいろな読み方のくふうを　ためす
③いちばん気に入ったくふうを　れんしゅうする

---

3 グループで練習した音読を発表し、感想を伝え合う〈20分〉

T　それぞれのグループに発表してもらいます。音読の前に、どのような工夫をしたのか言ってください。

○全員が聞きやすいように、発表の場所や座席の配置等の配慮をする。

T　発表を聞いて、よかったところを教えてください。

・声の大きさを変えていて、雨が降る様子が伝わってきたのがよかったです。

T　学習の振り返りをしましょう。

・いろいろな読み方があることに気付いた。

・みんなで読むと、詩を楽しく読めることが分かった。

よりよい授業へのステップアップ

オリジナルの「雨のうた」を考えよう

別の展開として、オリジナルの「雨のうた」を作る活動が考えられる。

T　「やね」「つち」以外にどのようなものが入りそうですか。

・葉っぱ　・道　・池

T　「とんとん」「ぴちぴち」以外に、どのような「雨のうた」が聞こえてきそうですか。

・ぽたぽた　・ぴとぴと　・ざあざあ

T　「雨のうた」の書き方を真似して、オリジナルの「雨のうた」を作ってみましょう。

ことばでみちあんない （3時間扱い）

単元の目標

知識及び技能	・共通、相違、事柄の順序など情報と情報との関係について理解することができる。（(2)ア）
思考力、判断力、表現力等	・相手に伝わるように、行動したことや経験したことに基づいて、話す事柄の順序を考えることができる。（Aイ） ・話し手が知らせたいことや自分が聞きたいことを落とさないように集中して聞き、話の内容を捉えることができる。（Aエ）
学びに向かう力、人間性等	・言葉がもつよさを感じるとともに、楽しんで読書をし、国語を大切にして、思いや考えを伝え合おうとする。

評価規準

知識・技能	❶共通、相違、事柄の順序など情報と情報との関係について理解している。（〔知識及び技能〕(2)ア）
思考・判断・表現	❷「話すこと・聞くこと」において、相手に伝わるように、行動したことや経験したことに基づいて、話す事柄の順序を考えている。（〔思考力、判断力、表現力等〕Aイ） ❸「話すこと・聞くこと」において、話し手が知らせたいことや自分が聞きたいことを落とさないように集中して聞き、話の内容を捉えている。（〔思考力、判断力、表現力等〕Aエ）
主体的に学習に取り組む態度	❹話す事柄の順序を粘り強く考え、学習課題に沿って相手を目的地に導く道案内をしようとしている。

単元の流れ

時	主な学習活動	評価
1	学習の見通しをもつ 校内の目的地を決めて、教室からその場所までを言葉で案内してみる。 学習課題を設定する。 あいてにつたわる　みちあんないの　しかたについて考えよう。 みどりさんの道案内を聞き、分かりやすい道案内の仕方について考える。	
2	地図の中から待ち合わせ場所を決めて、道案内をする。 聞く人は、案内されたとおりに行けるか、メモと地図で確かめる。	❶❷
3	道案内してみたいところを決めて、友達に道案内する。 学習を振り返る 教科書 p.117に示された「たいせつ」を基に学習を振り返る。	❸❹

〈単元で育てたい資質・能力〉

　本単元のねらいは、「たいわのれんしゅう」とあるように、言葉によって伝え合うことの楽しさやおもしろさを実感させ、進んで対話しようとする態度を育むことにある。そのためには、話し手にも聞き手にも相手を意識させることが重要である。その上で、相手に伝えることができてよかった、相手の知らせたいことが分かってよかったという思いをもたせるとともに、話し手には、聞き手に伝わるように道案内における大事なポイントや道順を考えること、聞き手には、話し手の話を落とさずに集中して聞いたり、メモを取ったりすることができるように指導していく。

〈教材提示の工夫〉

　話すこと・聞くことの学習では、設定する場面や状況について、子供に具体的にイメージさせることが重要である。そうすることで、相手や目的を意識した活動につながり、実の場において生きて働く力を育むことができるのである。本教材を提示する際にも、実際に、電話連絡の実演をするなどして、場面や状況についての補足説明を加えながら、提示することが有効である。

[具体例]
○教科書にある設定に合わせて、みどりさん役を教師が、はるかさん役を子供が行うこととし、教師が「公園の入り口から入って」と、会話文を読みながら電話連絡の実演をする。こうした場面を実際に見ることで、電話等を使って、音声だけでやりとりをするときには、相手が理解できているかを意識しながら、話す事柄の順序を考えたり、大事なことは詳しく言ったりすることが大事であるということに気付きが促されるであろう。そうした気付きが、この学習への必然性や必要感につながることを期待したい。

〈言語活動の工夫〉

　対話の楽しさを実感させるために、単元終末に、学んだことを生かして、互いに道案内する活動を設定する。その際には、互いの子供にとって、身近な場所を設定したり、目印が書いてある地図を用意したりして、主体的に学習に取り組めるようにする。設定が複雑になりすぎると、うまく伝えることができずに、対話の楽しさが実感できなくなってしまうので留意したい。伝えることができたという喜びが、他の場面での積極的な活用につながるのである。

〈ICT の効果的な活用〉

共有：第2時の道案内をする活動の際には、分かりやすい道案内ができている子供を複数名取り上げ、その道案内を録音して、全体で共有するようにする。分かりやすい道案内の仕方を改めて確認することができる。また、分かりやすさについての理解が進まない子供には、個別の端末で何度も聞かせるようにして、それぞれのペースで学習が進められるようにする。

共有：第3時の道案内してみたいところを決めて道案内する活動の際には、端末で、学校付近のマップを共有し、どこのことを言っているのかが分かるようにするとよい。また、実態に合わせて、町の地図を用意すると、より興味が広がって、主体的な活動につながっていくだろう。

記録：自分の道案内が分かりやすいかどうかを考えさせるには、録音して聞いてみるという活動が有効である。ICT 端末の録音機能を用いて、道案内の練習を繰り返し行うことで、分かりやすい道案内になるように、自分で進んで取り組めるようになるであろう。

ことばで
みちあんない

1/3

本時の目標
・相手に伝わるような道案内をするために、話
す事柄の順序を考えることができる。

本時の主な評価
・道案内をするために、事柄の順序など情報と
情報との関係について理解している。
・相手に伝わるような道案内のメモを書くため
に、話す事柄の順序を考えている。

資料等の準備
・音声CD　・デジタル教科書（動画）
・地図のイラスト ⬇ 20-01
・がくしゅうのすすめ方 ⬇ 20-02
・教師の道案内例 ⬇ 20-03

・どこでまがるか、まがるところ、ほうこう、
目じるしになるものをはっきり言う
・右がわ、左がわ、右手、左手
・十字ろ、Ｔ字ろ、つきあたり
・まっすぐにすすむ、しばらくすすむ、すぐに
まがる

授業の流れ ▷▷▷

1 みどりさんの道案内を聞く　〈5分〉

○単元名「ことばでみちあんない」を板書す
る。
○みどりさんがはるかさんに待ち合わせ場所を
電話連絡しているという状況や公園の様子
（地図）などを確認する。特に、公園の様子
については、地図を見ながら、何がどこにあ
るかを確認しておく。
Ｔ　これから、みどりさんが待ち合わせの場所
を電話で連絡している様子を聞きます。地図
を見ながら、待ち合わせの場所がどこなの
か、聞き取りましょう。
○この時期の子供は待ち合わせ場所がどこなの
かを明らかにしたい気持ちが強い。説明の分
かりにくさを押さえた上で、答えを明かして
しまってもよい。

2 みどりさんの道案内がなぜ 分かりにくいのか考える　〈20分〉

Ｔ　もう一度聞いてみましょう。今度は、どう
して分かりにくいのか、考えながら聞きま
しょう。わけと一緒に話してみましょう。
・バラ園が、右にあるか、左にあるか、分から
ない。
・しばらくというのが分からないから、どのく
らい進むかを言ったほうがよい。
・どこで曲がるか分からないから、曲がり角に
何があるか、伝えたほうがよい。
○音声を聞くだけでは考えられない子供もい
る。実態に合わせて、台本を提示するなどし
て、視覚的に捉えさせるとよい。

ことばでみちあんない

1

あいてにつたわる みちあんないの しかた について 考えよう。

1

分かりやすい みちあんないの しかたを 考えよう。

・バラ園が、右にあるか、左にあるか、分からない
・しばらくというのが分からないから、どのくらいすすむかを言ったほうがよい
・どこでまがるか分からないから、まがりかどになにがあるか、つたえたほうがよい

3

分かりやすい みちあんないの ポイント
・はじめに、あんないを するばしょを 言う
・つぎに、なん回 まがるかを つたえる

---

3 学習課題を確認する 〈15分〉

T 相手に伝わるように道案内をする仕方を考えたいですね。

○学習課題、本時のめあてを板書する。

T 道案内をするときには、どのようなことに気を付けるとよいですか。

・はじめに、案内をする場所を言う。
・次に、何回曲がるかを伝える。
・どこで曲がるか、曲がるところ、方向、目印になるものをはっきり言う。
・右側、左側、右手、左手。
・十字路、T字路、つきあたり。
・まっすぐに進む、しばらく進む、すぐに曲がる。

○子供の気付きを基に、ポイントをまとめるとよい。

4 教師の道案内を聞いて、道案内の仕方について理解を深める 〈5分〉

T みんながまとめたポイントを入れてこれから、先生が道案内をしてみます。地図を見ながら、待ち合わせの場所がどこなのかを聞き取りましょう。

・今度は分かりやすい！

> **教師の道案内例**
>
> 待ち合わせの場所は、噴水近くのベンチです。全部で2回曲がります。まず、入り口からまっすぐに進みます。1つ目のトイレを過ぎたら、すぐに右に曲がります。しばらく進むと十字路があります。その十字路を右に曲がります。右手にベンチがあります。ベンチの近くには噴水があります。

ことばで
みちあんない

本時の目標

・相手に伝わるように話す事柄の順序を考えながら、友達に道案内することができる。

本時の主な評価

❶道案内をするために、事柄の順序など情報と情報との関係について理解している。
【知・技】

❷相手に伝わるような道案内のメモを書くために、話す事柄の順序を考えている。
【思・判・表】

資料等の準備

・音声CD　・デジタル教科書（動画）
・地図のイラスト　⬇ 20-01
・ワークシート①　⬇ 20-04
・ワークシート②　⬇ 20-05

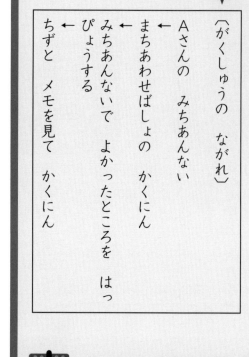

4

〈がくしゅうの　ながれ〉

Aさんの　みちあんない　←

まちあわせばしょの　かくにん　←

みちあんないで　よかったところを　はっぴょうする　←

ちずと　メモを見て　かくにん

授業の流れ ▷▷▷

1 地図の中から待ち合わせの場所を決め、道案内のメモを作る〈15分〉

○本時のめあてを板書する。

T　地図の中から、待ち合わせ場所を決めましょう。

・パンダの置き物の前

・木の切り株

・街灯の近くにあるベンチ

○地図上に、入り口から待ち合わせ場所までの道のりをたどらせたり、目印となるものを書き込みさせたりするとよい。

T　説明の順序を考えながら、道案内のメモを書いてみましょう。（子供のワークシート①）

○書き進めることができない子供には、説明の順序に沿って項目を示したワークシート②を配布し、書き込みさせる。

2 友達に道案内する〈10分〉

T　道案内のメモを基に、友達に道案内をしてみましょう。

○隣に座っている友達とペアになり道案内をし合う。

T　代表でAさんに道案内をしてもらいます。

┌─ Aさんの道案内例 ─

・待ち合わせの場所は、ブランコの近くにあるベンチです。

・全部で1回曲がります。まず入り口からまっすぐ進みます。

・左側にトイレのある曲がり角で右に曲がります。しばらくまっすぐに進むと、左手にベンチがあります。

ことばでみちあんない

1

ともだちにつたわるかを　考えながら、みちあんないの　れんしゅうをしよう。

2

〈○○さんの　メモ〉

ブランコの　近くにある　ベンチ

・まがるのは　一回

・入り口を入って、しばらくすすむ

・木の切りかぶがある　まがりかどを　右にまがる

・ブランコの　手前

3

ともだちのみちあんないのよかったところ

・はじめに、まちあわせばしょの近くになにがあるかを話していた

・いくつまがるのかを話していた

・まがるところを分かりやすくせつめいしていた

・通るみちのじゅんばんに話していた

---

3 代表児童の道案内を聞いて、よかったところを発表する 〈10分〉

T　○○さんが決めた待ち合わせ場所はどこですか。

T　○○さんの道案内でよかったところはどこですか。

・はじめに、待ち合わせ場所の近くに何があるかを話していたことです。

・いくつ曲がるのかを話していたことです。

・曲がるところを分かりやすく説明していたことです。

・通る道の順番に話していたことです。

・はじめに、待ち合わせ場所の近くに何があるかを話していたことです。

4 代表児童のメモと、地図を見て、確認する 〈10分〉

T　○○さんのメモを見ながら、地図をたどってみましょう。

○メモと地図を拡大して、黒板に掲示をし、ポイントとなるところに印を付ける。道案内をするときに大事なことを確認する。

○このように代表児童と行う実演を通して、道案内の内容の指導とともに、学習の流れを確認させるとイメージがつきやすい。

T　では、この後に（学習の流れを掲示して）このような流れで学習を進めていきましょう。

T　自分が書いた道案内メモを基に、説明の練習をしましょう。今、確認した大事なところを見ながら、聞いた人に、分かりやすく伝えることができるかをもう一度考えてみましょう。

本時案

ことばで みちあんない

③/③

本時の目標

・道順について、相手に伝わるように話す事柄の順序を考えて、説明することができる。

本時の主な評価

・道案内をするために、事柄の順序など情報と情報との関係について理解している。
【知・技】

❸話し手が知らせたいことや自分が聞きたいことを落とさないように集中して聞き、話の内容を捉えている。【思・判・表】

❹話す事柄の順序を考え、相手を目的地に導く案内のしかたを試そうとしている。【態度】

資料等の準備

・音声 CD　・学校付近のマップ

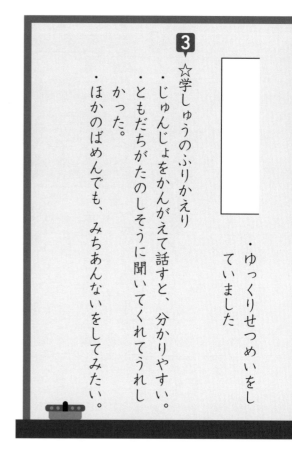

③

☆学しゅうのふりかえり

・じゅんじょをかんがえて話すと、分かりやすい。

・ともだちがたのしそうに聞いてくれてうれしかった。

・ほかのばめんでも、みちあんないをしてみたい。

・ゆっくりせつめいをしていました

授業の流れ ▷▷▷

1 グループで順番を決めて、1 人ずつ道案内をする 〈5 分〉

○本時のめあてを板書する。

T　学習したことを基に、道案内してみたいところを決めて、友達に道案内をしてみましょう。できるだけメモを見ないで説明をしてみましょう。

○3、4 人のグループで行うとよい。1 人ずつ、答えを確認し、道案内の仕方は分かりやすかったかどうか、振り返りをさせる。

○前時で確認した流れを掲示しておく。

○ ICT を活用して、学校付近のマップを共有するとよい。

○個人情報保護の観点から、家ではなく、公共施設を取り上げてもよい。

2 活動を一度止めて、それぞれの道案内のよいところを発表する 〈10分〉

T　待ち合わせ場所は分かりましたか。1 人目の友達の説明のよいところはどこでしたか。

・曲がるところの目印を言っていました。

・どのくらい進むのかを分かりやすく言っていました。

・大きい声ではっきりと言っていました。

・ゆっくり説明をしていました。

○このように、活動の途中で振り返りを入れると、集中して行っていた道案内を俯瞰してみることができ、道案内の仕方や自分のふるまいについて、メタ的に捉えることができる。

ことばでみちあんない

ともだちにつたわるように、みちあんないをしよう

1

〔みちあんないしてみたいところ〕

・学校から家までのみちじゅん
・学校からじどうかんまでのみちじゅん
・学校からスーパーまでのみちじゅん
・学校からえきまでのみちじゅん

学校付近のマップ
どこに何があるか、書き込む

2

わかりやすかったところ
・まがるところの目じるしを言っていました
・どのくらいすすむのかを分かりやすく言っていました
・大きい声ではっきりと言っていました

---

3 活動の続きを行い、
最後に振り返りをする 〈30分〉

T　このような流れで、2人目の友達から順番に、道案内をしてみましょう。

○説明→答え合わせ→振り返りという活動の流れを掲示しておくとよい。

T　道案内の学習を振り返りましょう。

○p.117「たいせつ」を参照するとよい。

・何について話すかを、始めに言うとよいということが分かりました。

・話す順序を考えるようにするとよいことが分かりました。

・大事なことは詳しく言うとよいと思いました。

・他の場面でも道案内をしてみたいです。

よりよい授業へのステップアップ

発展的な活動につなげる

朝のスピーチなどの時間を利用して、子供の身近な場所までの道案内をさせるとよい。また、遠足などの行事の際に、しおりなどを活用して、道案内する活動を取り入れるなどすると、学んだことが実感を伴った理解につながるであろう。

対話の練習

この単元は、対話の基礎を養う学習活動となっている。そこで、相手を意識し、相手に伝わるように工夫しているかについて、指導するとともに、そうした観点で評価していくこととする。

1 地図のイラスト ⬇ 20-01

2 第１時資料　学習の進め方 ⬇ 20-02

がくしゅうの　すすめ方

① みちあんないの　しかたを　知る。

② ちずの中から、まちあわせの　ばしょを
きめて、ともだちに　みちあんないをする。

③ 聞いている人は　メモと　ちずを見て、
あんないされたとおりに　行けるか
たしかめる。

④ みちあんないしてみたいところをきめて
ともだちに　せつめいする。

3 第2時資料　ワークシート①　子供の記入例　⬇ 20-04

ことばでみちあんない

年　　組　名前（　　　　　　）

みちあんないをするばしょ

ブランコの近くにあるベンチ

まがるのは一回

・入り口を入ってしばらくすすむ。
・木の切りかぶがあるまがりかど
　を右にまがる。
・左がわにはトイレがある。
・ブランコの手前にある。

4 ワークシート②（手立てを要する子供用のワークシート）　⬇ 20-05

ことばでみちあんない

年　　組　名前（　　　　　　）

みちあんないをするばしょ

まがるのは（　　）回

入り口を入って（　　　）すすむ。
（　　　）をまがる。
右には（　　　）がある。
左には（　　　）がある。

みの回りのものを読もう　（2時間扱い）

単元の目標

知識及び技能	・言葉には、事物の内容を表す働きがあることに気付くことができる。（(1)ア）
思考力、判断力、表現力等	・文章の中の重要な語や文を考えて選び出すことができる。（C(1)ウ） ・文章の内容と自分の体験とを結び付けて、感想をもつことができる。（C オ）
学びに向かう力、人間性等	・言葉がもつよさを感じるとともに、楽しんで読書をし、国語を大切にして、思いや考えを伝え合おうとする。

評価規準

知識・技能	❶言葉には、事物の内容を表す働きがあることに気付いている。（〔知識及び技能〕(1)ア）
思考・判断・表現	❷「読むこと」において、文章の中の重要な語や文を考えて選び出している。（〔思考力、判断力、表現力等〕C ウ） ❸「読むこと」において、文章の内容と自分の体験とを結び付けて、感想をもっている。（〔思考力、判断力、表現力等〕C オ）
主体的に学習に取り組む態度	❹積極的に身の回りのものから必要な情報を読み取り、学習課題に沿って、考えを交流しようとしている。

単元の流れ

時	主な学習活動	評価
1	学習の見通しをもつ p.118の写真や挿絵を見て、それぞれどんな場所にある標識や看板なのか、何を伝えているのかを考える。 それぞれの工夫を考える。 学習課題を設定する。 みの回りのものを読もう。	❶❷
2	学校の中から、標識や看板などを探して、写真を撮ってくる。 何を伝えているのか、どんな目的のためにどんな工夫をしているのかを考える。 見つけた写真、工夫を友達と伝え合う。 学習を振り返る 活動を振り返り、これから取り組みたいことを発表する。	❸❹

授業づくりのポイント

〈単元で育てたい資質・能力〉

　本単元のねらいは、身の回りの標識や看板などの情報を伝えるものから、書き手が伝えたい情報は何かを考え、そのための工夫を見つけることである。また、自分がこれまで目にしてきた標識や看板などを思い起こしたり、身の回りに存在している標識や看板などを見つけたりすることを通して、自分の体験と結び付けながら読めるようにすることである。そのためには、①どんな情報を伝えているのか、②どんな目的のためにどんな工夫がされているのか、の２点を整理して考えることが大切である。

〈教材・題材の特徴〉

　子供の身の回りの生活の場の中には、標識や看板などの表示がたくさん存在している。教科書には４枚の写真が掲載されているが、そのどれにも伝えたい情報が凝縮されている。普段は当たり前のように目にしているものであることから、「くふう」と言っても気付きにくいかもしれない。そこで、まずは事実（「書かれていること」「文字の大きさや太さ」「文字の色」「絵の使い方」など）に着目させることで、「見た人がすぐ分かる、理解できるようにする。」といった意図や目的、そのための工夫に気付けるようにする。

　また、子供たちが見つけてくる標識や看板には、文化・言語・国籍・年齢・性別といった差異を問わずに利用できるようなユニバーサルデザインのものや、ピクトグラムのみのものもあるかもしれない。どのようなものであっても、
・伝えたい情報を多すぎず、少なすぎずまとめる
・文字だけでなくイラストなどを使い、内容を分かりやすくする
・見やすい文字の大きさにする
・見やすい色や伝えたいイメージの色にする
といった工夫がされていることに気付かせたい。

〈ICT の効果的な活用〉

記録：学校の中にも、ポスターや看板などの表示が多数存在している。そこで、１人１台のタブレット端末を活用し、校内で自分が選んだ標識や看板の写真を記録して、報告させるようにする。どんなものが該当するのか、書き手は何を伝えようとしているのかを考えながら探すことによって、より主体的に学習に取り組むことができるようにする。また、撮った写真を友達と見せ合いながら伝える活動を設定することにより、自分の気が付かなかった工夫やよさに気付くことができるようにしたい。なお、今回は「学校内」として例示したが、生活科などで「まちたんけん」などを行った際に学校外で写真を撮ってくるのもよいだろう。

本時案

みの回りの
ものを読もう

1/2

本時の目標

・身の回りの標識や看板などが何を伝えている
　か、どんな工夫がされているか捉えることが
　できる。

本時の主な評価

❶言葉には、事物の内容を表す働きがあること
　に気付いている。【知・技】
❷文章の中の重要な語や文を考えて選び出して
　いる。【思・判・表】

資料等の準備

・教科書 p.118の地図や写真の拡大コピー
　（あるいは大型掲示装置に映せるようにして
　おく）
・ワークシート ⤓ 21-01

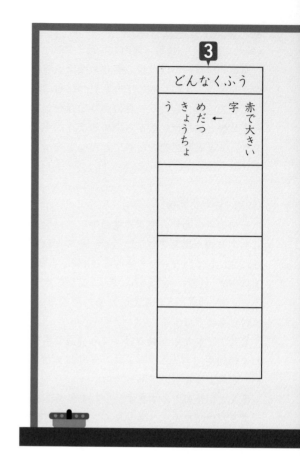

授業の流れ ▷▷▷

1 学習の見通しをもつ 〈5分〉

T　みなさんは、こんな看板や標識を目にした
　ことはありますか。
・通学路に「とびだしちゅうい」って書いてあ
　る看板を見たことがあります。
・家族でドライブに行ったときに、こういうゴ
　ミ箱を見かけました。
T　今日からの勉強では、こういう身の回りの
　標識や看板がどんなことを伝えているのか、
　伝えるためにどんな工夫をしているのか、み
　んなで考えていきましょう。
○本時のめあてを板書する。

2 どんな場所にあり、何を伝えている 標識や看板なのか考える 〈15分〉

T　この4つの標識や看板はどんなところに
　あるのでしょうか。
○まずは場所について考えさせる。子供のワー
　クシートと同じように、表の形式で板書して
　整理する。
・アは川のそばにあります。
・イは駐車場にあります。見たことあるよ。
・ウは「としょかん」って書いてあります。
・エはおうちにあります。
T　それぞれどんなことを伝えているのでしょ
　うか。
・アは川のそばだから、「落ちたら危ない
　よ」ってことだと思います。
・雨の後とかに「水が来るよ」ってことじゃな
　いかな。

みの回りのものを読もう

1

p.118 の地図と写真

みの回りのひょうしきやかんばんにどんなくふうがされているか考えよう。

2

なにを	どこに	
・水がふえたらあぶないってこと ・おちたらきけんっていうこと	川のそば	ア
		イ
		ウ
		エ

子供のワークシートと対応した表でまとめる

---

3 それぞれの標識や看板の工夫を考える 〈20分〉

T 今見つけたことを伝えるために、どんな工夫がされているでしょうか。

○考える視点として、文字の大きさや太さ、色、絵の使い方などに着目させる。

・アは「あぶない」って文字だけが大きく書かれています。赤で書いてあるから危ない感じがよく伝わります。

・波の絵も描いてあるから、何が危ないのかよく分かります。

・イは燃えるゴミと燃えないごみで赤と青になっています。燃えるのが赤だと炎って感じがして分かりやすいです。

・本か新聞紙みたいな絵にバツがついているから、燃えないゴミってよく分かります。

4 次回への見通しをもつ 〈5分〉

T 次の授業では、自分たちで学校の中にどんな標識や看板、ポスターなどがあるのか探しに行きましょう。どんなところにありそうですか。

・ろうかに「右側通行」とか「走るとあぶないよ」って書いてあるポスターを見たことがあります。

・図書館で「静かに本を読みましょう。」って書いてあるポスターがあった気がするなあ。

みの回りの
ものを読もう

② / ②

本時の目標

・校内の看板やポスターなどを探し、書かれている情報や工夫を見つけようとすることができる。

本時の主な評価

❸文章の内容と自分の体験とを結び付けて感想をもっている。【思・判・表】

❹積極的に身の回りの情報から重要な語を考えて選び出し、学習課題に沿って、考えを交流しようとしている。【態度】

資料等の準備

・ICT 端末

☆ ふりかえり
・じょうほうをつたえるときに
大切だと思ったこと
・これからにいかせそうなこと

④

授業の流れ ▷▷▷

1 学習の見通しをもつ 〈5分〉

○本時のめあてを板書する。

T 今日は学校の中にあるポスターや看板を探しに行きましょう。その際、何を伝えているのか、どんな工夫があるのかを考えながら選べるとよいですね。時間は○時○○分までです。その時刻までに、タブレットで写真を撮って、教室に帰って来ましょう。

○安全上立ち入らないほうがいい場所についてや、授業中の教室外の活動ということから、他学年の迷惑にならないように注意することなどの約束について指導する。

○1人1枚写真を撮ってくることが望ましいが、そんなにバリエーションがないことも考えられるので、複数枚写真を撮ったり、グループでの活動にしたりすることも許容する。

2 校内の標識や看板などを探し、写真を撮ってくる 〈15分〉

○教師は子供たちの様子を見守るために、校内を巡視する。

○どこに標識や看板、ポスターなどがあるか分からない子供や、迷っている子供には「○○の場所にあるから行ってみたらどう？」と促したりアドバイスしたりする。

○写真を撮っている子供には、「何を伝えている看板なの？ どんな工夫を見つけた？」と問い掛け、この後の活動につながるようにする。

○終了時刻が近くなったら、「あと○分で教室に戻りますよ。」と予告し、見通しをもって行動できるようにする。

ICT 端末の活用ポイント

自分で決めた場所に行き、伝えたいポスターや看板の写真を ICT 端末のカメラ機能を活用して記録させる。

みの回りのものを読もう

1

学校の中にあるかんばんやポスターを
さがし、内ようやくふうを見つけよう。

学校内にあるかんばんやポスターの
しゃしんをとってくる

□ ○時○分
　　まで

3

伝え合おう

・どこにあったかな？
・どんな内ようをつたえているかな？
・その内ようをつたえるために
　どんなくふうがされているかな？

3　撮った写真とどんな工夫がされているのかを伝え合う　〈15分〉

T　①どこにある、どんな看板やポスターか
　　②どんなことを伝えているのか
　　③見つけた工夫
　の3つのことについて、写真を見せながら
　グループの友達と伝え合いましょう。

○4人程度にグルーピングして伝え合う時間を
　とる。1人3分程度の目安であることを伝
　え、全員の子供が友達に話せるようにする。
　グループで探しに行ったり、写真を撮ったり
　している場合は、違う看板の写真を撮った友
　達とグルーピングし、できるだけいろいろな
　看板やポスターの工夫を知れるようにする。

ICT 端末の活用ポイント

どこに注目したのかが分かるように、短い時間
で写真に丸や矢印、アンダーラインなどを書き
込ませてもよい。

4　活動を振り返り、これから取り組みたいことを発表する　〈10分〉

T　友達と伝え合って、どんなことに気付きま
　したか。また、これからに生かせそうなこと
　はどんなことですか。ノートに書きましょ
　う。

・看板や標識、ポスターはどれも、一目ですぐ
　分かるような工夫がされていることが分かり
　ました。

・係でポスターを作るときには、文字の大きさ
　を変えたり、色を変えたりして、目立たせた
　いことがすぐに伝わるようにしたいと思いま
　す。

○時間があれば何人かに発表させたい。意図的
　指名ができるように、机間指導で子供が書い
　たものを把握する。

書くときにつかおう

書いたら、見直そう　（2時間扱い）

単元の目標

知識及び技能	・長音、拗音、促音、撥音などの表記、助詞の「は」「へ」「を」の使い方、句読点の打ち方、かぎ（「　」）の使い方を理解して、文や文章の中で使うことができる。（(1)ウ）
思考力、判断力、表現力等	・文章を読み返す習慣を付けるとともに、間違いを正したり、語と語や文と文との続き方を確かめたりすることができる。（B エ）
学びに向かう力、人間性等	・言葉がもつよさを感じるとともに、楽しんで読書をし、国語を大切にして、思いや考えを伝え合おうとする。

評価規準

知識・技能	❶長音、拗音、促音、撥音などの表記、助詞の「は」「へ」「を」の使い方、句読点の打ち方、かぎ（「　」）の使い方を理解して、文や文章の中で使っている。（〔知識及び技能〕(1)ウ）
思考・判断・表現	❷「書くこと」において、文章を読み返す習慣をつけるとともに、間違いを正したり、語と語や文と文との続き方を確かめたりしている。（〔思考力、判断力、表現力等〕B(1)エ）
主体的に学習に取り組む態度	❸進んで、文章を読み返し、学習課題に沿って間違いなどを正そうとしている。

単元の流れ

時	主な学習活動	評価
1	学習の見通しをもつ 普段の生活を振り返り、書いたものを見直すことの大切さを実感する。 学習課題を設定する 書いた文章を見直そう。 p.120の「はやしさんが、はじめに書いた手紙」を読んで、間違いや分かりにくいところを個々に探す。	❶
2	間違いや分かりにくいところを話し合う。p.121の書き直した手紙を見て直したところを確かめる。見直すときのポイントを考える。 p.121下段の課題に取り組む。 学習を振り返る 書いたものを見直すときに大事なことを確認する。	❷❸

〈単元で育てたい資質・能力〉

　本単元のねらいは、文章を読み返して、間違いを正したり、語と語や文と文との続き方を確かめたりする力を育むことである。そのためには、文章を読み返す学習活動が必要だろう。本単元では、教科書の例を使って、実際に間違いを正したり、語と語や文と文との続き方を確かめたりすることに取り組む。

　子供たちにとって、文章は、一度書き上げた時点ですでに達成感があり、それを読み返して直すということには、なかなか意欲がもてないことが多い。しかし、文章は誰かに読まれることを前提として書かれることがほとんどである。読み手の立場に立ったとき、間違いなどがある文章では、伝えたいことが伝わらない可能性がある。この点に気付くことが読み返す意欲につながっていくと考えられる。

　書き手の立場と読み手の立場を行き来する活動を通して、文章がよりよくなっていくことを実感できるようにし、文章を読み返す習慣づくりにつなげていきたい。

〈教材・題材の特徴〉

　子供たちは、自分が書いた文章の間違いなどにはなかなか気付かないことが多い。そこで本単元では、子供たちが書いていない、教科書 p.120の「はやしさんが、はじめに書いた手紙」を教材として用いる。

　この文章は、助詞の使い方や促音、拗音、句読点、かぎかっこの使い方について誤りが含まれている。子供たちが実際に文章を書く際に、間違えやすいところがまとめて示されていると言えよう。

　本教材を使用することで、文章を読み返す場をつくることができるとともに、子供たちの「知識及び技能(1)ウ」の定着度も、把握することができる。単元の目標を意識しながら、指導と評価の一体化を目指して本教材を生かしていけるようにしたい。

〈言語活動の工夫〉

　第1時において、教科書 p.120の「はやしさんが、はじめに書いた手紙」を読んで、間違いを正したり、語と語や文と文との続き方を確かめたりする際には、大きく2つの段階を設定している。

　1つ目は、教科書 p.120の「はやしさんが、はじめに書いた手紙」を読んで、個々に間違いや分かりにくいところを探す段階である。個々で活動しやすいよう、文章に書き込みができるものを準備するとよいだろう。この段階は、主に子供たちが個々に、助詞の使い方や促音、拗音、句読点、かぎかっこの使い方についての「知識及び技能」をもとに、文章の間違いを正したり、語と語や文と文との続き方を確かめたりする「思考力・判断力・表現力等」を発揮する場となる。

　2つ目は、文章について個々で考えたことを話し合う段階である。個々で考えたことを共有しやすい学習環境を整えるとよいだろう。この段階は、1つ目と同様に「知識及び技能」を基に「思考力・判断力・表現力等」を発揮しつつ、友達との交流を通して、文章を読み返すよさに気付く場となるようにしたい。個々の活動では気付かなかった間違い等を発見することで、子供たちが文章を読み返す大切さに気付いていけるだろう。

〈ICT の効果的な活用〉

共有：〈言語活動の工夫〉で示した1つ目の段階で、個々に書き込んだ内容を写真に撮って共有する活用が考えられる。話合いをするグループでは、書き込んだ内容を見ながら話し合ったほうが、共有が効果的に進むと考えられる。

書いたら、見直そう

本時の目標

・教科書 p.120の「はやしさんが、はじめに書いた手紙」を読んで、間違いや分かりにくいところを直すことができる。

本時の主な評価

❶長音、拗音、促音、撥音などの表記、助詞の「は」「へ」「を」の使い方、句読点の打ち方、かぎ（「　」）の使い方を理解して、文や文章の中で使っている。【知・技】

資料等の準備

・教科書 p.120の「はやしさんが、はじめに書いた手紙」を拡大したもの

3
○直したところにちゅういして、書き直してみよう

授業の流れ ▷▷▷

1 普段の生活を振り返り、学習課題を設定する　〈10分〉

○普段の生活で見られる書き間違いの例を提示し、そのままでは読んだ人に伝えたいことがきちんと伝わらないことに気付かせ、学習課題を設定する。

T　先生は、この前、慌てていて、「わたたしわいけません。」というメールを送ってしまいました。本当はどう書けばいいか分かりますか。

・「わたしは、行けません。」です。

T　書いたものを見直さないと、相手にきちんと伝わりませんね。これからそのことについて学習していきましょう。

○学習課題を板書する。

2 例文を読んで、間違いや分かりにくいところを直す　〈25分〉

○教科書 p.120の「はやしさんが、はじめに書いた手紙」を読んで、間違いや分かりにくいところを、個人で直す。教科書には直した文章も掲載されているため、「はやしさんが、はじめに書いた手紙」の部分だけをコピー、もしくは打ち直したものを子供に配布し、直しを直接書き込めるようにするとよい。

○本時のめあてを板書する。

T　「はやしさんが、はじめに書いた手紙」を読んで、間違いや、分かりにくいところを直していきましょう。

○学級の実態に合わせて、どのように直すか、いくつか一緒にやってみてもよい。

書いたら、見直そう

1 先生があわてておくってしまったメール

わたたしわいけません

正しく直すと

わたしは、← わた*悲*し*怖*いけません

わたしは、 いけません

書いた文しょうを見直そう。

まちがいや、分かりにくいところを 直そう。

2 教科書 p.120 のはやしさんが、はじめに書いた手紙

---

3 直したところに注意しながら、全文を書き直す 〈10分〉

○書き込んだ直しを基に、全文を改めて書いてみる。直しを書き込むだけでは、文章がどのように変わったのか分かりづらいためである。全文を改めて書くことで、「はやしさんが、はじめに書いた手紙」と比較しやすくなり、学習も振り返りやすくなるだろう。

T　最後に、直したところに注意して、改めて全文を書いてみましょう。

ICT 端末の活用ポイント

書き直した文章は、写真に撮って学級の共有フォルダに入れて共有すると、次時の話合いの際に共有しやすくなる。

よりよい授業へのステップアップ

学習材の設定について考える

　教科書 p.120 に示されている「はやしさんは、ふだん会えないおばあちゃんに、手紙を書きました」という学習材の設定について、確認する時間をとるとよい。

　なかなか会えないおばあちゃんに、間違いや分かりにくいところがある手紙を送ってしまったら…と考えることで、書いた文章を読み返すことは読み手のためでもあることに気付かせていきたい。

書いたら、見直そう

2/2

本時の目標

・書いたものを見直すときの視点について考えることができる。

本時の主な評価

❷ 文章を読み返す習慣を付けるとともに、間違いを正したり、語と語や文と文との続き方を確かめたりしている。【思・判・表】

❸ 進んで文章を読み返し、学習課題に沿って間違いなどを正そうとしている。【態度】

資料等の準備

・教科書 p.120の「はやしさんが、はじめに書いた手紙」を拡大したもの

・p.121の「はやしさんが書き直した手紙」を拡大したもの

○書いたものを見直すポイント
・「え」と「へ」・大きい「つ」と小さい「っ」
・「、」を入れて、読みやすくする
・文のおわりに「。」をつける
・はなしことばには「　」をつかう

授業の流れ ▷▷▷

1 前時の学習を振り返り、本時のめあてを確認する　〈5分〉

○前時の学習を振り返り、本時では、書いたものを見直すときのポイントについて考えていくことを知る。

T 前の時間では、「はやしさんが、はじめに書いた手紙」を読んで、書き直しをしましたね。今日は書き直したものを読み合って、見直すポイントについて考えていきましょう。

○本時のめあてを板書する。

ICT 端末の活用ポイント

前時に書き直した文章を写真に撮っていれば、本時ではそれを共有していく。

2 間違いや分かりにくいところについて話し合う　〈10分〉

○書き直した文を基に、教科書 p.120の「はやしさんが、はじめに書いた手紙」の間違いや分かりにくいところを話し合う。自分が書き直したものを基に話し合うことで、自分が見落としていたところがあれば、その場で直しを書き入れるようにしていく。

T 自分が書き直したものを基に、間違いや分かりにくいところについて話し合いましょう。見落としていたところがあれば、その場で直しを書きいれましょう。

・「、」は入れていなかったけど、ここに「、」があると読みやすくなります。

・かぎかっこは使ってなかったけど、使うと話し言葉だとよく分かります。

書いたら、見直そう

1 まちがいや分かりにくいところを話し合って、書いたものを見直すポイントをまとめよう。

2 教科書 p.120 のはやしさんが、はじめに書いた手紙

3 教科書 p.121 のはやしさんが書き直した手紙

---

3 書いたものを見直す視点について考える 〈20分〉

○話し合ったことを発表したり、教科書 p.121 の「はやしさんが書き直した手紙」を参照したりして、書いたものを見直す視点について考える。

T 話し合ったことを発表し、書いたものを見直す視点を考えましょう。

・「え」と「へ」の使い方。

・「つ」と「っ」の使い方。

・「、」を入れて、読みやすくする。

・文の終わりには「。」を付ける。

・かぎかっこを使うと、話し言葉であることが分かる。

4 練習問題に取り組み、学習を振り返る 〈10分〉

○教科書 p.121下段の練習問題に取り組む。

T 練習問題に取り組みましょう。

・「ちやん」は「ちゃん」

・「ありがとう」 は「ありがとう。」

・読みやすくなるように「、」を入れる。

T この学習で学んだことを振り返りましょう。

○書いたものを見直す視点について再確認し、今後の学級生活の中でも生かしていけるようにしたい。必要に応じて、画用紙にまとめるなどして、教室に掲示できるとよい。

かん字の　ひろば②　（2 時間扱い）

単元の目標

知識及び技能	・第 1 学年に配当されている漢字を書き、文や文章の中で使うことができる。（(1)エ）
思考力、判断力、表現力等	・語と語の続き方に注意することができる。（B ウ）
学びに向かう力、人間性等	・言葉がもつよさを感じるとともに、楽しんで読書をし、国語を大切にして、思いや考えを伝え合おうとする。

評価規準

知識・技能	❶第 1 学年に配当されている漢字を書き、文や文章の中で使っている。（〔知識及び技能〕(1)エ）
思考・判断・表現	❷「書くこと」において、語と語の続き方に注意している。（〔思考力、判断力、表現力等〕B ウ）
主体的に学習に取り組む態度	❸進んで、第 1 学年に配当されている漢字を使い、これまでの学習を生かして日記を書こうとしている。

単元の流れ

時	主な学習活動	評価
1	学習の見通しをもつ p.122の挿絵にある漢字の読み方を確認する。 絵を見て、それぞれの人物が何をしているかを考え、話をする。 学習課題を設定する 絵の中のことばをつかって、一しゅうかんのできごとを書こう。 絵の中の言葉を使って 1 週間の出来事を日記に書く。	❶
2	書いた文を友達と読み合う。 自分の 1 週間の出来事を書く。 友達と読み合ったり、全体で発表し合ったりする。 学習を振り返る 自分が書いた文を振り返り、同じ漢字を使って、いろいろな文ができることを理解する。	❷❸

授業づくりのポイント

〈単元で育てたい資質・能力〉

本単元は、これまでに習った漢字を確認し、文や文章の中で正しく使うことができる力を高めることがねらいである。漢字の学習で大切にしたいのは、言葉一つ一つを漢字で書くことができる力を高めるだけでなく、日常生活の中で文や文章を書く際に、漢字を書こうとする態度を養っていくことである。小単元という場を設定することで、日頃、自分が書いている文の中でどのように漢字を使い、表現しているかを振り返る機会をもつ。そうすることで、漢字に対する興味・関心を高め、文や文章の中で漢字を使うことのよさや漢字を書こうとする態度を養っていくことができるようにする。

〈教材・題材の特徴〉

本教材で扱われている漢字は曜日や天気を表す漢字や日々の出来事を表現する漢字であり、多くの子供が日常生活の中で使うことが多いものである。また、学習する季節である夏に関する言葉が多く用いられている。子供は、挿絵や言葉から生活科で行っている「花だんの草とり」や日頃の宿題や学習で行っている「かん字の文しょうづくり」、休み時間や休みの日に行っている「虫とり」などを想起することができるだろう。

〈言語活動の工夫〉

挿絵と文字を対応させ、どのような場面なのかについて友達と話し合わせるなどして、イメージを膨らませるようにする。また、普段の自分たちの生活を想起させることで、様々な場面を想像することができるだろう。

「日記に書く」という具体的な言語活動を設定することで、自分の1週間の出来事を思い出して文や文章を書く活動に主体的に取り組むことができると考える。また、こうした「一行日記」や「絵日記」を書く活動は、本単元に限らず日常的に短時間で行うことができる。毎日の生活の中で、漢字を意識して書く機会を増やし、漢字に対する関心を高め、漢字を書こうとする態度を育んでいくことが大切である。その際、子供が書いた文を教師が修正するのではなく、子供自身に「書ける漢字はないか」などの視点で読み返すよう投げ掛けることが大切だろう。

〈ICTの効果的な活用〉

記録：教師がICT端末のカメラ機能を用いて日頃の活動を写真に収めておき、提示することで、子供が挿絵と自分たちの生活を結び付けやすくなることが考えられる。

調査：教師がICTを用いて1学年で学んだ漢字のフラッシュカードを作成しておき、子供が授業の隙間時間等に読んだり書いたりすることができるようにしておく。一枚一枚のフラッシュカードに、漢字と漢字の意味を表すイラストや写真などをセットで表示しておくと、子供が漢字の意味をイメージしやすくなる。また、子供がフラッシュカードの一覧を見られるようにしておくと、学んだ漢字を調べる際に役立てることができる。

かん字の
ひろば②

本時の目標

・挿絵に書かれている1年生で学習した漢字と言葉を使い、1週間の出来事を書くことができる。

本時の主な評価

❶絵の中に示された漢字を正しく書き、文や文章の中で使っている。【知・技】

資料等の準備

・p.122の曜日ごとの挿絵の拡大コピー
・第1学年で学んだ漢字や第2学年で学ぶ漢字のフラッシュカード（ICT機器の活用）
・日記を書くときの「やくそく」の掲示物
　　　　　　　　　　　　　　　　⬇ 23-01
・ワークシート：p.122の曜日ごとの日記
⬇ 23-02

【黒板イメージ】

| p.122 日曜日の イラスト | p.122 土曜日の イラスト |

やくそく

① かん字を　つかう

② きょうかしょの　ことばを　つかう

③ 書けるかん字は、できるだけつかう

授業の流れ ▷▷▷

1 絵の場面について話し合い、学習課題をつかむ 〈15分〉

○曜日ごとの挿絵の拡大コピーを掲示する。
T　絵の中の友達は、何をしているかな。近くの席の友達と話し合ってみましょう。
・月曜日には、花だんの草とりをしているね。
・火曜日は、かん字の宿題だったのかな。文を作っているみたい。
・土曜日は、花火大会だったのかな。家族で見ているね。
T　絵の中の言葉を使って、1週間の出来事を、絵の中の友達になりきって、日記を書いていきましょう。どんな言葉が出てきているか、みんなで確認してみましょう。
○学習課題を板書する。
○日記を書くときの「やくそく」を黒板に掲示し、確認する。

2 月曜日の出来事をノートに書く 〈10分〉

T　まずは、月曜日の出来事について日記を書きましょう。
・月曜日に、花だんの草とりをしました。とてもあつくて、大へんでした。
T　書いた文を発表しましょう。
○文章を発表させるときは、短い文の子供から発表させる。また、漢字を使えた場面を認め、漢字を書こうとする意欲を高めていく。
○教科書に書かれていない言葉や漢字を使ったり、2文になったりしてもよいことを確認する。
○友達の書いた文を見て、平仮名で書いた部分を漢字に修正している子供がいたら認め、学んだ漢字を使うとよいことを伝える。

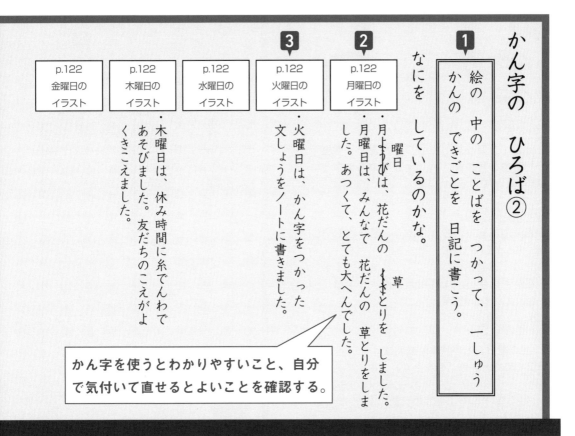

かん字の ひろば②

1 絵の 中の ことばを つかって、一しゅう かんの できごとを 日記に書こう。

なにを しているのかな。

2
p.122 月曜日のイラスト
・月曜日
・月よう日は、花だんの 草とりを しました。
・月曜日は、みんなで 花だんの 草とりをしました。あつくて、とても大へんでした。

3
p.122 火曜日のイラスト
・火曜日は、かん字をつかった 文しょうをノートに書きました。

p.122 水曜日のイラスト

p.122 木曜日のイラスト
・木曜日は、休み時間に糸でんわで あそびました。友だちのこえがよくきこえました。

p.122 金曜日のイラスト

> かん字を使うとわかりやすいこと、自分で気付いて直せるとよいことを確認する。

3 1週間の出来事をノートに書く 〈15分〉

T 火曜日から日曜日の出来事も日記に書きましょう。

・火曜日は、しゅくだいで、かん字の文しょうづくりをしました。むずかしかったです。

・水曜日は、雨でした。ながぐつだったので、足がぬれませんでした。

・木曜日は、せいかつの時間に、糸でんわを作りました。口や耳をつけるところを紙コップで作りました。

・日曜日は、こうえんで虫とりをしました。

○書けない子供は、教師が一対一で話し合うなどして、書くことを一緒に考えていく。

T 書き終わった人は、自分が書いた文を習った漢字を使って書けているか読み直してみましょう。

4 書いた文から1つを選び、短冊に書く 〈5分〉

T 書いた文の中から気に入ったものを1つ選んで、短冊に書きましょう。

・「ながぐつ」の「長」は漢字で書けるな。

・「木曜日わ、」ではなく、「木曜日は、」だな。

・最後の「。」が抜けていないかな。

○短冊など、別のものに書き写す際に、もう一度、書ける漢字は漢字で書いているか、「は」「を」などの間違いはないか、句読点は適切かなどを確認させる。

ICT 端末の活用ポイント

教科書の「これまでにならった漢字」や「この本でならうかん字」を一覧で見たり、検索したりすることができるようにしておく。

かん字の
ひろば②

本時の目標

・自分の1週間を思い出し、これまでに学習した漢字と言葉を使い、1週間の出来事を書くことができる。

本時の主な評価

❷ 1週間の出来事が分かるように書き表し方を工夫している。【思・判・表】
❸ 自分の1週間を思い出し、これまでに学習した漢字を使い、1週間分の出来事を書こうとしている。【態度】

資料等の準備

・p.122の曜日ごとの挿絵の拡大コピー
・日記を書くときの「やくそく」の掲示物 ⬇ 23-01
・ワークシート②：1週間の日記 ⬇ 23-03

板書例

② これまでに 学しゅうした かん字を つかって、じぶんの 一しゅうかんの できごとを 書こう。

やくそく
① かん字をつかう
② きょうかしょの ことばを つかう
③ 書けるかん字は、できるだけつかう

授業の流れ ▷▷▷

1 前の時間に書いた文を発表し合う 〈15分〉

○前の時間に書いた絵日記をタブレット等で共有できるようにしておく。

T 前の時間に書いた文の中から、友達に紹介したい文を1つ選び、黒板に貼りましょう。

○黒板に貼った文章を見る時間をとる。

T 友達の書いた文を読んで、気付いたことはありますか。

・同じ言葉を使っているのに、違う文ができていて、おもしろいなと思いました。

・友達が使っている漢字で、私も使える漢字があったので、今度は使いたいと思いました。

○本時のめあてを板書する。

T 今日は、自分の1週間の出来事を思い出して日記を書きましょう。今までに学習した漢字を使えるといいですね。

2 自分の1週間の出来事を思い出す 〈10分〉

T この1週間、何をしたか、友達と話してみましょう。思い出せない人は、写真を参考にしてもよいですよ。

・月曜日の生活科の時間に、野菜の水やりと草とりをしたね。

・そうだね。バッタやコオロギが出てきたね。虫かごにいれて、教室でかうことにしたね。

・火曜日の宿題は、漢字の文づくりだったね。

・Aさんが書いた文がおもしろかったよね。

・ぼくは土曜日にピアノ教室に行ったよ。

ICT端末の活用ポイント

教師が、1週間の出来事を写真で記録しておくことで、1週間の出来事を思い出すのが難しい子供が想起する際の手立てとなる。

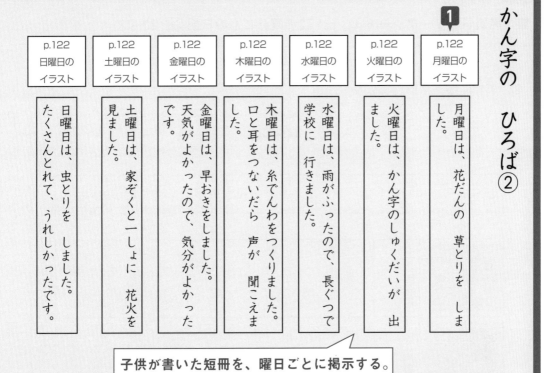

かん字の　ひろば②

1

| p.122 日曜日の イラスト | p.122 土曜日の イラスト | p.122 金曜日の イラスト | p.122 木曜日の イラスト | p.122 水曜日の イラスト | p.122 火曜日の イラスト | p.122 月曜日の イラスト |

日曜日は、虫とりを　しました。たくさんとれて、うれしかったです。

土曜日は、家ぞくと一しょに　花火を見ました。

金曜日は、早おきをしました。天気がよかったので、気分がよかったです。

木曜日は、糸でんわをつくりました。口と耳をつないだら　声が　聞こえました。

水曜日は、雨がふったので、長ぐつで学校に　行きました。

火曜日は、かん字のしゅくだいが　出ました。

月曜日は、花だんの　草とりを　しました。

> 子供が書いた短冊を、曜日ごとに掲示する。

---

3 自分の１週間の 出来事を文に書く　〈15分〉

T　思い出したことを日記に書きましょう。

・火曜日は、かん字の文づくりのしゅくだいが 出た。Ａさんが書いた文がおもしろかった。

・土曜日に、ピアノ教しつに行った。新しい きょくが出てきて、がんばろうと思った。

○全ての曜日を書かなくてもよいこと、文が １文でなくてもよいことを伝える。

T　友達と交流する前に、漢字を正しく使えて いるかどうか、自分で確認しましょう。

ICT 端末の活用ポイント

これまでに学んだ漢字を一覧表やフラッシュ カードにして、共有フォルダに入れておき、子 供自身が学んだ漢字を探せるようにしておく。

4 書いた文を友達と交流し、学習を 振り返る　〈５分〉

T　終わった人から、友達と書いた文を見せ合 いましょう。

・Ａさんは、漢字を10個も使っていてすごい と思いました。

・Ｂさんは、私と同じで、土曜日にピアノ教室 に通っていることが分かりました。

T　みなさん、これまでに学習した漢字を使っ て、１週間の出来事を書けましたね。学習 を振り返って、分かったことや感じたことは ありますか。

・これまでに、たくさんの漢字が書けるように なったんだなと思いました。

・これからもっともっとたくさんの漢字を書け るようになりたいなと思いました。

・漢字を使うと、文が読みやすいです。

かん字のひろば③

年　　　くみ　名まえ（　　　　　　　　　　　）

絵の中のことばをつかって、一しゅうかんのできごとを日記に書いて。

教科書 p.122の 月曜日の 挿絵	月曜日	
教科書 p.122の 火曜日の 挿絵	火曜日	
教科書 p.122の 水曜日の 挿絵	水曜日	
教科書 p.122の 木曜日の 挿絵	木曜日	
教科書 p.122の 金曜日の 挿絵	金曜日	
教科書 p.122の 土曜日の 挿絵	土曜日	
教科書 p.122の 日曜日の 挿絵	日曜日	

かん字のひろば③

年　くみ　名まえ（　　　　　　　　　　）

絵の中のことばをつかって、1しゅうかんのできごとを日記に書こう。

月曜日	
火曜日	
水曜日	
木曜日	
金曜日	
土曜日	
日曜日	

どうぶつ園のじゅうい　（10時間扱い）

知識及び技能	・文の中における主語と述語の関係に気付くことができる。(⑴カ) ・共通、相違、事柄の順序など情報と情報との関係について理解することができる。(⑵ア)
思考力、判断力、表現力等	・文章の内容と自分の体験とを結び付けて、感想をもつことができる。(C オ) ・時間的な順序や事柄の順序などを考えながら、内容の大体を捉えることができる。(C ア)
学びに向かう力、人間性等	・言葉がもつよさを感じるとともに、楽しんで読書をし、国語を大切にして、思いや考えを伝え合おうとする。

評価規準

知識・技能	❶文の中における主語と述語の関係に気付いている。(〔知識及び技能〕⑴カ) ❷共通、相違、事柄の順序など情報と情報との関係について理解している。(〔知識及び技能〕⑵ア)
思考・判断・表現	❸「読むこと」において、文章の内容と自分の体験とを結び付けて、感想をもっている。(〔思考力、判断力、表現力等〕C オ) ❹「読むこと」において、時間的な順序や事柄の順序などを考えながら、内容の大体を捉えている。(〔思考力、判断力、表現力等〕C ア)
主体的に学習に取り組む態度	❺進んで文章の内容と自分の体験とを結び付けて感想をもち、これまでの学習を生かして、文章を読んで考えたことを友達と話そうとしている。

単元の流れ

次	時	主な学習活動	評価
一	1	学習の見通しをもつ 教科書 p.123を見て、動物園や獣医さんについて知っていることや、知りたいことを出し合う。 全文を読み、初発の感想を書く。 学習課題を設定する。 文しょうを読んで　考えたことを、友だちと話そう。	
二	2 3	筆者が「いつ」「どんな仕事をしたのか」を整理する。	❶❹
	4 5	筆者が仕事をした「わけ」、仕事をするときの「くふう」を見つけながら読む。	❷❹
	6	筆者の仕事を「毎日すること」と「この日だけしたこと」に整理しながら読む。	

三	7	筆者の仕事の中で、驚いたこと、もっと知りたいと思ったことを書く。	❸❺
	8	自分の身の回りのことと比べて考えたことを書く。	
	9	書いたものを発表し、感想を伝え合う。	
	10	学習を振り返る 「ふりかえろう」で単元の学びを振り返るとともに「たいせつ」「いかそう」で身に付けた力を確認する。	

授業づくりのポイント

〈単元で育てたい資質・能力〉

　本単元で大切にしたいことは、左記の目標や評価規準に挙げたとおりである。その中でも、「文章の内容と自分の体験とを結び付けて感想をもつ力」を育むことに重点を置く。そのために、時間を表す言葉に注目して文章の内容（獣医さんの仕事）を正確に理解することと、自身の体験を想起することが必要となる。

　文章の内容を正確に理解することは、目標や評価規準に明記していないものの、自分の考えをもつ上で大切な学習活動である。本教材の第2～8段落は、全て時間を表す言葉から始まっており、内容を整理し理解するために生かしていきたい。

　体験を想起するためには、学習環境の設定と教師の言葉掛けが重要になる。共通の体験があれば、教室に掲示しておくこともできるし、写真や絵日記、学習マップなど、学びの履歴となるものをすぐに見ることができる学習環境を整えることもできる。個々の体験を大切にする場合は、「○○をしたことある？」「□□と似ている思い出はあるかな？」といった教師の言葉掛けが重要になる。全体に語り掛けること、個々と対話することの両方を大切にして、子供と関わるようにしたい。

〈他教科のとの関連〉

　体験を想起し、主体的に読み進める力を養うために、他教科等との関連を図っていく。生活科が好きな子には、自分の育てているお花のお世話について、図工が好きな子には工作の手順、体育が好きな子には1日の運動のルーティーンなど、関連を図ることのできる教科等が多い教材であると言える。

〈ICT の効果的な活用〉

調査：どうぶつ園の獣医さんの仕事について、教科書に載っていない写真や動画を調べることで、どのような仕事を行っているのか、より正確に理解することが期待できる。また、発展的な活動として、獣医さんの他の仕事や、他の職業の仕事内容などの「もっと知りたいこと」を調べ、自分の身の回りのことと比較することもできる。

共有：まとめた自身の考えを写真に撮り、学習支援ソフト等を活用し、クラス全体で共有を図るとよい。限られた時間の中で、全員の考えに目を通すことは難しいが、データとしてアップされていれば、自分のタイミングで閲覧することができ、共有に広がりが生まれる。これは、第三次の共有に限らず、適宜行えるとよい。そのため、写真を撮ってアップするという活動は、早めに取り組むようにしておきたい。

記録：板書、友達のノートなどを写真に撮り記録しておくことで、毎時間の導入時の学習の想起がスムーズに行えるようになる。また、次の説明文の単元の際や、3年生以降の学習にも活用することができる。どこに保存するのかという支援を教師が行うことで、自分で学習を想起できるようになることを期待する。

どうぶつ園の
じゅうい

本時の目標
・初発の感想を書き、学習計画を立てることができる。

本時の主な評価
・初発の感想を書くことを通して、動物園の獣医の仕事に興味をもち、学習の見通しをもっている。

資料等の準備
・教科書 p.123を拡大して掲示したり、投影したりできるよう準備する。
・ワークシート①：感想をまとめる ⬇ 24-01

十九八七六五四三

ここに示すのは例である。教師が作成していた学習計画を示す場合は、なぜこの時間にこの活動を行うのかを子供と共有する必要がある。

ともに作成する場合でも、内容を読み取る時間、考えをまとめる時間、友達と話す時間など、欠かすことができない活動があるため、それを子供が納得できるよう共有することに努める。

授業の流れ ▷▷▷

1 扉ページから想像を広げる 〈10分〉

○内容を予想する活動があることから、教科書は開かないようにする。
○教師が扉ページを読み、単元名や題材名を確認する。
T 動物園の獣医さんについて知っていることはありますか。知らない人は、どんなことをしていると思いますか。
・病気の動物を治している。
・大変そう。 ・仕事がたくさんありそう。
T 動物園の獣医さんについて、詳しく知りたいと思うことはありますか。
○教師との対話、子供同士の対話を通して、興味・関心を高められるようにする。

2 教師の範読を聞き、感想を書く 〈20分〉

T 難しい言葉は、ありましたか。
・ちりょう ・りゆう ・はぐき ・丸ごと
・大いそぎ ・きろく など
○これらの語句は、教師から提示してもよい。
○教科書のどこから、そう思ったのか明確にできるようにする。そのために、教科書を見ながら書いたり、黙読をしたりするよう促す。
T ワークシートに感想を書いてみましょう。
○「ふしぎに思ったこと」「おどろいたこと」「もっと知りたいこと」などの観点を示し、感想を書けるようにする。
○ペアやグループで感想を伝え合う際には、話を聞いて「なるほど」と思ったことを相手に伝える等の活動を取り入れるとよい。

どうぶつ園のじゅうい

1

じゅういさんについて　知っていること
・病気の動物を治している
・大変そう
・仕事がたくさんありそう

じゅういさんについて　知りたいこと
・どんな動物をみているのか
・どれくらいの時間、動物園にいるのか

3

【学しゅうかだい】
文しょうを　読んで　考えたことを
友だちと　話そう

【学しゅうけいかく】（例）
一　けいかくづくり
二

3　学習課題を設定し、学習計画を立てる　〈15分〉

T　今回の学習では、最後にお話と自分の体けんをくらべて考えたことを発表します。

○学習課題とともに言語活動を具体的に考えることで、学習計画につなげられるようにする。

【言語活動例】
・ペアの友達と発表し合う。
・授業参観で、家族に発表する。

T　決まった活動を楽しく行うために、まずは内容を詳しく読んでいきましょう。この単元は10時間なので、次の時間は……。

ICT 端末の活用ポイント

教師用端末を投影しながら学習計画をその場で作成し、子供に配付することもできる。子供の思いをより尊重した計画になる。

よりよい授業へのステップアップ

感想を共有する工夫

感想を記入した後、ペアやグループで共有を図ることもできるが、全体で共有を図ることもできる。その際は、
①段落が分かるような板書をする（全文を掲示してもよい）。
②自分の感想について、どこからそう思ったのか考える。
③そう思った段落（が分かる板書）にネームマグネットを貼る。
④名前を見て、話したい相手と共有を図る。

こうすることで、より多くの相手と関わることができる。

どうぶつ園の
じゅうい

〔 2/10 〕

本時の目標
・文の中における主語と述語の関係に気付くことができる。

本時の主な評価
❶文の中における主語と述語の関係に気付いている。【知・技】
❹時間的な順序や事柄の順序などを考えながら、内容の大体を捉えている。【思・判・表】

資料等の準備
・ワークシート②：ひっしゃのしごと（配布用、掲示用）⤓ 24-02
・ネームマグネットがあれば用意する

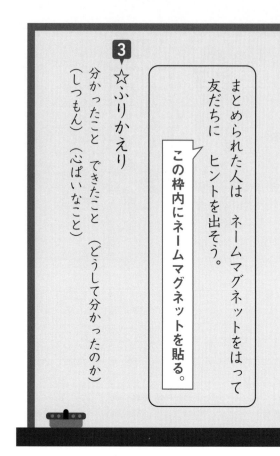

まとめられた人は　ネームマグネットをはって
友だちに　ヒントを出そう。

この枠内にネームマグネットを貼る。

3 ☆ふりかえり
分かったこと　できたこと　（どうして分かったのか）
（しつもん）　（心ぱいなこと）

授業の流れ ▷▷▷

1 本時のめあてを知り、学習の見通しをもつ 〈10分〉

○本時のめあてを板書する。

T　教科書の内容を、表にまとめます。そして、自分がどれくらい内容が分かっているのかを確認しましょう。

○表の書き方について、モデルを示す。

T　「いつ」のところには、時間の順序を表す言葉が入ります。最初に出てきたのは何でしたか？　そうですね。朝ですね。このように、お話に出てきた順番に書きましょう。もし、書くことが見つからなかった場合は、何も書きません。

○朝は、動物の名前が空欄になることを例示してもよい。

2 いつ、動物の名前、筆者の仕事を表にまとめる 〈25分〉

○学習の定着を確認するために、個人でまとめるという活動もあるが、全員に「できた・分かった」という達成感を味わわせるために、友達との学び合いを通してまとめるとよい。

T　教科書を見て、表にまとめましょう。質問がある場合は、まず友達に聞きましょう。終わった人は、ネームマグネットを貼って、友達にヒントを出しましょう。

ICT 端末の活用ポイント

それぞれの表がうまっていく様子を共有できると、話しかけることが苦手な子供も学び合いを進めやすくなる。

どうぶつ園のじゅうい

1 いつ、どうぶつの名前、ひっしゃのしごとを まとめよう。

2

いつ	どうぶつの名前	ひっしゃのしごと
朝		どうぶつ園の中を見回ること
見回りがおわるころ	いのしし	いのししのおなかにきかいを 当てたこと
お昼前	にほんざる	にほんざるに くすりをのませたこと
お昼すぎ	ワラビー	ワラビーの はぐきのちりょうをしたこと
夕方	ペンギン	ペンギンの のみこんだボールペンを はかせたこと
一日のしごとのおわり		日記を 書くこと（きろくを すること）
どうぶつ園を出る前		おふろに 入ること

---

3 本時のまとめと振り返りを行う 〈10分〉

○記入に時間がかかる場合は、終わっている子供を意図的に指名し、事前に黒板に記入してもらうとよい。

○全ての子供の記入が早めに終わった場合は、その場で発表し、教師が記入してもよい。

T　今日のまとめは、この表のとおりです。お話の内容を整理できましたね。それでは、振り返りを行いましょう。

・いつ、どんな動物に、どんな仕事をしているのか分かりました。

・□□さんにヒントをもらったので、筆者の仕事が分かりました。

よりよい授業へのステップアップ

学習の定着を図る工夫

　評価の観点が「知識・技能」である場合は、学習の定着を図るチャンスである。ここで確認した子供の実態を今後の指導にも活用することができる。

　ここで留意すべきは、学習の定着には必ず差があるということである。苦手な子供を支援し、得意な子供も満足できるような授業にするためには、多様なワークシート等、かなりの準備が必要となる。そうした場合に、子供同士による学び合いを行えば、どの子供にも得るものがある。学習の定着を図ることと学び合いは相性がよいと言える。

どうぶつ園の
じゅうい

③/10

本時の目標

・文の中における主語と述語の関係に気付くことができる。

本時の主な評価

❶文の中における主語と述語の関係に気付いている。【知・技】

❹時間的な順序や事柄の順序などを考えながら、内容の大体を捉えている。【思・判・表】

資料等の準備

・ワークシート②：ひっしゃのしごと（配布用、掲示用）⬇ 24-02

・ネームマグネットがあれば用意する

・時間の順序を表す言葉を記入した短冊

⬇ 24-03〜09

③

○まとめ

つまり、じゅういさんの　しごとを　どんなことを　すること　ですか。

じゅういさんの　しごとは　どうぶつが　元気に　くらせるように　することです。

☆ふりかえり

分かったこと　できたこと

（しつもん）（心ぱいなこと）

授業の流れ ▷▷▷

1 本時の課題を知り、学習の見通しをもつ 〈10分〉

○本時のめあてを板書する。

Ｔ　前回は、じゅういさん（筆者）の仕事について、表に整理できましたね。今日は、まず「お仕事クイズ」をやって、内容を思い出しましょう。

○「獣医さん」と「筆者」という表記については、「筆者」という学習用語を確認し、内容把握の際に混乱が生じないのであれば、「筆者」という表記で統一してよい。

Ｔ　獣医さんの仕事を考えるときに役立つのが、時間の順序を表す言葉でしたね。この言葉を使って「お仕事クイズ」をつくります。例えば、「獣医さんの朝の仕事は何でしょう？」というクイズです。１年生で学習した問いと答えに似ていますね。

2 クイズを通して、仕事について考える 〈15分〉

○クイズと一緒に、答えも書くようにする。

○クイズは、１人で考えても相談してつくってもよいことを伝える。

Ｔ　みんなでクイズの答え、つまり獣医さんの仕事を確認しましょう。クイズを発表してくれる人はいますか。

○答える子供は、出題する子供が指名する。相互指名によって対話的な学びを促す。

○仕事ではない部分を答えた子供も尊重し、板書をするとよい。まとめの際に、仕事とは何か明確にし、仕事ではなかった部分については、今後につながるよい考えとして扱うとよい。

どうぶつ園のじゅうい

1

↓

おしごとクイズ →

> じゅういさんの しごとは なんだろう。

2

② 朝

③ 見回りがおわるころ

どうぶつ園の中を 見回ること

いのししのおなかに きかいを 当てたこと

④ お昼前

にほんざるに くすりを のませたこと

⑤ お昼すぎ

ワラビーの はぐきの ちりょうをしたこと

⑥ 夕方

ペンギンの のみこんだ ボールペンを はかせたこと

⑦ 一日のしごとのおわり

日記を 書くこと （きろくを すること）

⑧ どうぶつ園を出る前

おふろに 入ること

---

3 本時のまとめと振り返りを行う 〈20分〉

T　クイズの答えを見ると、これと…これが似ていますね。では、まとめるとじゅういさんの仕事とは何でしょうか。ノートに書いてみましょう。

○具体的なもの（クイズの答え）から抽象的なものに変え、まとめとする。教科書から探すのであれば、最初の段落の「どうぶつたちが元気にくらせるようにすること」となる。

T　振り返りを行います。分かったこと・できたことを書きましょう。質問や心配なことがある人は書いてください。

・獣医さんの仕事が分かった。

・いつ、どんな仕事をしているか分かった。

・仕事じゃないものは何だろう。

よりよい授業へのステップアップ

子供の言葉を生かす工夫

　課題もまとめも子供の言葉を生かして書くことが望ましい。そのためには、答えを求めるだけでなく、問いを求め続ける姿勢を日頃から培っておく必要がある。

　「今日は□□が分かった。でもこれはどうしてだろう。」という姿を取り上げ、広めていくことが大切である。

　また、教師は子供の言葉は全て受け入れるという姿勢をもって授業に臨みたい。本時であれば、教科書の言葉をまとめとして示すほうが簡単であるが、それを子供の言葉で紡げるよう支援したい。

どうぶつ園の
じゅうい

本時の目標

・文の中における情報と情報との関係に気付く
　ことができる。

本時の主な評価

❷共通、相違、事柄の順序など、情報と情報と
　の関係について理解している。【知・技】
❹時間的な順序や事柄の順序などを考えなが
　ら、内容の大体を捉えている。【思・判・表】

資料等の準備

・ワークシート③：「わけ」と「くふう」（配布
　用、掲示用）⬇ 24-10
・時間の順序を表す言葉を記入した短冊
　　　　　　　　　　　　　⬇ 24-03、24-04
　（「朝」「見回りがおわるころ」）

（黒板）

❸
○まとめ

「わけ」は、どうして　そのしごとをしたのか　ということ。
「くふう」は、よりよくしごとをするために　したこと。

☆ふりかえり

分かったこと　できたこと　（どうして分かったのか）
（しつもん）（心ぱいなこと）

授業の流れ ▷▷▷

1　順序を表す言葉、仕事以外の部分について考える　〈10分〉

Ｔ　この前「時間の順序を表す言葉や仕事以外
　の部分が何なのか」という疑問が、みなさん
　から出されました。今日は、その部分につい
　て考えていきましょう。
○仕事をした「わけ」と仕事をするときの「工
　夫」という項目を、子供との対話を通して引
　き出していく（難しい場合は、最初から示し
　てもよい）。
Ｔ　今日は、「朝」と「見回りがおわるころ」
　の仕事について、「わけ」と「工夫」を探し
　ましょう。
○次時の活動のモデルとなるようにワークシー
　トを書けるとよい。

2　第2・3段落の仕事について、「わけ」と「工夫」を考える　〈25分〉

○ペアやグループで相談しながら「わけ」と
　「工夫」を記入する。個人→ペア・グループ
　のように活動を分けてもよい。
○友達の考えも書き込めるように、ワークシー
　トの余白を広くとって記入するよう伝える。
○「わけ」については、「たんぽぽのちえ」で
　学習した「のです。」「からです。」という言葉
　がヒントになることを想起できるようにする。
○「工夫」については、日常生活の中で「工夫
　する」とはどういうことかを考えるよう促す。
○ここでの「わけ」とは、獣医さんがその仕事
　をした理由である。「工夫」とは仕事をより
　よく行うためにしたことである。

ICT 端末の活用ポイント

個々の ICT 端末へこれまでの単元の資料を送付
すると既習事項を想起しやすくなる。

どうぶつ園のじゅうい

① しごとをした「わけ」と しごとをするときの「くふう」とは どのようなものだろう。

②

いつ	しごと	しごとをした「わけ」	しごとをするときの「くふう」
朝	どうぶつ園の中を見回ること	元気なときの どうぶつつのようすを見ておくと、びょうきになったとき、すぐに気づくことができるから。 ふだんから顔を見せて、なれてもらうため。	毎日、「おはよう。」と言いながら家の中へ入り、声もおぼえてもらうようにすること。
見回りがおわるころ	いのししのおなかにきかいを当てたこと	しいくいんさんに、赤ちゃんがいるかどうか、みてほしいといわれたから。	しいくいんさんが、えさを食べさせている間に、そっときかいを当てたこと。

わけ ・・・「のです。」「からです。」（たんぽぽのちえ）

---

③ 本時のまとめと振り返りを行う 〈10分〉

○記入したことを発表する機会を設け、叙述に即した言葉で板書する（今回は教科書から言葉を探しているため、子供の言葉を生かすのではなく、教科書の言葉に忠実に板書するべきである）。

○本時のまとめを記入する。ここでは子供の言葉を生かして板書する。

T　振り返りを行います。分かったこと、どうして分かったのか、心配なこと、質問などを書きましょう。

・わけを見つけることができました。でも、工夫がどれか分かりませんでした。

・友達と話しながら探したので、全部見つけることができました。

よりよい授業へのステップアップ

既習事項との関連を図る工夫

　国語でも他教科のように既習事項との関連を図って指導する必要がある。今回は、既習の説明文との関連を図って、学習内容を活用する場面を設定した。

　説明文に限らず、「書くこと」で学習した内容が「話すこと・聞くこと」で生かされたり、前学年の学習内容が生かされたりすることも多々ある。

　教科書には、学習内容や学習内容のつながりが明記されたページがあるため、意識して指導することが大切である。

本時案

どうぶつ園の
じゅうい　5/10

本時の目標
・文の中における情報と情報との関係に気付く
　ことができる。

本時の主な評価
❷共通、相違、事柄の順序など、情報と情報と
　の関係について理解している。【知・技】
❹時間的な順序や事柄の順序などを考えなが
　ら、内容の大体を捉えている。【思・判・表】

資料等の準備
・ワークシート③：「わけ」と「くふう」（配布
　用、掲示用）⬇ 24-10
・時間の順序を表す言葉を記入した短冊
　　　　　　　　　　　　　　　　⬇ 24-05〜09
（「お昼前」「お昼すぎ」「夕方」「一日のしご
　とのおわり」「どうぶつ園を出る前」）

---

③

どうぶつ園を出る前

☆ふりかえり
分かったこと　できたこと　（どうして分かったのか）
（しつもん）（心ぱいなこと）

| どうぶつ園を出る前 | おふろに入ること | 人間のびょうきのもとになるものを　どうぶつ園の外にもち出さないために、体をあらわなければいけないから。 | 人間のびょうきのもとになるものを　どうぶつ園の外にもち出さないようにすること。 |

授業の流れ ▷▷▷

1 前時の活動を想起し、本時の見通しをもつ 〈5分〉

Ｔ　前の時間の復習です。獣医さんが仕事をし
　た「わけ」と、仕事をするときの「工夫」に
　ついて、どのようにまとめましたか。

Ｔ　「わけ」と「工夫」には具体的に、どのよ
　うなものがありましたか。

・朝は、見回りをしていて、その「わけ」は、
　病気になったとき、すぐに気付けるようにす
　るためです。「工夫」は……。

○抽象から具体を想起し、本時では具体的な記
　入をしていくことを確認する。

○前時と同様の活動であることから、探し方や
　書き方などの学習を生かして行うという点を
　伝える。子供の実態によっては、前時の後半
　から取り組むこともできる。

2 「わけ」と「工夫」をワークシートに記入する 〈35分〉

○探すための支援は前時と同様であるが、本時
　では子供の主体的な学び合いを促すようにす
　る。そうすることで、既習事項を生かす力を
　育てていきたい。

○本時における記入を助けるためのツールは、
　教科書、前時のワークシート、友達の助言で
　ある。これらを自分で選択し、記入していく姿
　を見取るようにする。時には、ファシリテー
　ターとして子供同士をつなぐことも必要である。

Ｔ　□□さんと一緒に活動したら、ヒントがも
　らえるかもしれないよ。

○帽子やネームマグネットを活用し、「できた」
　という立場を可視化するのもよい。

> **ICT 端末の活用ポイント**
> 個々の ICT 端末を投影し、進捗状況を共有する
> ことも子供同士をつなぐことと言える。

どうぶつ園のじゅうい

1 しごとをした「わけ」と しごとをするときの「くふう」について まとめよう。

2 →

いつ	しごと	しごとをした「わけ」	しごとをするときの「くふう」
お昼前	にほんざるに くすりを のませたこと。	にほんざるが けがをしたから。／にほんざるが、くすりをのまないから、しいくいんさんがこまっていたから。	えさの中にくすりを入れたこと。／くすりを半分に切ったバナナに、こなをまぜたこと。
お昼すぎ	ワラビーの はぐきの ちりょうをしたこと。	ワラビーの はぐきがはれているワラビーが見つかったから。／ちりょうをすることになっていたから。	あばれないように、三人のしいくいんさんにおさえてもらったこと。
夕方	ペンギンの のみこんだ ボールペンを はかせたこと。	ペンギンがボールペンをのみこんでしまったから。	大いそぎでびょういんにはこんだこと。／早めに手当てをしたこと。
一日のしごとのおわり	日記を 書くこと。（きろくをすること）	つぎに同じようなびょうきやけががあったとき、よいちりょうをすることができるから。	毎日、きろくをしておくこと。

---

3 本時のまとめと振り返りを行う 〈5分〉

○ワークシートの記述を本時のまとめとし、振り返りはノートに記入する。
○子供が記入している段階から全体に示す準備も並行して進め、ここでは記入が全て済んだワークシートを提示できるようにする。
○記入する量が多いため、できたところまでを見取るようにする。また、実態に応じた工夫として、ワークシートの記入量を制限したり、ICT端末を使用したコピー＆ペーストによって記入したりする等、時間を短縮することもできる。
○時間をかけて取り組みたい場合は、この活動に2時間を使うように単元を計画してもよい。

よりよい授業へのステップアップ

子供同士をつなぐ工夫

　子供同士で、主体的で対話的な学び合いが行われているときには、教師は子供理解に努めるチャンスである。遠くから全体を見て人間関係を把握したり、近くで発言やノートの記述を見取って理解度を把握したりすることができる。

　そうした子供理解が進むと、似た傾向の子供が見えてくるので、困っている子供と、その一歩先を行く子供とをつなぐことができるようになる。

本時案

どうぶつ園の じゅうい

本時の目標
・文の中における情報と情報との関係に気付く ことができる。

本時の主な評価
❷共通、相違、事柄の順序など、情報と情報と の関係について理解している。【知・技】
❹時間的な順序や事柄の順序などを考えなが ら、内容の大体を捉えている。【思・判・表】

資料等の準備
・仕事が書かれたカード ⬇ 24-11〜17 （入れ替える操作をしやすくするため）
※モニターに投影して操作することもできる。

板書

③

・毎日することは　つみかさねておかないと　こまる
　しごと

〇まとめ
┌──────────────────────┐
│ しごとを分けると　どんなしごとをしているのか │
│ 分かりやすくなります。 │
└──────────────────────┘

☆ふりかえり

分かったこと　できたこと　（どうして分かったのか）
（しつもん）　（心ぱいなこと）

授業の流れ ▷▷▷

1 獣医さんの仕事を2つに分類する 〈20分〉

T これまで学習してきた獣医さんの仕事に は、どのようなものがありましたか。
〇子供の発言に合わせて、仕事が書かれたカー ドを提示する。
T 獣医さんの仕事を、今日は2つに分けま す。いろいろな分け方があると思いますが、 今日は「毎日すること」と「この日だけした こと」に分けます。
〇小さいカード（その場で仕事を記入してもよ い）を配布し、ノート上で分類整理を行う。活 動は、実態に合わせて個人やペア等を選択する。

ICT 端末の活用ポイント

ホワイトボードアプリ等を活用すると、活動す る人数にかかわらず、分類整理を共有しやすく なる。

2 分類したものを基に、気付いたこ とを話し合う 〈15分〉

T それでは、仕事をどちらに分けましたか。 理由も発表しましょう。
・「見回り」は「毎日」だと思います。毎日で ないと、動物に慣れてもらえないからです。
・「いのししのお腹に機械を当てたこと」は 「この日だけ」だと思います。いつも赤ちゃ んが生まれるわけではないからです。
・でも、私のお母さんは、何回も機械を当てて お医者さんにみてもらっていました。
・何回もみるけど、毎日ではないと思います。
〇発表後、分類した板書を確認しながら、気付 いたことを話し合うようにする。
〇気付いたことも、上下に分けるなどして、子 供が捉えやすい板書にするとよい。

どうぶつ園のじゅうい

1 じゅういさんの しごとを 二つに分けよう。

2 毎日すること　／　この日だけしたこと

毎日すること	この日だけしたこと
見回り	いのししの おなかに きかいを 当てたこと
日記	にほんざるに くすりを のませたこと
おふろ	ワラビーのはぐきの ちりょうをしたこと
	ペンギンがのみこんだ ボールペンを はかせたこと

○気づいたこと
・どうぶつに ちょくせつ かんけいのあるしごとは この日だけしている
・きゅうに こまったときのしごとは この日だけしている

---

3 本時のまとめと振り返りを行う　〈10分〉

○まとめでは、分けることのよさを味わえるようにし、今後も分類整理しようとする意欲を高められるとよい。
○単元の評価の観点とは異なるが、「重要な語や文を選び出すこと」ができているかを振り返ることで次時以降の活動につなげることができる。
T　今日は、2つに分けられたかどうかを振り返りましょう。難しかったところがある人は、それも書きましょう。
○単元も終末に近付いているため、1次で設定した言語活動を想起させ、ゴールイメージをもてるようにする。

よりよい授業へのステップアップ

分類整理する工夫

　左記の例では、「毎日」「この日だけ」というグループを示してから分類整理を行ったが、こうしたグループを示さずに、子供が分類整理する中でグループを考えていくという展開もある。
　左記の例では、グループに分けられるかどうかという活動になっている。もし具体から抽象を導くところまで子供とともに活動するならば、根拠をもってグループを考え、分けられるような展開にしたい。
　何をねらいとするかによって、柔軟に活動を選択することが大切である。

第6時
299

どうぶつ園の じゅうい

7/10

本時の目標

・文章の内容と自分の体験とを結び付けて、感想をもつことができる。

本時の主な評価

❸文章の内容と自分の体験とを結び付けて、感想をもっている。【思・判・表】

❺進んで文章の内容と自分の体験とを結び付けて感想をもち、これまでの学習を生かして、文章を読んで考えたことを友達と話そうとしている。【態度】

資料等の準備

・ワークシート④：座標軸 [↓] 24-18

※用紙がなければ、直接板書してもよい。また、モニターにホワイトボードアプリを投影することもできる。

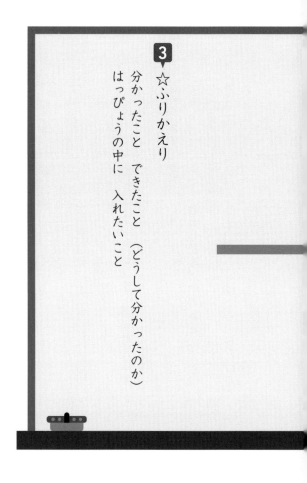

3
☆ふりかえり
分かったこと できたこと （どうして分かったのか）
はっぴょうの中に 入れたいこと

授業の流れ ▷▷▷

1 驚いたこと、もっと知りたいことをカードに書く 〈20分〉

○本時のめあてを板書する。

T 今日は、ここまでの学習をしたなかで驚いたこと、もっと知りたいことをカードにまとめ、整理します。

○単元終末の言語活動にふれ、その発表に向けて詳しく読んできたことを想起できるようにする。

○短冊上のカードに端的に記入できるようにし、なるべく大きな字で書くようにする。

○発表するために、感想をもつことが重要であることを子供に伝える。

ICT端末の活用ポイント

ホワイトボードアプリを使用し、このカードをアプリ上の付箋に置き換えることもできる。作成の過程から共有できるよさがある。

2 カードを座標シートに整理する 〈15分〉

T 書いたカードを貼っていきます。驚いたものは上の方に、もっと知りたいものは右の方に貼ってください。例えば、驚かなかったけれど、もっと知りたいものは、下の方で右の方に貼ることになります。

T どうしてそこに貼ったのですか。

・動物園を出る前にお風呂に入ると思わなかったし、他にもやっていることがあるか知りたいからです。

・ペンギンが好きなので、飲み込んでしまうことは知っていたから驚かなかったけれど、他の手当ても知りたいと思ったからです。

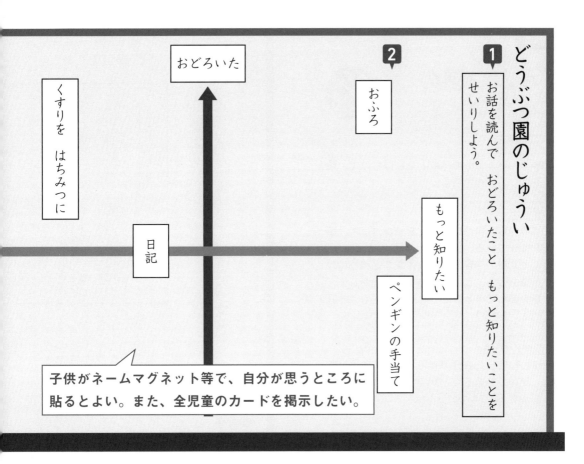

どうぶつ園のじゅうい

1 お話を読んで おどろいたこと もっと知りたいことを せいりしよう。

2 おふろ

もっと知りたい

ペンギンの手当て

おどろいた

くすりを はちみつに

日記

> 子供がネームマグネット等で、自分が思うところに貼るとよい。また、全児童のカードを掲示したい。

---

3 本時の振り返りを行う　〈10分〉

○カードに記入したことが、次時以降の発表につながることを伝える。特に、座標の右上に貼られたものを生かせるとよい。

T　今日の振り返りでは、自分が書いた感想や友達の感想を生かして、発表に入れたいことについて書きましょう。

・私は、□□さんの「ペンギンの手当て」を発表の中に入れたいです。どうしてかというと、水族館で見たペンギンをもっと知りたいと思ったからです。

・私は、お風呂について発表に入れたいです。どうしてかというと、とても驚いたし、自分のお風呂とは違うと思ったからです。

よりよい授業へのステップアップ

思考を可視化する工夫
❶感想をカードに書くこと
　カードが増えていくことで思考が広がっていくことを可視化している。
❷カードを座標に整理すること
　カードをどこに置いたかによって優先順位などが明らかになり、思考がしぼられていくことを可視化している。
　ベン図やウェビング図などの思考を可視化するツールは多様である。どんな思考を可視化したいのか、子供の実態はどうなのかを吟味し、選択することが大切である。

どうぶつ園の
じゅうい

8／10

本時の目標
・文章の内容と自分の体験とを結び付けて、感想をもつことができる。

本時の主な評価
❸文章の内容と自分の体験とを結び付けて、感想をもっている。【思・判・表】
❺進んで文章の内容と自分の体験とを結び付けて感想をもち、これまでの学習を生かして、文章を読んで考えたことを友達と話そうとしている。【態度】

資料等の準備
・前時に整理した自分の考え。また、友達が整理したものも見ることができるとよい。
・モデル文 ⤓ 24-19

板書:

考えたこと・気

3
☆ふりかえり
お話と じぶんの体けんを くらべて書くことができたか。

は、じゅういさんのように、毎朝 → くらべている
あいさつをして、うさぎとなかよ → くらべてみて 考えたこと
くなりたいです。 → 考えたこと

授業の流れ ▷▷▷

1 モデル文について考え、書き方を知る 〈15分〉

T この文には、どのようなことが書いてありますか。
○3つの段落に、どんな事柄が書いてあるのか板書する。
○文章の内容と、それについての感想は、前時で選んでいる。本時では、まず比べる対象となる自分の体験を想起できるようにする。
T 動物の体験ではなく、がんばった体験、日常生活の中の体験など、詳しく思い出せる体験は何ですか。

ICT 端末の活用ポイント
モデル文を端末で共有すると、子供が自分のタイミングで見ることができる。また、モデル文のデータをワークシートとしても使用できる。

2 発表原稿をノートに書く 〈25分〉

○他教科・領域等との関連を図ると体験を想起しやすくなる。
○書くことが苦手な子供へは、前時に選んだ発表の中に入れたいことと「似ている体験」を短文で書くよう支援する。また、反対に「似ていない体験・やったことのない体験」も比べやすいので、そちらを短文で書く支援もよい。
○ペアやグループで聞き合う時間を設ける。声に出すことで思考が整理されたり、聞き手に伝わったかどうかを確認したりすることができる。
○書き終えた子供には、読む練習を行うよう指示する。

1

づいたこと　　お話の　ないよう　　かんじたこと・かんじたわけ

お話と　自分の体けんを　くらべて書くには
どうすれば　いいだろう。

じゅういさんのしごとで、わた
しがおどろいたのは、毎朝、どう
ぶつに　あいさつをしていること
です。どうしてかというと、わた
しは、学校のうさぎに　あいさつ
をしたことが　なかったからです。

じゅういさんは、どうぶつに顔
と声を　おぼえてもらえるように、
毎日、あいさつをしています。

この前、学校のうさぎに　近づ
いたとき、うさぎは　わたしから
にげてしまいました。あしたから

前の時間にえらん
だことを、ここに
書くとよい

ここでじぶんのこ
とを「わけ」とし
て書いている

じゅういさんが
しごとをする
「わけ」

いつ、どんな
体けんをしたのか

---

3 本時の振り返りを行う　〈5分〉

○文章の内容と自分の体験とを比べて書くことができたかどうかを振り返る。

○次時が単元のまとめであり、発表であることを伝え意欲を高める。同時に、ノート等の学びの履歴を確認しておくよう伝える。

○書き終わらなかった子供へは個別の支援を行う。

○前時に「もっと知りたい」という感想をもった子供へは、「似ている体験」という共通点を探すようにする。

○前時に「驚いた」という感想をもった子供へは、「似ていない体験・やったことのない体験」という相違点を探すようにする。

よりよい授業へのステップアップ

選択できる学習活動の工夫

考える時間□分、書く時間□分、話し合う時間□分、のように活動を時間で区切り、明確にすることが必要なときもある。

しかし、主体的な学びに導くためには、書きたいときは書き、話をしたくなったら相手のところへ行く、というように学習活動を子供が選択できるような工夫も重要である。

そのために、どのルートを通ってもよいが、最終的にはここに辿り着く、というイメージを共有しておくことを忘れずに行う必要がある。

どうぶつ園の
じゅうい

9/10

本時の目標
・文章の内容と自分の体験とを結び付けて、感想をもつことができる。

本時の主な評価
❸文章の内容と自分の体験とを結び付けて、感想をもっている。【思・判・表】
❺進んで文章の内容と自分の体験とを結び付けて感想をもち、文章を読んで考えたことを友達に紹介しようとしている。【態度】

資料等の準備
・子供の発表資料
・ワークシート⑤：聞き手用 ⬇ 24-20
・子供に時間を知らせるもの
・「発表の約束」掲示物 ⬇ 24-21

おすすめの発表をした友達の名前や、その理由を共有し、ここに板書する。

4
☆ふりかえり
○お話を読んで　考えたことを　話すことができましたか　（りゆうは？）
○じぶんが　考えたことは　あいてに　つたわったと思いますか　（りゆうは？）

授業の流れ ▷▷▷

1 発表会の順番や約束を知る 〈10分〉

○本時のめあてを板書する。
○学級を３つのグループに分け、順番に発表する（ここでは、話すグループは聞き手が来たら発表し、聞く２つのグループは自由に聞きに行くというワークショップ形式の発表会を例示する）。配置は、資料ページ参照。
○発表の約束は、「話す・聞く」で学習したことを生かして提示するとよい。
T　発表を聞いたあと、どんな言葉を掛けられそうですか。
・□□がよかったです。
・□□のところが、なるほどと思いました。
○共感的な立場で発表を聞くことができるようにする。

2 発表会を行う 〈7分×3〉

T　より多くの友達の発表を、聞けるといいですね。ただし、発表は最後までしっかり聞いてから移動するようにしましょう。
○「読むこと」の学習であることから、「話すこと・聞くこと」の観点で評価をすることのないよう留意する。
○聞き手のワークシートも、「お話の内容が伝わったか」「相手の体験が伝わったか」という「読むこと」の観点で記入する。
○教師は、タイムマネジメントを行いながら、聞き手が集中し偏りが生じた場合に、他の子供のところへ聞きに行くよう促すことも行う。

ICT 端末の活用ポイント
誰がどんな発表をするのか一覧にまとめ、端末を通して見ることができるようにすると、聞きに行く相手を選びやすくなる。

どうぶつ園のじゅうい

1

> お話を読んで　考えたことを　話そう。

【はっぴょうの　じゅんばん】（七分×三回）

① 一ぱん　・・・話す人
　 二はん　・・・聞く人
② 二はん　・・・話す人
　 一ぱん　・・・聞く人
③ 三はん　・・・話す人
　 一ぱん、二はん・・・聞く人

2

【はっぴょうの　やくそく】
○ お話と自分の体けんが　聞く人につたわるように話そう
○ 聞くときは、ワークシートを書いたり、あいてを見たりしながら聞こう
○ 聞きおわったら、
① しつもんする
② くりかえしてたしかめる
③ 「なるほど」をつたえる
④ かんそうを言う

3

【もっと　聞きたい】

3　おすすめの発表を共有する　〈7分〉

T　友達の発表を聞いて、他の人にも聞いてほしいと思った「おすすめの発表」はありましたか。

・□□さんの発表がおすすめです。どうしてかというと……。

○おすすめする理由は、子供が「よい」と感じたものを尊重する。ただし、理由を伝えることが難しい場合は、「自分と同じ」「自分とは違う」「教科書のどの部分か分かりやすい」などの視点を伝えるようにする。

T　もっと聞きたいと思った友達がいたら、メモをしておきましょう。休み時間や次の時間に聞きに行くと、さらに学びが広がっていきますね。

4　本時の振り返りを行う　〈7分〉

T　今日は、自分の発表について、2つのことを振り返りましょう。1つ目は、「どうぶつ園のじゅうい」のお話を読んで考えたことを、相手に話すことができましたか。2つ目は、お話を読んで自分が考えたことは、相手に伝わったと思いますか、です。

・私は、相手に話すことができました。どうしてかというと、考えをノートに書いておいたからです。考えたことは、相手に伝わったと思います。理由は、友達が「分かりやすかった」と言ってくれたからです。

○理由まで明記させるかどうかは、子供の実態による。教師が口頭で確認することもできる。

どうぶつ園の じゅうい

本時の目標
・言葉がもつよさを感じるとともに、楽しんで読書をし、国語を大切にして、思いや考えを伝え合おうとする。

本時の主な評価
・単元全体を通して学んだことを整理し、次の学習に生かそうとしている。

資料等の準備
・教科書 p.133「ふりかえろう」、p.134「たいせつ」「いかそう」を提示・投影するための準備。

3

・どんなことと くらべて考えたかな
・ひっしゃと同じで 日記を書いていること
　友だちの考えを聞いて どう思ったかな
・自分とちがってなるほどと思った

授業の流れ ▷▷▷

1 「たいせつ」「いかそう」を確認する 〈10分〉

○本時のめあてを板書する。
T 「どうぶつ園のじゅうい」のお話を通して、みなさんが学んだことが「たいせつ」に書いてあります。一緒に確認をしましょう。読んで自分の考えをもつとは、どういうことですか。
T 「いかそう」には、これからの読書に生かせることが書いてあります。
○子供の中には、「どうぶつ園のじゅうい」というお話の印象が強く残っていることが多い。そのお話を通して身に付けた力を自覚できるようにすることが、本時の大きなねらいである。「たいせつ」や「いかそう」を確認し、抽象的なイメージをもってから、自分なりの具体を振り返る（実態によっては、具体を先に振り返ることもよい）。

2 自分の学びを振り返る 〈20分〉

○教科書 p.133の「ふりかえろう」の三つの視点で振り返りができるようにする。
T どの言葉に気を付けて、筆者がしたことを確かめましたか。
・時間（朝、お昼すぎ等）
・仕事（見回り、薬を飲ませる等）
・わけ（なぜかというと、だから等）
・くふう（毎日記録をする等）
T 筆者の仕事について、どんなことと比べて考えましたか。
・筆者と同じで日記を書いていること。
T 友達が考えたことを聞いてどう思いましたか。
・自分とちがってなるほどと思った。

どうぶつ園のじゅうい

1 学びを　ふりかえろう

【たいせつ】

読んで、じぶんの考えをもつ
○だれがなにをしたのか、どんなことがあったの
かを考えながら　読む
○読んで分かったことを、じぶんのことや知って
いることと　くらべて考える

【いかそう】 ←

これからの読書に　いかしていく

☆ふりかえり

2 どのことばに　気をつけたかな。

・時間（朝　お昼すぎ）
・仕事（見回り　くすりを飲ませる）
・わけ（なぜかというと　だから）
・くふう（毎日記録をする）

ICT 等活用アイデア

学びの蓄積と取り出し

　これまでのように紙を使って振り返りをすることには大きな価値がある。だが、ICT を活用することで、より蓄積がしやすくなり、学びを取り出しやすくなる。

　例えば、これまでの振り返りを写真に撮り、「説明文フォルダ」に蓄積をしていけば、次の説明文の単元、次学年の単元の際に簡単に取り出すことができる。

　自身の学びの履歴を確認する際に、ICT は大きな効果を発揮すると言える。

---

3 振り返りを共有する　〈15分〉

○振り返りを共有することで、どのように振り返るのかイメージのもてない子供への支援とする場合は、早く振り返りのできた子供を紹介する。全員の振り返り後に共有をする場合は、子供の学びを広げ今後の意欲を高められるようにする。

T　□□さんは、毎日続けていることに驚いたのですね。みなさんは、これから毎日続けたいことはありますか。

T　読んで分かったことと、自分のことを比べると、自分だけの考えをもつことができますね。

T　みなさんは、このお話を通して学んだことを、どんなことにつなげていきたいですか。

1　第2時資料　ワークシート②：筆者の仕事　⬇ 24-02

どうぶつ園のじゅうい　年　組　名前【　　　】

いつ、どうぶつの名前、ひっしゃのしごとを まとめよう。

いつ	どうぶつの名前	ひっしゃのしごと
朝		どうぶつ園の中を 見回ること
見回りが おわるころ	いのしし	いのししのおなかに きかいを 当てたこと
お昼前	にほんざる	にほんざるに くすりを のませたこと
お昼すぎ	ワラビー	ワラビーの ちりょうをしたこと
夕方	ペンギン	ペンギンの のみこんだボールペンを はかせたこと
一日のしごとのおわり		日記を 書くこと（きろくを すること）
どうぶつ園を出る前		おふろに 入ること

2　第4・5時資料　ワークシート③　⬇ 24-10

どうぶつ園のじゅうい　年　組　名前【　　　】

しごとをした「わけ」と しごとをするときの「くふう」について まとめよう。

いつ	しごと	しごとをした「わけ」	しごとをするときの「くふう」
お昼前	にほんざるに くすりを のませること	にほんざるが けがをしたから。けがをしたにほんざるが、くすりをのまないと、しいくいんさんがこまっていたから。	えさの中にくすりを入れたこと。くすりをこなにして、半分に切ったバナナには さんだこと。こなをはちみつにまぜたこと。
お昼すぎ	ワラビーの はぐきの ちりょうを すること	はぐきがはれているワラビーが見つかったので、ちりょうをすることになっていたから。	あばれないように、三人のしいくいんさんに おさえてもらったこと。
夕方	ペンギンの のみこんだ ボールペンを はかせること	ペンギンがボールペンをのみこんでしまったから。	大いそぎでびょういんに はこんだこと。早めに手当てをしたこと。
一日のしごとの おわり	日記を 書く こと（きろくを すること）	つぎに同じようなびょうきやけがが あったとき、よいち りょうを することができるから。	毎日、きろくをしておく こと。
どうぶつ園を 出る前	おふろに 入ること	人間のびょうきのもとに なるものを どうぶつ園の外に もち出さないために、体をあらわなければいけないから。	人間のびょうきのもとに なるものを どうぶつ園の外にもち出さないようにすること。

3 第9時資料　ワークシート⑤：発表会聞き手用　⬇ 24-20

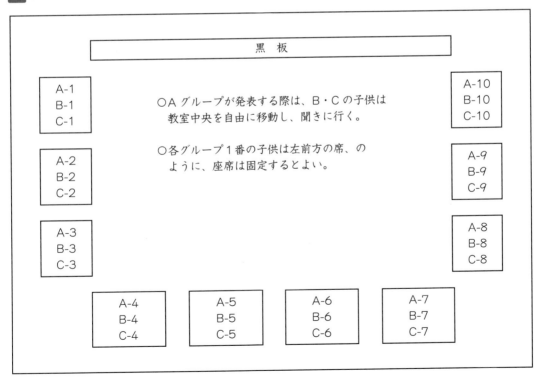

どうぶつ園のじゅうい　　年　組　名前[　　　]

あいての名前	お話のないようがつたわった	あいての体けんがつたわった	ひとことかんそう（どうしても書きたい人）

※とてもよくつたわった → ◎
　だいたいつたわった → ○
　あまりつたわらなかった → △

4 第9時資料　教室配置

```
                    黒　板

A-1                                              A-10
B-1    ○Aグループが発表する際は、B・Cの子供は      B-10
C-1      教室中央を自由に移動し、聞きに行く。        C-10

A-2    ○各グループ1番の子供は左前方の席、の          A-9
B-2      ように、座席は固定するとよい。              B-9
C-2                                              C-9

A-3                                              A-8
B-3                                              B-8
C-3                                              C-8

     A-4      A-5      A-6      A-7
     B-4      B-5      B-6      B-7
     C-4      C-5      C-6      C-7
```

かたかなのひろば 〔2時間扱い〕

単元の目標

知識及び技能	・片仮名を読み、書くとともに、片仮名で書く語の種類を知り、文や文章の中で使うことができる。((1)ウ)
思考力、判断力、表現力等	・語と語や文と文との続き方に注意しながら、内容のまとまりが分かるように書き表し方を工夫することができる。(Bウ)
学びに向かう力、人間性等	・言葉がもつよさを感じるとともに、楽しんで読書をし、国語を大切にして、思いや考えを伝え合おうとする。

評価規準

知識・技能	❶片仮名を読み、書くとともに、片仮名で書く語の種類を知り、文の中で使っている。(〔知識及び技能〕(1)ウ)
思考・判断・表現	❷「書くこと」において、語と語や文と文との続き方に注意しながら、内容のまとまりが分かるように書き方を工夫している。(〔思考力、判断力、表現力等〕Bウ)
主体的に学習に取り組む態度	❸進んで片仮名を使って書く話を見つけ、学習課題に沿って文を書こうとしている。

単元の流れ

時	主な学習活動	評価
1	学習の見通しをもつ 教科書を読み、様々な片仮名が生活の中で使われていることを知り、片仮名の言葉を見つける。 学習課題を設定する。 かたかなのことばをつかって、文を書こう。 教科書 p.135に提示されている片仮名を読む。 身の回りから片仮名を見つけて書き、交流する。	❶
2	前時に見つけた片仮名や、教科書で見つけた片仮名を使って文を書き、友達と読み合う。 学習を振り返る	❷❸

授業づくりのポイント

〈単元で育てたい資質・能力〉

　本単元のねらいは、片仮名を読み、書くとともに、片仮名で書く語の種類を知り、文や文章の中で使うことである。教科書に提示されている語だけでなく、日常生活で使用されている外来語の中から身近な動物名や国名、楽器名、人名、日用品なども取り上げ、語彙を広げることが必要である。

```
[具体例]
○教科書の例示「サッカー」「リレー」「ダンス」などから、スポーツに関する片仮名の言葉が集
　められていることに気付かせることで、言葉の概念を広げていく。また、挿絵を活用し、片仮
　名で書くことができる動物も探すことで、片仮名で書く言葉についての関心を高める。
○教科書の例を参考に、「だれが」「どんな様子で」「何をしているか」の文の構成を、子供と一緒
　に確認することで、文章を整えて書くきっかけをつくる。
```

〈教材・題材の特徴〉

　片仮名は1年生のときに既に学習している。生活上でも「ノート」「タブレット」など、たくさんの片仮名の言葉に囲まれている。しかし、片仮名は漢字と比べて、文章で使ったり、言葉集めをしたりする機会は少ない。そのため、1年生で習ったが、忘れてしまっている子供もいる。また、この時期の子供は、平仮名と片仮名のどちらを用いて書く言葉かを明確に理解していないため誤用もみられる。意図的に場を設定し、正確に片仮名を使えるようにしたい。

　また、片仮名の特徴として、「ツ」と「シ」、「ソ」と「ン」など、字形のバランスを整えて書くことが難しく、間違えて覚えている子供も多い。長音や促音なども、丁寧な復習をすることが必要である。

```
[具体例]
○片仮名の50音表などを用意して掲示したり、片仮名を書くことが苦手な子供には片仮名シート
　を用意したりすることで、前学年の復習ができる。
○長音の指導では、平仮名表記と片仮名表記を並べて、長音の書き方を比べる。また、促音の指
　導では、ます目黒板などを使い、どの位置に促音を書くのかを確認する。その際、縦書きで書
　く場合と横書きで書く場合では、書く位置が違うことなどにも気付かせたい。
```

〈交流活動の工夫〉

　片仮名を使った言葉集めをグループで行うことで、語彙を増やしたり、今まで平仮名で書いていた言葉が片仮名であったことに気付いたりすることができる。知っている言葉を出し合うことで主体的に学習に取り組めるようにする。また、自分がつくった文章をグループで発表したり、友達の文章を読んだりすることで、発想を広げ、新たな表現方法を獲得できるようにする。

〈ICTの効果的な活用〉

共有：片仮名を使った言葉を集める際は、学習支援ソフトを使って共有することで、多くの単語を集めることができ、子供の語彙も広がる。また、文をつくる際の参考にもなる。

分類：集めた言葉を同じ仲間に分類（「ケーキ」「キャラメル」「チョコレート」→お菓子など）することで、子供は上位の概念を獲得し、片仮名の特徴をつかむことができる。

本時案

かたかなの ひろば

本時の目標

・片仮名を読み、書くとともに片仮名で書く語の種類を知り、文や文章の中で使うことができる。

本時の主な評価

❶片仮名を読み、書くとともに、片仮名で書く語の種類を知り、文の中で使っている。

【知・技】

資料等の準備

・教科書 p.135の挿絵（片仮名を空欄にしたもの）の拡大
・片仮名の50音表

かたかなで書く どうぶつ
・ゴリラ　・コアラ　・パンダ

4 かたかなの　ことばを　つかった　文

・うさぎが　スキップ　しています。
・ねこが　コアラと　ダンスをしています。
・犬が　ボールを　キャッチしました。

> 教科書以外の言葉が出たら、更に板書する

授業の流れ ▷▷▷

1 学習の見通しをもつ　〈10分〉

T　挿絵を見て、どんな動物が何をしているのか、隣の友達と話し合いましょう。

○どんな動物がいるのか（コアラ、うさぎ、犬など）やどんなスポーツをしているのか（リレー、サッカーなど）を全体で確認した後、ペアで気付いたことを話し合わせる。

・うさぎがスキップしているよ。

・ねこがダンスしてるよ。

T　この中で、片仮名で書く言葉を探して文章を書く学習をします。

○学習課題を板書する。

2 片仮名の促音や長音の書き方を確認する　〈5分〉

T　挿絵に出てくる片仮名の言葉を発表しましょう。

○ます目黒板を用意し、促音や長音の書き方を指導できるようにする。

・サッカー　・スキップ　・ドッジボール
　→促音の書き方をます目黒板で確かめる。

・プール　・コート　・シャワー　・リレー
　→長音の書き方をます目黒板で確かめる。

○全ての片仮名を確認するのではなく、促音、長音の確認だけを行うようにする。

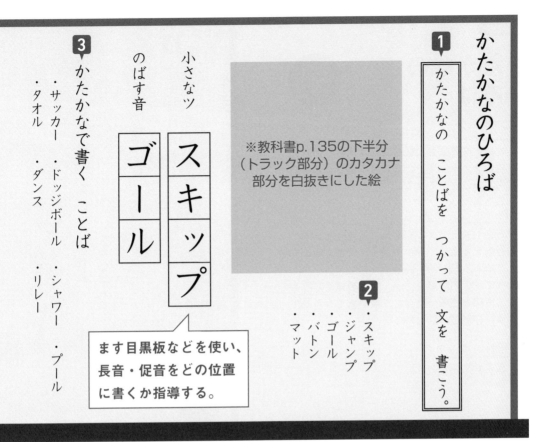

かたかなのひろば

1 かたかなの ことばを つかって 文を 書こう。

2
・スキップ
・ジャンプ
・ゴール
・バトン
・マット

3 かたかなで 書く ことば

小さなッ
のばす音

| ス | キ | ッ | プ |
| ゴ | ー | ル | |

・サッカー ・ドッジボール ・シャワー ・プール
・タオル ・ダンス ・リレー

※教科書p.135の下半分（トラック部分）のカタカナ部分を白抜きにした絵

ます目黒板などを使い、長音・促音をどの位置に書くか指導する。

---

3 片仮名の言葉を挿絵から探し、ノートに書く 〈15分〉

○ p.135の挿絵内の片仮名を空欄にしたワークシートを用意する。

T 挿絵の中から、片仮名で書く言葉を探して、ワークシートに書きましょう。

○片仮名の記述が難しい子供用に、片仮名50音表を用意しておく。

○机間を教師は回り、誤字脱字があったら、赤などで訂正する。

○ノートに書かせる場合は、１つの言葉を１行ごとに書かせるようにする。

ICT端末の活用ポイント

片仮名の言葉を集める際は、学習支援ソフトを使い、子供が共有できる場に書き込むことで、多くの言葉を集めることができる。

---

4 片仮名の言葉を使った文を書く 〈15分〉

T 動物たちの様子を、短い文でノートに書いて発表しましょう。

○「だれが」「なにをしているのか」を視点に示し、「〜ました」「ます」などの文末に気を付けて文章を書くように助言する。

・うさぎがスキップしています。

・ねずみがリレーのバトンをわたします。

・犬がボールをキャッチしました。

ICT端末の活用ポイント

集めた言葉は、次時までに教師が分類（動物、お菓子、道具など）して提示することで、子供の上位概念の理解が深まる。

かたかなの
ひろば

2/2

本時の目標

・語と語や文と文との続き方に注意しながら、内容のまとまりが分かるように書き表し方を工夫することができる。

本時の主な評価

❷語と語や文と文との続き方に注意しながら、内容のまとまりが分かるように書き方を工夫している。【思・判・表】

❸進んで片仮名の語を使い、学習の見通しをもち、主語と述語が整った文章を書こうとしている。【態度】

資料等の準備

・片仮名の50音表

（板書）

4
☆ふりかえり

・おとうとが パソコンで ゲームを しました。
・サッカーは たのしいです。
・お母さんが カレーを つくりました。
・わたしは、ピアノと テニスを ならっています。

授業の流れ ▷▷▷

1 身の回りの片仮名で書く言葉を探す 〈10分〉

○本時のめあてを板書する。

T 教室などの身の回りにある片仮名で書く言葉を探しましょう。見つけたらノートにメモを取りましょう。

○教室の中から見つけさせる。席を立って自由に探していいことを確認する。

・ノート　　　・ペン　・テレビ
・パソコン　　・プロジェクター
・ホワイトボード　・クリップ　など

ICT端末の活用ポイント

前時に学習支援ソフトで集計、分類している場合、電子黒板に提示したり、各自のICT端末に送信したりして参考にさせる。

2 見つけた片仮名の言葉を発表する 〈10分〉

T 教室で見つけた、片仮名で書く言葉を発表しましょう。

○出てきた言葉を分類しながらまとめる。

・ノート　　・ペン　→　文房具
・パソコン　・テレビ　→　機械
・カレー　　・シチュー　→　食べ物
・イギリス　・インド　→　国の名前　など

○食べ物など、同じ分類の言葉がたくさん出てくる場合が考えられる。その場合、「食べ物以外の言葉を見つけた人はいますか？」など、状況に応じて切り替える。

ICT端末の活用ポイント

前時に使用した学習支援ソフトに追加させてもよい。

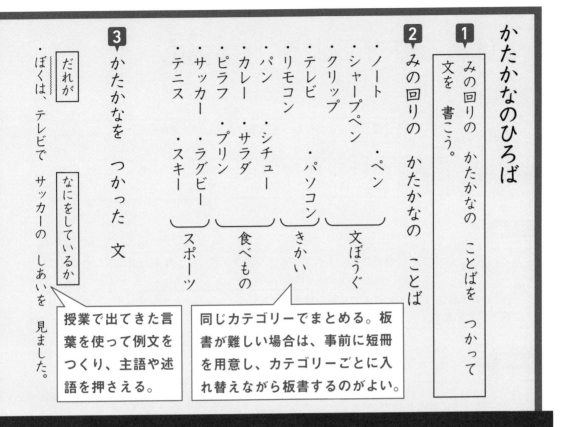

かたかなのひろば

1 みの回りの かたかなの ことばを つかって 文を 書こう。

2 みの回りの かたかなの ことば

- ノート ・ペン
- シャープペン
- クリップ 〉文ぼうぐ
- テレビ ・パソコン
- リモコン 〉きかい
- パン ・シチュー
- カレー ・サラダ
- ピラフ ・プリン 〉食べもの
- サッカー ・ラグビー
- テニス ・スキー 〉スポーツ

> 同じカテゴリーでまとめる。板書が難しい場合は、事前に短冊を用意し、カテゴリーごとに入れ替えながら板書するのがよい。

3 かたかなを つかった 文

だれが

・ぼくは、テレビで サッカーの しあいを 見ました。

なにをしているか

> 授業で出てきた言葉を使って例文をつくり、主語や述語を押さえる。

---

3 集めた言葉を使って、ノートに文を書く　　〈15分〉

T　集めた言葉を使って、文をつくりましょう。
○主語や文末に気を付けて書けるように、教師が例文を示す。
　・「だれが」「なにをしているのか」
　・「〜ました」「ます」などの文末
○片仮名の記述が難しい子供用に、片仮名50音表を用意しておく。
T　つくった文章を発表しましょう。
　・サッカーは楽しいです。

ICT 端末の活用ポイント
ノートを写真撮影したり、学習支援ソフトに入力させたりして、教師に送信させることで、評価の際の資料にすることができる。

4 学習を振り返る　　〈10分〉

T　片仮名を書くときに気を付けたことや学んだことを振り返りましょう。
・日本以外の国からきた言葉に片仮名で書くものが多いな。
・身の回りにたくさんの片仮名があるな。
・お菓子の名前に片仮名が多かったな。
・たくさんの片仮名が見つかったよ。
○身の回りにたくさんの片仮名があることや文章の中で積極的に使っていこうという思いが書けている子供を紹介する。

ことばあそびをしよう 〔2時間扱い〕

単元の目標

知識及び技能	・長く親しまれている言葉遊びを通して、言葉の豊かさに気付くことができる。(⑶イ)
学びに向かう力、人間性等	・言葉がもつよさを感じるとともに、楽しんで読書をし、国語を大切にして、思いや考えを伝え合おうとする。

評価規準

知識・技能	❶長く親しまれている言葉遊びを通して、言葉の豊かさに気付いている。((知識及び技能)⑶イ)
主体的に学習に取り組む態度	❷進んで言葉の豊かさに気付き、これまでの学習を生かして言葉遊びを楽しもうとしている。

単元の流れ

時	主な学習活動	評価
1	学習の見通しをもつ ことばあそびを知る。 ・数え歌　・ことばあそび歌　・いろは歌　・ちいきのかるた 学習課題を設定する。 ことばあそびを楽しもう。 ことばあそびを行いながら、楽しさについて考える。 どんな楽しさがあったか振り返る。	❶
2	数え歌、ことばあそび歌、いろは歌のつくり方を知る。 自分がつくりたいものを選び、実際につくって楽しむ。 他のことばあそびについて調べ、楽しむ。 【地域のカルタが活用可能な場合】 地域の有名な物や場所、人物などを想起する。 ４人程度のグループに分かれて、カルタを行う。 学習を振り返る	❷

授業づくりのポイント

〈単元で育てたい資質・能力〉

　本単元のねらいは、長く親しまれていることばあそびを通して、言葉の豊かさに気付く力を育むことである。そのためには、ことばあそびを楽しむことが大前提となる。言葉を用いること自体を楽しみながら、発想を広げたり、言葉を通して友達と触れ合ったりすることが大切である。振り返りの際には、楽しかったこと・心に残ったことを想起できるようにする。同時に、言葉の豊かさに気付くことができるよう子供に関わっていきたい。

[具体例]

○数え歌、ことばあそび歌は、声に出す楽しさを味わうことができる。友達と一緒にリズムをつけて声に出したり、早口言葉のように声に出したり、より楽しさを味わうことができる。

○いろは歌、ちいきのかるたは、古くから伝わるものに親しみ、楽しさを味わうことができるものである。いろは歌は、声に出して楽しむことも大切であるが、ひらがなを１回ずつ使って意味のある歌をつくった先人たちの工夫にも触れておきたい。また、ちいきのかるたは、カルタというゲームそのものが言葉を楽しめるようになっていることに加えて、地域の有名な物などを取り上げていることも特徴である。地域特有の文化や言語文化にも触れられるとよい。

[具体例]

○数え歌は、「いち」から「とお」までの数が頭に付くような言葉を探すことでつくることができる。ダジャレのように考えて、「いち」「に」の付く言葉を例示することがモデルとなる。（「とお」まで示す必要はない）

　→　いちば　→　にんにく　→　「さん」や「よん」は思いつくかな？

○ことばあそび歌は、似ている言葉を集めて、組み合わせたり繰り返したりしながらつくることをモデルとして示すとよい。

　→　せかいのいかと　せかいのかいが　せかいいちをきめるたいかいに　いかないかいと…

○いろは歌をつくることは、２年生には難しい。文や歌にならずとも、ひらがなを１回ずつ使って意味のある言葉になればよい、といったモデルを示すと取り組みやすくなるだろう。

　→「あめ」という言葉をつくったら、五十音表の「あ」と「め」にチェック。次に「かもめ」をつくろうとしたけれど、「め」は、もう使っているから……。

〈柔軟な学習活動〉

　子供は、ことばあそびを楽しみながら考えたり、ことばあそびをつくりながら遊んだりするものである。そこで、あえて学習活動を明確に区切ることなく、子供自身が選択できるよう柔軟に学習活動を設定する必要がある。

[具体例]

○教室の後方などの空いているスペースに、友達と遊ぶコーナーを設置したり、お互いが向き合い話しながらつくることのできる机の配置にしたりすることで、子供は遊ぶこととつくることを行き来しながら言葉の豊かさに気付くことができる。

○活動を選択できず悩んでいる子供に対し、「○○さんと一緒にやってみたら？」と促すことも大切である。教師が答えを示すのではなく、友達とつなぐ役割を意識することで、子供はより主体的に活動できるようになる。

〈ICT の効果的な活用〉

共有：特に第２時において、子供がつくり方を知り、つくりたいものを選ぶためには、モデルを示すことが必要不可欠である。教科書の例示をモデルとしてもよいが、つくる過程も含めて教師がモデルを示すことは、より効果的と言える。また、ICT を活用し、QR コードで音声を聞いたり、ことばあそびの動画を視聴したりしてモデルを示すこともできる。

ことばあそびを
しよう

本時の目標
・長く親しまれている言葉遊びを通して、言葉の豊かさに気付くことができる。

本時の主な評価
❶長く親しまれている言葉遊びを通して、言葉の豊かさに気付いている。【知・技】

資料等の準備
・地域のカルタ（グループで活動しやすい数）
※カルタが十分にない場合は、教師が資料として示す。
・ことばあそびが書かれた掲示物
※モニターに投影することで、子供へ示すタイミングを調整しやすくなる。

③ あいうえお作文 ← 実態に応じて示す

④ ☆ふりかえり
楽しかったのは どうしてかな？
どれが楽しかったかな？

授業の流れ ▷▷▷

1 数え歌・ことばあそび歌を声に出して楽しむ 〈10分〉

○「数え歌」を提示する。
T　この歌には、何がかくれていますか。
○「数えことば」を提示する。
T　では、こんな数え方は知っていますか。
○「ことこ」を提示する。
T　この歌は、どこで言葉が区切れますか。
T　今回の学習では、いろいろなことばあそびを知って楽しみましょう。
○学習課題と本時のめあてを板書する。

2 いろは歌・地域のカルタを知り、声に出して楽しむ 〈15分〉

○いろは歌を提示し、説明をしてから声に出して楽しむ。
T　昔は、平仮名の順番が「あいうえお」ではありませんでした。どこに何があるか探してみましょう。
○「あ」から順番に探してみる。
T　実は、四十七文字の平仮名を1回ずつ使った、歌になっています。
○歌の内容を簡単に説明する。
T　声に出して読んでみましょう。
○地域のカルタがある場合は、提示する。
T　みなさんは、地域のカルタをやったことがありますか。何が札になっているか先生と一緒に確かめてみましょう。

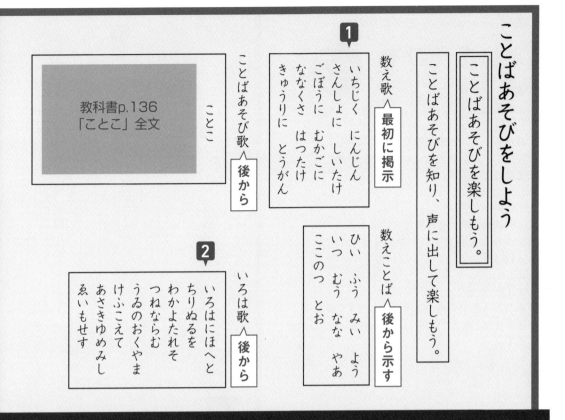

ことばあそびをしよう

ことばあそびを楽しもう。

ことばあそびを知り、声に出して楽しもう。

1

数え歌　最初に掲示

いちじく　にんじん
さんしょに　しいたけ
ごぼうに　むかごに
ななくさ　はつたけ
きゅうりに　とうがん

数えことば　後から示す

ひい　ふう　みい　よう
いつ　むう　なな　やあ
ここのつ　とお

ことばあそび歌　後から

ことこ

教科書p.136
「ことこ」全文

2

いろは歌　後から

いろはにほへと
ちりぬるを
わかよたれそ
つねならむ
うゐのおくやま
けふこえて
あさきゆめみし
ゑいもせす

3 あいうえお作文を読み、決まりを考える　〈10分〉

○発展的な内容として「あいうえお作文」を提示する。

T　2つの詩を読んで気付いたことをノートに書きましょう。

・動物が出てくる。　・かわいい感じがする。

・「あいうえお」から始まっている。

T　気付いたことを隣の人と伝え合いましょう。

○子供から「あいうえお」について出ない場合は、○を付けるなどして支援する。

ICT 端末の活用ポイント

ワークシートを活用する際は、ICT 端末によって配付したり、他者と共有できるホワイトボードのような機能を使ったりすることができる。

4 次時の課題を知り、見通しをもつ　〈10分〉

T　振り返りをしましょう。今日は、何が楽しかったですか。理由もノートに書きましょう。

○理由を書くことで、本時の評価につながる。

T　次回は、好きなことばあそびを選んで、自分でつくります。できあがったら、友達と楽しみましょう。

○ここで、どれをつくりたいか考える時間をとってもよい。

○地域のカルタが十分にある場合は、グループでカルタを行ってもよい。

○子供が、「楽しかった」「次も楽しそう」という気持ちで授業を終えられるようにする。

ことばあそびを
しよう

本時の目標

・言葉がもつよさを感じるとともに、楽しんで
　読書をし、国語を大切にして、思いや考えを
　伝え合おうとする。

本時の主な評価

❷進んで言葉の豊かさに気付き、これまでの学
　習を生かして言葉遊びを楽しもうとしてい
　る。【態度】

資料等の準備

・地域のカルタ（グループで活動しやすい数）
※カルタが十分にない場合は、教師が資料とし
　て示す。

（右側の板書）

あいうえお作文

実態に応じて示す

3
☆ふりかえり
　たのしかったこと
　分かったこと

授業の流れ ▷▷▷

1 前時の学習を想起し、自分が作りたいものを選ぶ 〈10分〉

T　前回学習したことばあそびには、どのような
　ものがありましたか。
・数え歌　・数えことば　・いろは歌
・ことばあそび歌　・（あいうえお作文）
○ことばあそびを板書する。その際、下に説明
　を書けるようにしておく。
T　今日は、この中から自分でつくりたいこと
　ばあそびを選んで、つくってあそびましょう。
○本時のめあてを板書する。
○子供の実態に応じて、複数つくることも考え
　られる。
○つくり方は、全体で説明しても個別に伝えて
　もよい（例を右に示す）。
○お気に入りのことばあそびを、別紙に記入し
　掲示するのもよい。

2 ことばあそびをつくり、友達と発表し合う 〈25分〉

T　ことばあそびをつくります。□時になった
　ら、つくったものを友達と楽しみましょう。
【活動例】
1 同じことばあそびを選んだ子同士で集ま
　り、相談しながら自分のものをつくる。
2 同じことばあそびを選んだ子でグループを
　つくり、グループで1つのものをつくる。
3 違うことばあそびを選んだ子同士で少人数
　のグループをつくり、お互いに助言し合って
　つくる。

ICT端末の活用ポイント

ICT端末を活用し、写真などのデータで共有す
ることで、全員のことばあそびに触れる機会を
つくることができる。

ことばあそびをしよう

1 ことばあそびを、つくって楽しもう。

2 ことばあそび歌

教科書p.136「ことこ」全文

にている ことばを つなげたり くりかえしたりして 作ってみましょう

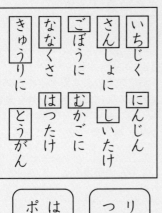

数え歌・数えことば

いちじく	にんじん
さんしょに	しいたけ
ごぼうに	むかごに
ななくさ	はつたけ
きゅうりに	とうがん

リズムも つけると楽しいです

はじめのことばが ポイント

---

3 作品を全体で共有し、学習の振り返りを行う　〈10分〉

T　友達のことばあそびで、おすすめのものを発表してください。

○自分のものを発表するのもよい。

○全員が発表できない場合は、ICT端末を活用し、見合う機会を補う必要がある。

T　今日の振り返りを行います。楽しかったことと分かったことを書きましょう。

○もっとやりたいこと、どのように学んだのか、おすすめの友達の作品、などの振り返りの視点も考えられる。

○楽しむことが大切であるが、楽しさだけでなく、言葉の複雑さや、言葉への驚きなどの言葉も引き出せるようにしたい。

よりよい授業へのステップアップ

ことばあそびの説明の例

○数え歌は、頭文字を強調することが大切であるが、リズムをつける楽しさも伝えるとよい。また「ひい・ふう」といった数えことばを使用してもよい。

○ことばあそび歌は、ダジャレをつくるように似た言葉を繰り返すことを伝える。同じような詩を例示することも、よいモデルとなる。

○あいうえお作文は、「あいうえお」を強調するように板書し、まず、その頭文字で始まる言葉を考えることを伝える。

ことば

なかまのことばとかん字　（2 時間扱い）

単元の目標

知識及び技能	・身近なことを表す語句の量を増し、話や文章の中で使うとともに、言葉には意味による語句のまとまりがあることに気付き、語彙を豊かにすることができる。（(1)オ） ・第 2 学年に配当されている漢字を読み、漸次書くことができる。（(1)エ）
学びに向かう力、人間性等	・言葉がもつよさを感じるとともに、楽しんで読書をし、国語を大切にして、思いや考えを伝え合おうとする。

評価規準

知識・技能	❶身近なことを表す語句の量を増し、話や文章の中で使うとともに、言葉には意味による語句のまとまりがあることに気付き、語彙を豊かにしている。（〔知識及び技能〕(1)オ） ❷第 2 学年に配当されている漢字を読み、漸次書いている。（〔知識及び技能〕(1)エ）
主体的に学習に取り組む態度	❸進んで言葉には意味によるまとまりがあることに気付き、学習課題に沿って言葉を集め、仲間分けしようとしている。

単元の流れ

時	主な学習活動	評価
1	学習の見通しをもつ 学習課題を設定する。なかまのことばを集めよう。 ○まとまりを表す言葉（上位語）から、なかまの言葉（下位語）を考える。 ○なかまの言葉（下位語）から、まとまりを表す言葉（上位語）を考える。 ○語句の量が増えたかどうかという観点と、質が高まったかどうかという観点から、振り返りを行う。	❶
2	集めた言葉を使ってクイズをつくり、友達とクイズを出し合う。または、集めた言葉を使って簡単なお話を書き、書いたお話を友達と読み合う。（どちらか一方） 学習を振り返る	❷ ❸

授業づくりのポイント

〈単元で育てたい資質・能力〉

　本単元のねらいは、身近なことを表す語句の量を増し、話や文章の中で使うとともに、言葉には意味による語句のまとまりがあることに気付き、語彙を豊かにする力を育むことである。そのためには、語句の量を増やすことと、語句の質を高めることが求められる。

［具体例］

○語句の量を増やすために、まとまりを表す言葉（上位語）から、なかまの言葉（下位語）を考える。具体的な言葉を考えることは、子供にとって取り組みやすく、語句の量を増やすことに適していると言える。例えば、「色」という言葉を提示し、「赤」「青」「黄」といった言葉を集めることで、語句の量を増やしていく。

○語句の質を高めるために、なかまの言葉（下位語）から、まとまりを表す言葉（上位語）を考える。具体的な言葉から抽象度の高い言葉を考えることは、子供にとってより高度な活動であるため、質を高めることに適していると言える。例えば、「一・五・十・百・千」といった言葉を提示し、「数」という言葉を考える。これに「円」を付けると「一円・五円・十円・百円・千円」となり、まとまりを表す言葉は「お金」になる。このようにして語句の質を高めていく。

〈言語活動の工夫〉

　語彙を豊かにするためには、身近な言葉や語句のまとまりを話や文章の中で使うことが必要である。そのために、子供にとって親しみやすい言語活動を設定し、活動を楽しむ中で、繰り返し身近な言葉や語句のまとまりを使用していることが望ましい。

［具体例］

○身近な言葉や語句のまとまりを話の中で使うために、言葉クイズを行う。まとまりを表す言葉を問題として提示し、なかまの言葉を複数答えるという活動をペアで行うことで、クイズを通して自然と会話が生まれる。

　→　「教科」のなかまの言葉を３つ答えてください。

　→　「国語」「算数」「生活」です。

　→　正解です。では、「算数」のなかまの言葉を３つ答えてください。

　→　「式」「数字」「定規」です。

○また、なかまの言葉をヒントとして提示し、まとまりを表す言葉を答えるという活動もできる。

　→　１つめのヒントは「オレンジ」です。まとまりを表す言葉は何でしょう？

　→　「色」です。　　　　　　→　ちがいます。２つめのヒントはリンゴです。

　→　「くだもの」です。　　　→　ちがいます。３つめのヒントはボールです。

　→　「丸（い形）」です。　→　正解です。

○身近な言葉や語句のまとまりを文章の中で使うために、簡単なお話を書く活動を行う。まとまりを表す言葉（テーマ）を１つ選び、なかまの言葉を複数入れるという約束でお話を書く。もともとあるお話を生かすことも有効な手立てと言える。

　→　選んだテーマ「動物」・もとのお話「おおきなかぶ」

　かぶを「ゴリラ」がひっぱって、ゴリラを「牛」がひっぱって、牛を「犬」がひっぱって、うんとこしょ、どっこいしょ。それでもかぶはぬけません。

〈思考の可視化と他教科等との関連〉

　まとまりを表す言葉となかまの言葉の関係に気付くために、言葉の関係を可視化することが重要である。これは事項の板書とも大きく関わってくる。思考が可視化された板書がモデルとなり、子供が書けるようになると、それを他教科等の学習に生かすことができる。

なかまのことばと かん字 1/2

本時の目標
・身近なことを表す語句の量を増し、話や文章の中で使うとともに、言葉には意味による語句のまとまりがあることに気付き、語彙を豊かにすることができる。

本時の主な評価
❶身近なことを表す語句の量を増し、話や文章の中で使うとともに、言葉には意味による語句のまとまりがあることに気付き、語彙を豊かにしている。【知・技】

資料等の準備
・教科書の挿絵を準備する
（データで準備し、モニターに投影することもできる）

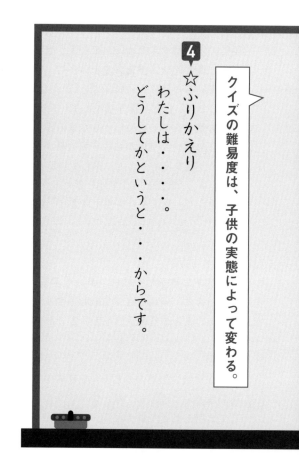

4
☆ふりかえり
わたしは・・・・。
どうしてかというと・・・・からです。

クイズの難易度は、子供の実態によって変わる。

授業の流れ ▷▷▷

1 「家の人」という言葉から、なかまの言葉を考える 〈5分〉

T　今回の学習では、なかまのことばを集めてみましょう。
○学習課題を板書する。
○なかまの言葉を考える。
T　「家の人」という言葉から、なかまの言葉を考えましょう。
・お母さん・お父さん・わたし・弟　など
T　お母さんの他の呼び方を知っていますか。
・ママ　・母
○漢字の学習でもあることから、子供の発言を生かしながら、教師が問い返し、漢字での表し方を導いていく。
○「親」や「子」といった言葉には気付きにくいため、挿絵によって関係を可視化することで、子供の気付きを促すようにする。

2 「一、十、百、千、一万」から、まとまりの言葉を考える 〈5分〉

○なかまの言葉から、まとまりの言葉を考える。先程と反対の考え方になるため、何を先に板書するのか注意する。
【例】①一から一万、②円、③お金　の順で板書
T　「一から一万」は、なかまの言葉です。どんな言葉でまとめられますか（これらは、何グループに入る言葉ですか）。
・数字　・漢字　・数　など
T　では、これらの言葉に「円」を付けたら、どんな言葉でまとめられますか。
・お金
○似ている言葉でも、少し変わるだけでまとまりを表す言葉が変わることを確認し、言葉を適切に理解できるようにする。

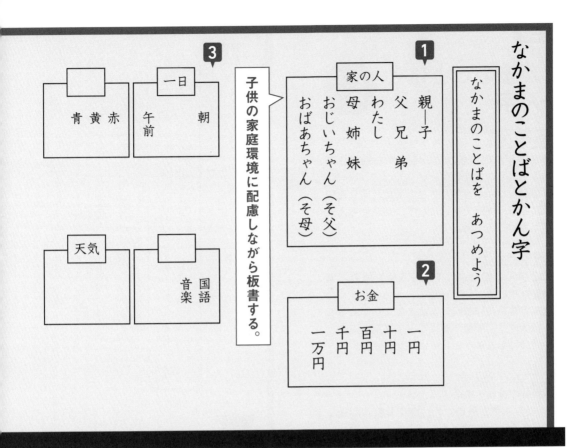

3 ことばクイズに取り組む 〈25分〉

○「一日」「教科」「色」「天気」という言葉について、クイズを行う。

○ここまでの活動と板書の形式をそろえることで、なかまの言葉を考えるのか、まとまりを表す言葉を考えるのかを捉えやすくする。

○クイズが終わった子供に対して、本時で取り扱った言葉について、より多くのなかまの言葉を集められるよう支援する。この際、対話的な学びを促すため、学び合いコーナーを教室後方に設置するなど、自由に考えを広げられる場を提供することも大切である。

ICT 端末の活用ポイント

ICT 端末にクイズの答えを書き込むことで、教師だけが答えを把握するのか、全体で共有するのかなどの使い分けが可能になる。

4 本時の振り返りを行い、次時の活動を知る 〈10分〉

○「分かったこと」「できたこと」「おどろいたこと」「おもしろかったこと」などの視点で、振り返りを行う。その際、わけを書くことも大切である。

T 今日の振り返りをノートに書きましょう。

・私は、なかまの言葉がたくさんあっておどろきました。どうしてかというと、私が知っていた言葉より多かったからです。

・私は、クイズがおもしろかったです。どうしてかというと、友達といっしょに、たくさん見つけられたからです。

○次時では、自分たちでクイズをつくることを伝え、学習への意欲を高められるようにする。

なかまのことばと かん字 ②/②

本時の目標

・第2学年に配当されている漢字を読み、漸次書くことができる。

・言葉がもつよさを感じるとともに、楽しんで読書をし、国語を大切にして、思いや考えを伝え合おうとする。

本時の主な評価

②第2学年に配当されている漢字を読み、漸次書いている。【知・技】

③進んで言葉には意味によるまとまりがあることに気付き、学習課題に沿って言葉を集め、仲間分けをしようとしている。【態度】

資料等の準備

・教科書の挿絵を準備する
（ただし、数が多いため、自作したり割愛したりすることもできる）。

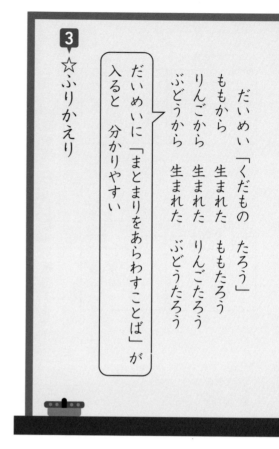

授業の流れ ▷▷▷

1 前時の振り返りから、クイズづくり（お話づくり）について知る〈10分〉

T　お金という言葉のなかまの言葉は何ですか。

・一円　・十円

T　なかまの言葉に対して、「お金」とは、どんな言葉ですか。

・まとまりをあらわす言葉（ここで板書する）

○まとまりをあらわす言葉、なかまの言葉について意識できるようにする。

T　今日は、まとまりをあらわす言葉やなかまの言葉を使って、自分たちでクイズをつくりましょう。

○本時のめあてを板書する。

○早くできた子供には、クイズを複数つくるか、お話をつくることを伝える。

2 クイズ（お話）をつくり、友達と発表し合う〈25分〉

T　隣の人と相談しながらクイズをつくります。□時になったら友達と発表し合いましょう。

○子供の実態に応じて、活動の人数を選択できるようにしてもよい。

○クイズの言葉は、生活経験に左右されることから、子供自身が明確な理由をもって作成していればよい。

【具体例】

・まとまり→魚屋さん

・なかま　→さんま、いか、あさり
さんま以外は魚ではないが、魚屋というまとまりであることから、理由としてはよい。

なかまのことばとかん字

1

まとまりをあらわすことばを
つかって クイズや お話を
つくろう。

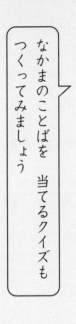

まとまりを
あらわすことば

お金

一円 十円
百円 千円
一万円

なかまの
ことば

2

【ことばの クイズ】

①まとまりをあらわすことばは なんでしょう
②ヒント (だんだん 分かりやすくなるように)
③せいかいは ○○○ です

なかまのことばを 当てるクイズも
つくってみましょう

【ことばの お話】

---

3 全体で共有し、本時の振り返りを
行う 〈10分〉

T つくったクイズを発表してください。
○発表できなかった子供は、別の時間に機会を
設けるようにする（休み時間や朝の会等）。
○「分かったこと」「できたこと」「おどろいた
こと」「おもしろかったこと」などの視点
で、振り返りを行う。加えて、今後どんなこ
とに生かせそうかについても書くとよい。
T 今日の振り返りをノートに書きましょう。

ICT 端末の活用ポイント

ICT 端末を活用して振り返りを行うことで、
データが蓄積され、自身の学びを自覚しやすく
なる。

よりよい授業へのステップアップ

未来志向の振り返り

　単元の最後に振り返りを行う場合、
今後にどう生かすかを考えることが大
切である。特に、本単元の学習内容は
他教科等の授業や日常生活の中でも生
かしやすいものである。

　そうした振り返りができるように、
教師が日常的に例（算数の図形、スー
パーマーケットの売り場の表示など）
を示したり、この単元以降の生活の中
で、まとまりをあらわす言葉やなかま
の言葉を使ったりすることが重要であ
る。

かん字の　ひろば③　〔2時間扱い〕

知識及び技能	・第1学年に配当されている漢字を書き、文や文章の中で使うことができる。((1)エ) ・助詞の「は」「へ」「を」の使い方、句読点の打ち方を理解して、文の中で使うことができる。((1)ウ)
思考力、判断力、表現力等	・語と語の続き方に注意することができる。(B ウ)
学びに向かう力、人間性等	・言葉がもつよさを感じるとともに、楽しんで読書をし、国語を大切にして、思いや考えを伝え合おうとする。

評価規準

知識・技能	❶第1学年に配当されている漢字を書き、文や文章の中で使っている。(〔知識及び技能〕(1)エ) ❷助詞の「は」「へ」「を」の使い方、句読点の打ち方を理解して、文の中で使っている。(〔知識及び技能〕(1)ウ)
思考・判断・表現	❸「書くこと」において、語と語の続き方に注意している。(〔思考力、判断力、表現力等〕B ウ)
主体的に学習に取り組む態度	❹進んで第1学年に配当されている漢字を使い、これまでの学習を生かして絵を説明する文を書こうとしている。

単元の流れ

時	主な学習活動	評価
1	学習の見通しをもつ 挿絵を見て、場面の様子を想像しながら1年生で習った漢字を声に出して読む。 1年生で習った漢字の読み方や筆順を確認し、ノートに書く。 例文を読み、文の書き方を確認する。 かん字をつかって、学校のようすをお話にしよう。	❶❷
2	挿絵を見て想像し、提示された漢字や既習の漢字を使って文をつくる。 全体で交流し、声に出して読む。 学習を振り返る 習った漢字を文の中で使うことができたか、「は」や「を」を正しく使った文章が書けたか、振り返る。	❸❹

授業づくりのポイント

〈単元で育てたい資質・能力〉

　本単元のねらいは、1年生で習った漢字を文や文章の中で正しく使えるようになる力を育むことである。そのためには、文章を書く際に漢字を使う経験を重ねていくことが大切である。本単元では、

挿絵と漢字を提示し、文章の中で使用してほしい漢字を明確にすることで、子供が文章の中で漢字を使おうとする意識を高められるように指導していく。

［具体例］

○挿絵や語句を基に、既有の生活経験を想起させ、文章を書いてみたいという気持ちをもたせる。また、漢字を使おうとしている子供の姿を積極的に教師が賞賛し全体に広めることで、子供の文や文章の中で漢字を書こうとする意欲を高めていくようにする。

○平仮名のみで書いた例文と、漢字を用いて書いた例文の短冊を用意し比較させる。どちらが読みやすいか話し合わせ、漢字を使うよさに気付かせたい。漢字の読み方や筆順についても確認しながら学習を進め、正しく理解できるようにする。

〈教材・題材の特徴〉

　学校生活の様子が描かれた挿絵が楽しい教材となっている。子供にとって身近な場面であり、文章を書く際にも想像を広げやすいであろう。子供は漢字一字一字を正しく書くことはできても、送り仮名が書けなかったり、ノートや作文になると既習の漢字が使えなかったりすることがある。音に引きずられる形で誤字を書いてしまうことも少なくない。また、基本的な助詞の使い方は1年生で繰り返し学習しているが、身に付いていない子供もいることが考えられる。子供自身が正しく漢字や助詞を使う意識がもてるよう、丁寧に指導していくことが大切である。

［具体例］

○例文を活用しながら助詞の使い方や句読点の打ち方、文の書き方を学級全体で確認し、既習の言語の使い方に即した短文が書けるように支援する。特に助詞の「は」「を」に関しては、カードを活用し「わ」「お」では間違っていることを視覚的に捉えられるようにする。

○書いた文章を声に出して読み、文章を見直すことで、漢字や助詞の間違いに自ら気付くことができるようにする。

〈日常化の工夫〉

［具体例］

○習った漢字の読み方や使い方をカード化しておくと、教室に掲示したり国語の授業開きの漢字読み書きクイズ、ミニ作文などに活用したりして継続的に指導することができる。掲示する際は漢字のみではなく文章でも掲示し、日々の学習活動で漢字を使って文章を書く手がかりとなるようにする。

〈ICT の効果的な活用〉

提示：挿絵や1年生で習った漢字、筆順等をプレゼンテーションソフトやデジタル教科書を活用して提示できるようにするとよい。単元の学習後も日々の漢字指導に生かすことができる。

共有：書いたお話を写真に撮り、共有フォルダに保存していく。互いの文章を読み合うことで、文字を正しく書いたり、漢字を進んで使おうとしたりする意欲の高まりが期待できるであろう。

本時案

かん字の ひろば③

本時の目標

・1年生で学習した漢字を文の中で正しく使い、絵の様子を想像しながら助詞の使い方に気を付けて文を書くことができる。

本時の主な評価

❶1年生で学習した漢字や助詞を文の中で正しく使っている。【知・技】
❷助詞の「は」「へ」「を」の使い方、句読点の打ち方を理解して、文の中で使っている。【知・技】
❸絵から学校の様子を想像し、語と語の続き方に気を付けて文を書いている。【思・判・表】
❹進んで既習漢字を使い、学習課題に沿って文を書こうとしている。【態度】

資料等の準備

・漢字カード ⤓ 28-01
・助詞カード ⤓ 28-02

黒板（板書例）

4 挿絵の拡大

「ゆうたくん。またせてごめんね。」と、男の子が言いました。二人は|は|いっしょになかよくかえりました。

2
○文を書いたら、まちがいがないか声に出して読む。
○文のおわりには丸（○）、読みやすいように点（、）をつける。
○「は」「を」「へ」を正しくつかっているか見直す。

授業の流れ ▷▷▷

1 学習の見通しをもつ 〈第1時 /15分〉

○学習課題を板書する。
T 絵の漢字を声に出して読みましょう。
○あらかじめ短冊に漢字を書いておく。黒板に貼ったのち、画数や読み方を板書する。
T 筆順を確かめながら空書きしましょう。
○鉛筆を持つ方の手で、子供の正面に大きく書くよう指導する。とめ、はね、はらいなどに気を付けて、ゆっくり書かせる。
T 漢字をノートに書きましょう。

2 例文を読んで、短文のつくり方を確認する 〈第1時 /30分〉

T 例文を声に出して読んでみましょう。何が書いてありますか。
・どこで、誰が、何をしているかが書いてあります。
T 文を書くときに大切なことを思い出しましょう。
○漢字を使わず、助詞が間違い、句読点がない例文を読む。正しく漢字や助詞を使うよさについて、漢字カードを活用しながら、気付かせる。

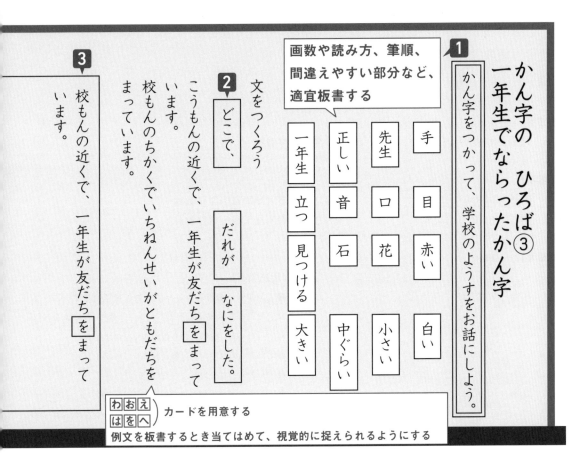

板書

かん字の ひろば③
一年生でならったかん字

かん字をつかって、学校のようすをお話にしよう。

1

手　目　赤い　白い

先生　口　花　小さい

正しい　音　石　中ぐらい

一年生　立つ　見つける　大きい

画数や読み方、筆順、間違えやすい部分など、適宜板書する

2

文をつくろう

どこで、

だれが　なにをした。

こうもんの近くで、一年生が友だちをまっています。

校もんのちかくでいちねんせいがともだちをまっています。

わ・お・え
は・を・へ
カードを用意する

例文を板書するとき当てはめて、視覚的に捉えられるようにする

3

校もんの近くで、一年生が友だちをまっています。

---

3 挿絵の様子を場面ごとに想像する 〈第2時/15分〉

T　どこで誰が何をしているところですか。

T　何がどんな様子ですか。

・教室で、先生が算数を教えています。

・教室で、子供たちが勉強をしています。

○短文づくりの手がかりになるよう挿絵の場面ごとに様子を想像させる。

○同じ場面でも主語が変わると表し方が変わることに気付かせる。

4 挿絵の様子を場面ごとに短文で書き、声に出して読む 〈第2時/30分〉

T　絵の様子について漢字を使って文をつくろう。

○場面を1つ選んで、短文づくりをする。

○例文に会話文を追加したモデル文を提示する。

○かぎを使うと会話文を表せることを思い出させる。

○句読点を付けること、助詞を正しく使うことを思い出させる。

○書き終えたら読み返して確かめることについても、1学年での学習を思い出させる。

T　できあがった文を声に出してみんなで読んでみましょう。

○書画カメラで作品を映して読み合い、子供が書いた文を教師が価値付け、よい部分を認める。

監修者・編著者・執筆者紹介

*所属は令和5年11月現在

[監修者]

中村　和弘（なかむら　かずひろ）　　東京学芸大学教授

[編著者]

大村　幸子（おおむら　さちこ）　　お茶の水女子大学附属小学校教諭
土屋　晴裕（つちや　はるひろ）　　東京学芸大学附属大泉小学校教諭

[執筆者]　*執筆順

[執筆箇所]

中村　和弘　　（前出）
●まえがき　●第1章―「主体的・対話的で深い学び」を目指す授業づくりのポイント　●「言葉による見方・考え方」を働かせる授業づくりのポイント　●学習評価のポイント　●板書づくりのポイント　● ICT 活用のポイント

土屋　晴裕　　（前出）
●第1章―第2学年の学習指導の工夫　●同じぶぶんをもつかん字　●お気に入りの本をしょうかいしよう／ミリ―のすてきなぼうし

大村　幸子　　（前出）
●第1章―第2学年の学習内容　●絵を見てかこう／つづけてみよう　●ことばでみちあんない

今村　行　　東京学芸大学附属大泉小学校教諭
●じゅんばんにならぼう　●ふきのとう　●図書館たんけん

井倉　亜美　　東京都・中野区立中野第一小学校主任教諭
●春がいっぱい　●夏がいっぱい　●かん字のひろば③

阿木　智華　　東京学芸大学附属大泉小学校教諭
●かんさつ名人になろう　●みの回りのものを読もう

中野　紗耶香　　東京都・国分寺市立第三小学校指導教諭
●たんぽぽのちえ／【じょうほう】じゅんじょ　●雨のうた

小野田　雄介　　東京学芸大学附属小金井小学校教諭
●日記を書こう　●スイミー　●書いたら、見直そう

渡邉　成啓　　東京都・江戸川区立篠崎小学校主幹教諭
●ともだちはどこかな／【コラム】声の出し方に気をつけよう　●いなばの白うさぎ

小澤　珠里　　東京都・新宿区立戸塚第三小学校主任教諭
●【じょうほう】メモをとるとき　●こんなもの、見つけたよ／【コラム】丸、点、かぎ　●かたかなのひろば

吉野　竜一　　埼玉大学教育学部附属小学校教諭
●どうぶつ園のじゅうい　●ことばあそびをしよう　●なかまのことばとかん字

石井　桃子　　千葉県・千葉市立高浜海浜小学校教諭
●かん字のひろば①　●あったらいいな、こんなもの　●かん字のひろば②

『板書で見る全単元の授業のすべて　国語　小学校2年上〜令和6年版教科書対応〜』付録資料について

本書の付録資料は、東洋館出版社ホームページ内にある「マイページ」からダウンロードすることができます。なお、本書のデータを入手する際には、会員登録および下記に記載しているユーザー名とパスワードが必要になります。入手の方法は以下の手順になります。

【東洋館出版社HP】

URL https://www.toyokan.co.jp　　[東洋館出版社]　[検索]

---

❶東洋館出版社オンラインのトップページにある「丸いアイコン」をクリック。

❷会員の方はメールアドレスとパスワードを入力しログイン、未登録の方は「アカウント作成」から新規会員登録後ログイン。

❸マイアカウントページにある「ダウンロードコンテンツ」をクリック。

❹対象の書籍をクリック。下記のユーザー名、パスワードを入力。

ユーザー名：shokoku_2j
パスワード：AUWmJ4PB

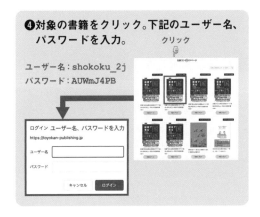

【使用上の注意点および著作権について】

・リンク先にはパソコンからアクセスしてください。スマートフォンではファイルが開けないおそれがあります。
・PDFファイルを開くためには、Adobe Readerなどのビューアーがインストールされている必要があります。
・収録されているファイルは、著作権法によって守られています。
・著作権法での例外規定を除き、無断で複製することは法律で禁じられています。
・収録されているファイルは、営利目的であるか否かにかかわらず、第三者への譲渡、貸与、販売、頒布、インターネット上での公開等を禁じます。
・ただし、購入者が学校での授業において、必要枚数を生徒に配付する場合は、この限りではありません。ご使用の際、クレジットの表示や個別の使用許諾申請、使用料のお支払い等の必要はありません。

【免責事項・お問い合わせについて】

・ファイル使用で生じた損害、障害、被害、その他いかなる事態についても弊社は一切の責任を負いかねます。
・お問い合わせは、次のメールアドレスでのみ受け付けます。tyk@toyokan.co.jp
・パソコンやアプリケーションソフトの操作方法については、各製造元にお問い合わせください。

カスタマーレビュー募集

本書をお読みになった感想を下記サイトにお寄せ下さい。レビューいただいた方には特典がございます。

https://toyokan.co.jp/products/5395

板書で見る全単元の授業のすべて
国語 小学校2年上
〜令和6年版教科書対応〜

2024(令和6)年4月1日　初版第1刷発行

監 修 者：中村　和弘
編 著 者：大村　幸子・土屋　晴裕
発 行 者：錦織　圭之介
発 行 所：株式会社東洋館出版社
　　　　　〒101-0054　東京都千代田区神田錦町2丁目9番地1号
　　　　　　　　　　　コンフォール安田ビル2階
　　　　　代　　表　電話 03-6778-4343　FAX 03-5281-8091
　　　　　営 集 部　電話 03-6778-7278　FAX 03-5281-8092
　　　　　振　　替　00180-7-96823
　　　　　Ｕ Ｒ Ｌ　https://www.toyokan.co.jp

印刷・製本：藤原印刷株式会社

装丁デザイン：小口翔平＋村上佑佳（tobufune）
本文デザイン：藤原印刷株式会社
イラスト：赤川ちかこ（株式会社オセロ）

ISBN978-4-491-05395-0　　　　　　　　　Printed in Japan